MEJORA TU VIDA
50 CONSEJOS

AHMED JIMÉNEZ
Psicólogo
Conferencista

"Mejora tu Vida - 50 Consejos"
© 2018, Ahmed Jiménez

Primera Edición - Costa Rica 2018

Reservados todos los derechos. No se permite la reproducción total o parcial de esta obra, ni su incorporación a un sistema informático, ni su trasmisión en cualquier forma o por cualquier medio (electrónico, mecánico, fotocopia, grabación u otros) sin autorización previa o por escrito del titular del copyright. La infracción de dichos derechos constituye un delito contra la propiedad intelectual.

Dedicatoria

A quienes han decidido luchar y nunca rendirse y a todos quienes aún son capaces de creer en un futuro mejor.

Contenido

1. CUANDO EL DESTRUCTOR ATACA — 11
2. EL PODER DE LA BENDICIÓN — 17
3. VIVIR SIN ATADURAS — 23
4. A LOS TRES DÍAS — 27
5. NO ASESINAR LA VIDA — 31
6. EN CADES OTRA VEZ — 35
7. AGUA DE LA ROCA — 41
8. LA MEDIDA DE MI PERDÓN — 47
9. LO QUE ESTÁ EN JUEGO — 53
10. HÁGANSE AMIGOS DE DIOS — 59
11. ABRAHAM — 65
12. RECONOCIENDO CADA NECESIDAD — 71
13. UN HOMBRE EXTRAORDINARIO — 77
14. SU ACTITUD ES LA LLAVE — 83
15. UNA ESTIRPE PODEROSA — 89
16. EL CAMINO DE REGRESO — 97
17. EL CARÁCTER DEL PADRE — 105
18. RAZÓN DE VIVIR — 111
19. LA OTRA MEJILLA — 117
20. LAS PALABRAS Y EL MUNDO SOBRENATURAL — 123
21. NO DESCIENDAN A EGIPTO — 133
22. PROVOCADORES DE MILAGROS — 139
23. LOS AMIGOS Y LOS MILAGROS — 145
24. VESTIDOS DE COLORES — 151
25. EL TEMOR Y LAS MALAS DECISIONES — 159

Contenido

26.	AMAR LA BENDICIÓN	**167**
27.	NO SE PREOCUPEN POR NADA	**173**
28.	NO ESCLAVOS SINO HEREDEROS	**179**
29.	PENSAMIENTOS DE LIBERTAD	**185**
30.	GENERACIÓN INSATISFECHA	**191**
31.	ADORADORES	**197**
32.	ACERCA DE LA UNCIÓN	**203**
33.	LA FELICIDAD Y LAS DECISIONES	**209**
34.	LA BONDAD DEL OLVIDO	**215**
35.	TIRANDO LO QUE HACE DAÑO	**221**
36.	LO QUE DEBO RECORDAR	**227**
37.	INTELIGENCIA ESPIRITUAL	**233**
38.	GENTE EXITOSA	**239**
39.	EL RESPETO POR LA AUTORIDAD	**245**
40.	NI UN DÍA MÁS DE MALDICIÓN	**251**
41.	DIOS SOBRE EL CAOS	**259**
42.	EL PRINCIPIO DE LAS COSAS	**267**
43.	UNCIÓN PROFÉTICA	**273**
44.	CELÉBRESE A SÍ MISMO	**279**
45.	TRES ENEMIGOS DEL REINO	**285**
46.	HUBO EN ELLOS OTRO ESPÍRITU	**291**
47.	ACEPTADOS POR DIOS	**297**
48.	¿CUÁLES SON SUS MOTIVOS?	**305**
49.	BARRABÁS Y YO	**311**
50.	BENDIGA SU CIUDAD	**317**

1
CUANDO EL DESTRUCTOR ATACA

«Subió destruidor contra ti; guarda la fortaleza, vigila el camino, cíñete los lomos, refuerza mucho tu poder».
(Nahúm 2:1).

La Biblia no es un libro escrito únicamente para dejar constancia de los eventos vividos por el pueblo de Israel en sus orígenes. No es un compendio de mitos y antiguas creencias religiosas. La Biblia es la Palabra del Dios viviente, que se manifestó a la humanidad a través de múltiples autores para transmitir un legado capaz de transformar la vida de los hombres. Cada uno de los libros y cartas que conforman la Escritura nos habla hoy como habló a los primeros creyentes, su mensaje pervive en el tiempo. Cuando leemos un pasaje de la Biblia debemos tener presente que, además de referirse a un suceso histórico determinado, contiene una verdad para mí: forma parte de un mapa, de una hoja de ruta que me puede llevar a vencer adversidades y alcanzar la victoria en todos mis proyectos, si me apego a ella y sigo sus señales con convicción.

Entendiendo esto la cita de **Nahúm 2:1** nos atañe a todos, porque todos hemos experimentado lo que se siente cuando el destructor asedia. Vivimos en un estado de violencia en el mundo físico, que se pone de manifiesto cada vez que escuchamos un noticiero; cada vez que nos conectamos a las redes sociales, o incluso con el solo hecho de prestar atención a lo que sucede en nuestra ciudad. Y esa realidad convulsa no hace más que revelar que existe a nuestro alrededor una gran carga de violencia espiritual, una guerra espiritual que se está librando contra nosotros cada día. En los últimos años oleadas de refugiados procedentes de África y Medio Oriente recorren Europa, huyen del hambre, del terrorismo y de la persecución religiosa. Pero la guerra espiritual no es algo de lo que podamos escapar, porque, sin importar a dónde vayamos, el enemigo siempre tiene aliados. Los cristianos pertenecemos a un ejército, la Iglesia constituye una milicia espiritual; una que no tiene permiso para rendirse o desertar. En la segunda carta a los Corintios Pablo escribe:

«Pues aunque andamos en la carne, no militamos según la carne; porque las armas de nuestra milicia no son carnales, sino poderosas en Dios para la destrucción de fortalezas».
(2 Corintios 10:3-4).

Estamos en guerra, sí, pero Dios nos ha dado armas poderosas para librar nuestras batallas. Nahúm 2:1 nos recuerda que debemos vivir alerta, a estar preparados para no ser sorprendidos por el destructor.

¿CÓMO SE PELEA ESTA GUERRA ESPIRITUAL?

EL PASAJE EN ESTUDIO NOS DA LA CLAVE:

1 | Guarda la fortaleza

En el **Salmo 8**, que empieza como una alabanza a la gloria de Dios, el versículo 2 dice: *«De la boca de los niños y de los que maman, fundaste la fortaleza, a causa de tus enemigos para hacer callar al enemigo...»*. Jesús citó este pasaje cuando lo criticaron porque un grupo de muchachos lo aclamó en el templo. **(Mateo 21:16).** La fortaleza es la alabanza. Si la alabanza de los niños de pecho es poderosa frente al adversario, cuánto más lo será la suya cuando alaba a Dios con entendimiento. La alabanza consiste en hablar de lo que Dios es, de su poder, de su grandeza y de su fidelidad, en vez de hablar de mis necesidades y problemas. Hablar más a Dios y menos de mis circunstancias. Nosotros declaramos que el gozo del Señor es nuestra fortaleza **(Nehemías 8:10)**, que cuando le cantamos se renuevan de forma sobrenatural nuestras fuerzas. El profeta lo comprendió cuando dijo: *«El Señor es mi fortaleza y mi canción».* **(Isaías 12:2).**

> *«El Señor es mi fortaleza y mi canción». **(Isaías 12:2)**.*

La alabanza en nuestra boca es un poder capaz de hacer que enmudezcan los ejércitos del enemigo. Cuanto más atribulado esté, cuanto más complicado sea su día, más fuerte y con más pasión debe alabar.

2 | Vigila el camino

El camino es su diario vivir, los lugares por donde usted transita para atender las necesidades de su familia, su trabajo, sus negocios y sus momentos de ocio. Cuide sus pasos.

Permanecemos siete días en la calle, fuera de la congregación, enfrentados a toda esa violencia de la que antes hablábamos, mientras que apenas dedicamos cuatro horas por semana, cuando mucho, para recibir alimento espiritual. En el mundo tropezamos con todo tipo de problemas, tentaciones, ideas, filosofías y amenazas. Vigile su camino, ponga atención a sus relaciones; vele por su familia, su matrimonio y sus hijos. Guarde su vida, sea celoso del rumbo que toma. Lo que parece una simple pausa, un apartarse por un momento de la senda, puede ser lo único que necesita el destructor para tomar por asalto lo que usted más ama.

3 | Cíñete los lomos

Algunas versiones de la Biblia lo traducen como «cíñete la cintura», o «refuerza tus lomos». En un lenguaje coloquial podríamos decir: «amárrese los pantalones, amárrese las enaguas». Debemos renovar continuamente nuestras fuerzas para enfrentar con éxito las trampas del maligno, y eso lo hacemos por medio de la Palabra de Dios. Su Palabra es la verdad eterna, no así los diarios incidentes del camino, que son pasajeros. Lo que Dios habla es lo que va a suceder en mi vida, no lo que dice el enemigo. En toda contienda una de las estrategias más sobresalientes es la guerra psicológica, que consiste en infundir temor en el otro bando; eso lo sabe Satanás. La Palabra de Dios es un arma, la Biblia dice que es espada de dos filos. *(Efesios 6:17; Hebreos 4:12)*. Al mismo tiempo nos cubre, nos infunde aliento y esperanza, nos libra de temor. Tenemos que aprender a discernir entre la «verdad» del mundo y la verdad de Dios, y aferrarnos a esta última con ahínco. Cuando azota el vendaval, nos damos cuenta de que vienen a nuestra mente los pasajes de la Biblia que nos han alimentado y nos sostienen en el día malo.

4 | Refuerza mucho tu poder

El Espíritu Santo es la fuente de toda autoridad espiritual. Jesús dijo que sus discípulos recibirían poder cuando viniera sobre ellos el Espíritu Santo (Hechos 1:8). La Iglesia confunde muchas veces ese concepto creyendo que el poder espiritual se manifiesta a través de gritos, convulsiones, trances y toda clase de prácticas extrañas cuanto más escandalosas mejor que no tienen un fundamento bíblico. El verdadero poder espiritual se debe reflejar en nuestra capacidad de renunciar a nosotros mismos para hacer la voluntad del Padre; en nuestra generosidad con el prójimo; en nuestra lucha por vencer las tentaciones y vivir con integridad; en nuestra determinación de desafiarnos a nosotros mismos y alcanzar metas más altas cada día. Quienes hemos declarado a Jesús como nuestro Señor y Salvador recibimos la fuerza necesaria para ser victoriosos, pero a veces no somos conscientes de que la tenemos, no la usamos de un modo eficaz. El Espíritu Santo es Dios mismo en la Tierra, en medio de la Iglesia, lo que significa que el enemigo no puede vencernos si nos revestimos con ese poder: puede subir en guerra contra los hijos de Dios, puede decretar «estado de sitio» y hacernos daño, pero tarde o temprano veremos la gloria de Dios en nuestra vida. Cultive su relación con el Espíritu Santo, profundice su amistad y su diaria comunicación con Él; su capacidad para vencer crecerá en esa misma medida.

2
EL PODER DE LA BENDICIÓN

«Mira, el olor de mi hijo, como el olor del campo que Jehová ha bendecido; Dios, pues, te dé del rocío del Cielo, y de las grosuras de la Tierra, y abundancia de trigo y de mosto.

Sírvante pueblos, y naciones se inclinen a ti; sé señor de tus hermanos, y se inclinen ante ti los hijos de tu madre. Malditos los que te maldijeren, y benditos los que te bendijeren». (Génesis 27:27-29).

En el **capítulo 27 de Génesis** encontramos un relato conmovedor. Hay un padre, Isaac, que tiene dos hijos gemelos. Él siempre ha sentido predilección por el hijo duro, el de pelo en pecho, el que es buen cazador y cumple los estándares de «masculinidad» de su cultura. El otro hijo es el favorito de la madre, siempre está cerca de ella y eso resulta decepcionante para su padre. Un día Isaac le pide a su hijo predilecto, Esaú, que vaya a cazar para él, y que le prepare algo de comer. El hermano gemelo, con ayuda de su madre, decide engañar al anciano para obtener las palabras de aceptación que anhelaba desde su niñez. Jacob, entonces, se disfraza, se hace pasar por Esaú, y logra lo que quería. Cuando regresa el cazador, y pide la bendición de su padre, Isaac le pregunta: *«Entonces, ¿quién fue el que vino, y yo lo bendije?»*. Ya le había entregado su herencia a Jacob, había pronunciado las hermosas palabras de ese pasaje bíblico, que estaban reservabas para Esaú, a favor del otro hijo. No le quedaba nada para dar.

LO QUE PRODUCE LA FALTA DE ACEPTACIÓN

En esa familia un hijo había recibido todos los reconocimientos, las frases de aliento y los aplausos. El otro creció anhelando su ración de buenas palabras, esperando una expresión de cariño, un gesto de admiración y agrado de su padre. Por eso lo engañó, porque vivía con hambre de aceptación. Y su papá, creyendo que era el otro hijo, volcó sobre él toda la bendición que tenía. Al enterarse de eso Esaú le pide: «¡Bendíceme también a mí!». Es un reclamo desesperado, pero su padre responde: *«Vino tu hermano con engaño, y tomó tu bendición»*. ¿Cómo es posible que no tuviera otros buenos deseos para dar? ¿Cómo no iba a encontrar en su corazón nada para el otro hijo? Ese era un padre escaso para bendecir, y eso provocó el odio de Esaú. Vemos que todo el conflicto se originó en la necesidad de esos hermanos de ser estimados. La escasez de bendición suscitó una terrible contienda entre ellos. La necesidad de aceptación la tenían los dos hijos: Esaú era un hombre fuerte, con esposas, con descendencia, pero parece un niño en esa escena. Llora y le pide cinco veces a Isaac:

«¿No tienes más que una sola bendición, padre mío? ¡Bendíceme también a mí!».

Esa sed es la misma que sentimos todos los seres humanos: la necesidad más grande de los hijos es recibir la bendición de su padre; la necesidad más grande de un esposo o una esposa es escuchar una palabra de bendición.

La escasez de bendición produce heridas profundas que se manifiestan de varias maneras:

✠ Aborrecimiento:

La gente rechazada repudia a todos los que sí reciben alabanza y aceptación. Como ocurrió con Esaú, se llenan de envidia y de ira. Por ello siempre tienen algo malo qué decir de los demás, no toleran el éxito de otros.

✠ Separación:

Física, emocional y espiritual. Del verso 43 en adelante, capítulo 27 de Génesis, se nos relata que Jacob tuvo que huir a otra tierra, separarse de su padre y de su madre, poner distancia entre él y su hermano, que quería matarle. En su peregrinar sufrió por muchos años el abuso y la explotación de su pariente Labán. Las personas que no reciben reconocimiento y aprecio se alejan, pueden estar físicamente cerca, pero su corazón permanece distante, sufren de una verdadera discapacidad para establecer vínculos afectivos e intimidad emocional.

✠ Rebeldía:

Hay personas que siempre están en contra, siempre están en desacuerdo, ninguna propuesta les parece buena, ninguna autoridad es digna de respeto. Miles van por la vida haciendo tonterías, echando a perder sus oportunidades; se rebelan contra todo y contra todos, porque crecieron sin recibir el reconocimiento y el cariño que necesitaban. No importa si vivieron en la pobreza, o si gozaron de toda clase de comodidades y privilegios; tienen hambre de bendición, que los volvió amargados y violentos. Con su actitud apenas están reclamando: ¡bendígame, por favor! ¡Dígame que yo le importo! Y son presa fácil de grupos y personas por quienes están dispuestos a hacer lo que sea, porque allí han encontrado la aceptación que su familia les negó.

EL PODER DE LA BENDICIÓN

De la misma forma que la falta de bendición produce hondas heridas, toda palabra buena que desatemos sobre la vida de nuestros hijos dará fruto y se cumplirá a su tiempo. Esaú lo sabía, por eso estaba desolado tras no recibir la bendición de su padre; porque cuando él declaró abundancia, prosperidad y autoridad para su hijo, Esaú tenía claro que esa bendición sería irrevocable. Bendecir es decir bien, decir lo bueno, hablar el bien a favor de otro. La bendición de Isaac comienza alabando el olor de su hijo, semejante al perfume de los campos; cada vez que usted le dice a alguien lo agradable que huele, lo amable que es, lo bien que le queda un traje, está bendiciendo a esa persona, aunque no use frases hechas ni fórmulas sacramentales. Los religiosos creen que todo consiste en repetir **«Dios te bendiga»**. En el extremo opuesto, la falsa religiosidad se manifiesta mediante el juicio y la crítica constante; en todo se ve pecado, solo se sabe regañar y maldecir. Cuando los padres tienen esa actitud hacia sus hijos les generan complejos, dañan su autoimagen y destruyen sus esperanzas. ¡No cometamos los errores que cometieron quizás con nosotros!

Bendiga a sus hijos, a sus hermanos, a sus amigos: destaque las virtudes que tienen, reconozca sus triunfos, hable de sus talentos y anuncie días agradables para ellos.

LAS BENDICIONES DE DIOS NO SE AGOTAN

A diferencia de Isaac, Dios siempre está bendiciéndonos; Él no tiene escasez de aceptación para sus hijos, no rechaza a ninguno. Jesús dijo: «Al que a mí viene, no lo echo fuera». (Juan 6:37). Dios llama «a las cosas que no son como si fuesen». (Romanos 4:17). Él ve en nosotros la obra acabada, la palabra cumplida. Es un padre que nos invita a proclamar que sí podemos: «Diga el débil: fuerte soy». (Joel 3:10). Dios quiere motivarnos a llenar toda la atmósfera de nuestra casa con bendición, para que de esas buenas palabras seamos sustentados nosotros y las personas que nos rodean. Dios Padre nunca dice: «Qué lástima, le di tu bendición a otro». Él siempre tiene más para dar. Y jamás nos ataca por haber fracasado, por haber fallado. Él se deleita en decirnos: «Levántese, lo voy a bendecir. ¡Vamos de nuevo, no se rinda!». «Siete veces caerá el justo y otras tantas será levantado». **(Proverbios 24:16).** ¡Ese es el Espíritu de nuestro Padre! Y ese es el modelo de personas que Él quiere formar en nosotros.

Busque en la Biblia todas las buenas cosas que usted quiso escuchar, pero no le dijeron; aliméntese con las inagotables bendiciones de Dios para que, a su vez, pueda alimentar a otros. Dios quiere llenar su mente con mensajes de confianza, de ánimo y de victoria. Léalos cada mañana, antes de emprender la jornada laboral. ¡Las bondades del Padre son para usted! Recíbalas, y deje que su vida sea transformada por el poder de su Palabra.

3
VIVIR SIN ATADURAS

«Jesús, profundamente conmovido otra vez, vino al sepulcro. Era una cueva, y tenía una piedra puesta encima.

«Dijo Jesús: Quitad la piedra. Marta, la hermana del que había muerto, le dijo: Señor, hiede ya, porque es de cuatro días.

«Jesús le dijo: ¿No te he dicho que si crees verás la gloria de Dios?
«Entonces, quitaron la piedra de donde había sido puesto el muerto. Y Jesús, alzando los ojos a lo alto, dijo: Padre, gracias te doy por haberme oído.

«Yo sabía que siempre me oyes; pero lo dije por causa de la multitud que está alrededor, para que crean que Tú me has enviado.
«Y habiendo dicho esto, clamó a gran voz: ¡Lázaro, ven fuera!

«Y el que había muerto salió, atadas las manos y los pies con vendas, y el rostro envuelto en un sudario. Jesús les dijo: Desatadle, y dejadle ir».
(Juan 11:38-44).

Una atadura es una cuerda, una cadena que priva de la libertad de movimiento al que está atado. Desde el punto de vista espiritual las ataduras son experiencias en nuestro pasado o en el de nuestra familia, que impiden alcanzar todo nuestro potencial; que nos inmovilizan en alguna área de la vida.

En este pasaje tan conocido, por la palabra de Jesús su amigo Lázaro resucitó. Sin embargo, al salir del sepulcro tenía amarrados los pies y las manos, y estaba envuelto en un sudario. Aún no podía disfrutar de la vida plena que recibió, por eso el Señor ordena: *«desatadle»*. Esta anécdota contiene una gran lección espiritual. El milagro hecho por Jesús es extraordinario: Lázaro tenía cuatro días de haber fallecido. Sus músculos, sus órganos, todos sus sistemas funcionaban otra vez; fue tocado por Dios, ¡estaba vivo! Pero seguía atado, y necesita con urgencia que otros lo desataran.

Muchas personas han recibido el precioso milagro de la salvación, porque Cristo ha tocado sus vidas, pero siguen atadas; eso les impide alcanzar su propósito conforme al plan de Dios. Andan por el mundo con las manos paralizadas; con la boca tapada; con los pies enlazados por sentencias que escucharon cuando eran niños; por palizas que les dieron cuando eran jóvenes; por humillaciones recibidas; por fracasos amorosos... Para convertirnos en la clase de hombres y mujeres que Dios quiere, tenemos que ser desatados.

DEJANDO EL PASADO ATRÁS

Las manos representan todo lo que hace una persona; los pies simbolizan el rumbo, el lugar a donde va; el rostro, lo que ve, lo que escucha y lo que habla; la comunicación, su relación con el mundo circundante. A través de nuestros hechos, de nuestros pasos y de lo que nos permitimos ver, oír y decir, se manifiestan en cada uno de nosotros las áreas en que seguimos atados. Para caminar en libertad, construir en libertad y hablar con libertad, necesitamos algo más que la vida.

> «Hermanos, yo mismo no pretendo haberlo
> ya alcanzado; pero una cosa hago: olvidando,
> ciertamente, lo que queda atrás, y extendiéndome
> a lo que está delante, prosigo a la meta, al premio
> del supremo llamamiento de Dios en Cristo Jesús».
> **(Filipenses 3:13-14).**

En la carta a los Filipenses el Espíritu Santo nos instruye cómo ser libres de las ataduras del pasado:

Ese proceso parte de la decisión, de la determinación de dejar atrás las cosas del ayer, las amarguras que empañaron nuestra vida, para seguir avanzando. Pero, volviendo a la historia de Lázaro, por muy espiritual que usted sea no puede solo, necesita que sus ataduras sean cortadas. Aquí interviene el prójimo: además de una decisión personal, me hace falta la obra de la Iglesia, que es mi familia espiritual. Me hacen falta dos elementos que aportan la pertenencia a una congregación:

La cercanía

La Iglesia es la comunidad más importante a la que pertenece un creyente. Es allí donde Dios envía bendición y vida eterna. **(Salmos 133);** donde se encuentra fortaleza, ayuda cuando hace falta; donde somos llamados a suplir unos para las necesidades de otros. Es en la unión de los hermanos donde las ataduras caen, la cercanía del otro, en quien el Espíritu Santo también habita, tiene un poder liberador. La Biblia dice:

«Mejores son dos que uno; porque tienen mejor paga de su trabajo. Porque si cayeren, el uno levantará a su compañero; pero ¡ay del solo! que cuando cayere, no habrá quién lo levante.

Este pasaje lo podemos aplicar al matrimonio, a la familia y al grupo social al cual pertenecemos. Pero, indudablemente, es también un retrato de la Iglesia. Los ataques del enemigo podemos resistirlos si estamos juntos, si caminamos juntos, hombro con hombro, levantándonos unos a otros cuando caemos.

> «También si dos durmieren juntos, se calentarán
> mutuamente; mas ¿cómo se calentará uno solo? Y
> si alguno prevaleciere contra uno, dos le resistirán;
> y cordón de tres dobleces no se rompe pronto».
> **(Eclesiastés 4:9-12).**

La enseñanza

El conocimiento es liberador. Por algo Jesús dijo a sus discípulos: *«Conoceréis la verdad, y la verdad os hará libres»*. **(Juan 8:32).** El crecimiento espiritual produce libertad, no se vivirá atado por prácticas religiosas de hombres; no habrá engaño por falsas doctrinas, si se conoce la Palabra de Dios. El libro de Proverbios enseña: *«Hierro con hierro se aguza; y así el hombre aguza el rostro de su amigo».* **(Proverbios 27:17).** El hierro se afila en contacto con el hierro. De la misma forma la persona se afila, se pule, crece, en el roce con su prójimo y con sus maestros. Amigo es aquel que puede confrontarnos con nuestras debilidades más grandes; el que puede mirarnos de frente y decirnos la verdad, aunque nos incomode. Ninguna persona puede tener un verdadero crecimiento si le disimulan todos sus errores, si nunca la corrigen ni le llaman la atención sobre aquello que necesita cambiar. La Biblia abunda en recordatorios acerca de la importancia de ser enseñados y corregidos: *«Pobreza y vergüenza tendrá el que menosprecia el consejo; mas el que guarda la corrección recibirá honra».* **(Proverbios 13:18).**

A la luz de estos principios vemos que la enseñanza de la Palabra de Dios produce algo más que conocimiento, nos corrige, nos convence de apartarnos del mal, endereza los pasos y nos transforma. De ahí la importancia de mantenernos apegados a la buena doctrina, apreciar lo que recibimos de nuestros maestros y honrar a quien nos enseña.

«El que ama la instrucción ama la sabiduría; mas el que aborrece la reprensión es ignorante».
(Proverbios 12:1).

4
A LOS TRES DÍAS

«El Hijo del hombre será entregado a los poderes de este mundo, y lo matarán. Pero después de muerto, al tercer día resucitará».
(Marcos 9:31).

Todas las personas hemos experimentado alguna vez -o quizás muchas veces- el fracaso. En ocasiones lo disimulamos apelando a frases como: *«Es un aprendizaje»; «Gracias a esto el éxito sabrá mejor cuando llegue».* O bien proyectamos al mundo la imagen de que todo está perfecto, que nada nos afecta, que no nos importa el fracaso. Pero no podemos negar que el fracaso existe, y que causa dolor y frustración.

El fracaso es una pérdida, es el apagarse un sueño, es la agonía de un proyecto. Las derrotas generan en nosotros un sentimiento de luto, porque toda derrota es la muerte de algo; y toda muerte produce aflicción. Sin embargo, la historia de Jesús nos enseña que por mucho fracaso que haya a su alrededor, siempre es posible que lo que estaba muerto vuelva a la vida. Ciertamente, llegan días en que uno se pregunta si vale la pena seguir luchando cuando uno siente que las fuerzas se acabaron. A veces intentamos, una y otra vez, salvar del naufragio lo que nos ha tomado años construir: el matrimonio, un negocio, la salud de un hijo, la propia vida. Y parece que nada funciona. Llegan el agotamiento y el desánimo. ¡Todos hemos vivido ese pasaje! Hasta a los mejores cristianos les pasa.

En momentos así hace bien recordar lo que Jesús anunció: *«Me muero, sí; pero dentro de tres días resucitaré».* Y nosotros sabemos que eso se cumplió. Si Cristo no hubiera resucitado, sería en vano todo lo que hacemos, sería vana nuestra fe y nosotros, los cristianos, los más dignos de lástima en todo el mundo, como lo dijo Pablo **(1 Corintios 15:14-18).** Pero el que estuvo en el sepulcro hoy vive, sabemos que la muerte no pudo vencerlo. Y eso nos alienta a tener esperanza más allá de la muerte. Pero, además, tiene un significado para las cosas que emprendemos aquí y ahora, en el tiempo presente. Hay tres implicaciones en esta enseñanza:

A los tres días

No importa cuán oscura esté la noche, lo endeudado que se encuentre, lo deprimido que usted esté, porque siempre habrá un después. Se pueden hundir las cosas a las cuales usted les ha entregado la vida; los montes pueden venirse abajo y las montañas podrán cambiar de lugar, pero el amor de Dios permanecerá **(Isaías 54:10).** Con Él siempre habrá un mañana, ninguna pena es permanente; y por mucho que se prolongue una situación dolorosa, ese no es el final de su historia. La Biblia nos recuerda que las cosas que padecemos son una *«leve tribulación momentánea».*

(2 Corintios 4:17). Tenga en cuenta que tal vez no se necesitarán tres días, sino muchos más; pero en cualquier momento algo va a suceder y su situación dará un giro hacia tiempos mejores.

La certeza de una nueva vida

Jesús está seguro de lo que vendrá, no les dice a sus discípulos: «Yo espero que así sea»; «Ojalá no esté equivocado». Les dice: «Esto es lo que va a pasar». Él sabe que debe morir, pero sabe también que va a resucitar. Cuando se enfrenta a una dura prueba, una situación que parece insoluble, la tendencia del ser humano es concentrarse tanto en el problema, que su vida se consume sin ver la salida. Nos obsesionamos con la situación, nos llenamos de temor. Jesús nos enseña que la forma de enfrentarlo es otra: Él no está cerrando los ojos a lo que viene, Él es consciente del sufrimiento que le espera en la cruz. Cuando estaba orando en Getsemaní, la noche antes de su detención, sentía tal angustia que, según cuenta la Escritura, su sudor caía a tierra como grandes gotas de sangre. (Lucas 22:44). Pero a pesar de todo les anunció desde el principio: «Tengo por cierto que voy a resucitar». Debemos enfocarnos en la certeza de que hay un mañana, no importa cuán confusas estén hoy las cosas. ¡Dios va a hacer algo! «Voy a salir de este problema, ¡yo sé que Él va a ayudarme!». Esa es la actitud correcta. Cuando tenga un día difícil dígase: «Esta no es mi vida, es apenas un trance, un obstáculo que tengo que atravesar. ¡Yo no sé cómo, pero voy a levantarme! Dios usará este mal a mi favor». (Romanos 8:28). Esas palabras no son una fórmula mágica, tenemos que decirlas y creerlas; estar persuadidos de que sí vamos a salir adelante, pase lo que pase. Tampoco van a evitar que tengamos que tomar decisiones dolorosas. Se necesitan fe y confianza en Dios para pronunciarlas cuando estamos frente al abismo, pero puede usted apostar lo que sea a que nuestro Dios honrará esa fe.

 ## Todo lo que vale la pena debe morir

Jesús tenía 33 años, estaba en su mejor momento, pero debía morir para consumar la tarea que se le había encomendado. Si usted quiere una relación de buena calidad con Dios, eso va a implicar la muerte de muchas manías, hábitos y deseos que consumen su tiempo y energía. ¿Quiere un verdadero cambio? Entonces, tienen que morir asuntos a los que usted se ha aferrado. Para tener un cuerpo saludable y bonito hay que morir cada día un poco, por ejemplo: no ir al gimnasio y privarse de comidas que le gustan. Para obtener un mejor trabajo se tienen que morir muchas diversiones y horas de descanso; tiene que estar dispuesto a quedarse hasta tarde en la oficina, a aprender nuevas tareas, a hacerlas mejor que los otros. Si usted quiere un mejor mañana va a tener que morirse un poco hoy: morir a lo que ha sido. ¿Se siente distante de su pareja? ¿Se ha perdido el cariño, la pasión? Va a tener que apagar el televisor, dejar el chat, sacrificar sus diversiones favoritas, y optar por salir juntos a pasear; por tomar tiempo para escucharse uno al otro. ¿Morir para vivir? Algunos pensarán que eso no tiene sentido, pero Jesús dijo: *«Porque todo el que quiera salvar su vida, la perderá; y todo el que pierda su vida por causa de mí y del Evangelio, la salvará»*. La Palabra de Dios tiene una lógica distinta, nos enseña que hay muertes que producen vida. Hay costumbres que **«matamos»** para alcanzar cosas extraordinarias.

La flor muere para convertirse en semilla, la semilla muere para que brote nueva vida. La dicha que usted quiere no la va a conseguir si no está preparado para morir a aquello que le impide llegar a su meta. Jesús estuvo dispuesto a perderlo todo por usted, con su sacrificio ganó la gloria eterna y nuestra salvación. ¿Qué está dispuesto a perder usted? Haga su parte, y **«a los tres días»** verá el fruto.

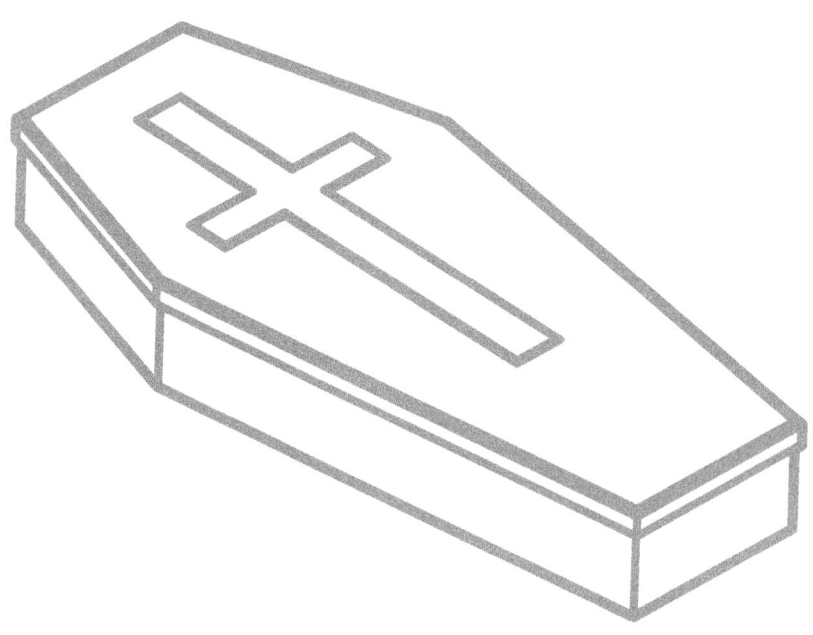

5
NO ASESINAR LA VIDA

«Y entrando el ángel en donde ella estaba, dijo: ¡Salve, muy favorecida! El Señor es contigo; bendita tú entre las mujeres. Mas ella, cuando lo vio, se turbó por sus palabras, y pensaba qué saludo sería ese.

«Entonces el ángel le dijo: María, no temas, porque has hallado gracia delante de Dios. Y ahora, concebirás en tu vientre, y darás a luz un hijo, y llamarás su nombre Jesús. Este será grande, y será llamado Hijo del Altísimo; y el Señor Dios le dará el trono de David, su padre; y reinará sobre la casa de Jacob para siempre, y su Reino no tendrá fin. «Entonces María dijo al ángel: ¿Cómo será eso?, pues no conozco varón.

«Respondiendo el ángel, le dijo: El Espíritu Santo vendrá sobre ti, y el poder del Altísimo te cubrirá con su sombra; por lo cual también el Santo Ser que nacerá, será llamado Hijo de Dios.

« Entonces María dijo: He aquí la sierva del Señor; hágase conmigo conforme a tu palabra. Y el ángel se fue de su presencia».
(Lucas 1:28-35,38).

Este pasaje del Evangelio relata el momento en que el Ángel Gabriel anuncia a María que será la madre de Jesús. Le está diciendo que ella, una adolescente que aún no tiene esposo, va a quedar embarazada de una forma sobrenatural, en una sociedad que era muy rigurosa con respecto a las reglas morales de ese tiempo, y sumamente cruel frente al pecado. A pesar de tan asombrosa noticia, María no se aterroriza; tampoco rechaza la misión que se le está encomendando, más bien recibe con alegría ese gran milagro, como quedó plasmado en el canto que recoge sus palabras:

El pasaje con el que iniciamos este estudio nos dice mucho acerca del concepto que Dios tiene de la mujer: Él confió el evento más maravilloso, la llegada de nuestro Salvador, a una joven sencilla;

> *«Engrandece mi alma al Señor; y mi espíritu se regocija en Dios, mi Salvador. Porque ha mirado la bajeza de su sierva; pues he aquí, desde ahora me dirán bienaventurada todas las generaciones. Porque me ha hecho grandes cosas el Poderoso; Santo es su nombre».*
> ***(Lucas 1:46:49).***

una muchacha del pueblo, que estuvo dispuesta a cumplir la voluntad del Padre. También nos enseña algunos principios acerca de la forma en que Dios actúa:

Todo lo que necesito es una semilla

Las cosas más extraordinarias se gestaron a partir de una palabra del Creador. Dios dijo: «Sea la luz», y hubo luz (Génesis 1:3). Lo que María recibió del ángel fue una semilla, y fue plantada a través de la palabra que él le dio. Esa semilla llegaría a convertirse en el Salvador de la humanidad, en nuestro Redentor. De la misma forma todo lo que Dios va a hacer en mi vida lo hará a través de una semilla. El Reino de los Cielos es una semilla plantada en mi espíritu, que crecerá en la medida en que yo la cuide y alimente. Jesús lo explicó en la parábola del grano de mostaza:

> *«¿A qué es semejante el Reino de Dios, y con qué lo compararé? Es semejante al grano de mostaza, que un hombre tomó y sembró en su huerto; y creció, y se hizo árbol grande, y las aves del Cielo anidaron en sus ramas».*
> *(Lucas13:18-19).*

La semilla de mostaza es redonda, muy pequeña; molida se utiliza como condimento. De ella brota un árbol frondoso, de hojas perennes, que puede medir, aproximadamente, seis metros de altura. Así la obra de Dios comienza como una semilla plantada en cada uno de nosotros. Si usted no tiene la semilla, no tiene nada. Esa semilla es una Palabra de Dios que nos conmueve, que nos habla al espíritu y nos desafía poderosamente, más allá de los pensamientos, más allá de nuestras fuerzas. En el verso 34 del capítulo 1 de Lucas, cuando recibe el anuncio más sorprendente, María pregunta al ángel: «¿Cómo será eso?, pues no conozco varón». Las cosas que Dios tiene para usted siempre serán un reto para su mente, puede encontrarlas increíbles, pero si se aferra a la palabra que le anunció el milagro, y si la deja crecer en usted, se cumplirá.

No asesinar la vida que crece en usted

Jesús dijo a quienes escuchaban sus parábolas: «El que tiene oídos para oír, oiga». **(Lucas 8:8).**

Él nos está retando a tomar sus palabras y creerlas; a no permitir que se las lleve el viento; a ser buena tierra para la semilla. Al igual que María, todos los que hemos escuchado la Palabra de Dios hemos recibido una semilla, ¡estamos **«embarazados»** del Reino! Experimentamos un **«embarazo espiritual»**: usted ha recibido una promesa, la visión de una vida diferente, el anuncio de que Dios lo llevará a mejores lugares; que Él va a recompensarlo; que hemos sido resucitados con Cristo para sentarnos con Él en los lugares celestiales **(Efesios 2:6)**. ¡A ese Reino pertenece usted ahora! Muchos otros también recibieron esta palabra maravillosa, pero la dejaron morir; muchos han «abortado» la semilla de Dios, son asesinos de sus promesas. Cuando hemos venido a Cristo, el Evangelio dice que Él es en nosotros la esperanza de gloria. **(Colosenses 1:27)**. Yo tengo parte en la gloria de Dios, veré su gloria naciendo sobre mi casa **(Isaías 60:1)**.

Pero debo saber que mi única esperanza de ser increíblemente bendecido, y de que se materialicen cosas gloriosas en todo lo que hago, es dejar que la vida de Cristo crezca en mí, sin **«abortarla»**, sin que yo mismo mate la semilla. ¡No seamos asesinos del futuro que el Padre ha preparado para nosotros! Como María, la clave para recibir el fruto esperado es responder a Dios: heme aquí, que se haga en mí según tu palabra. La única respuesta posible es: ¡aquí estoy!

Usted nació para la gloria, está destinado a la gloria, pero solo la va a alcanzar si permite que la vida de Dios se desarrolle en su espíritu.

6
EN CADES OTRA VEZ

*«Llegaron los hijos de Israel, toda la congregación, al desierto de Zin, en el mes primero, y acampó el pueblo en Cades; y allí murió María, y allí fue sepultada. Y porque no había agua para la congregación, se juntaron contra Moisés y Aarón. Y habló el pueblo contra Moisés, diciendo: ¡ojalá hubiéramos muerto cuando perecieron nuestros hermanos delante de Jehová! ¿Por qué hiciste venir la congregación de Jehová a este desierto, para que muramos aquí nosotros y nuestras bestias? ¿Y por qué nos has hecho subir de Egipto para traernos a este mal lugar? No es lugar de sementera, de higueras, de viñas ni de granadas; ni aun de agua para beber». **(Números 20:1-5).***

Los israelitas acamparon en Cades, donde ya habían estado antes. La primera vez que pasaron por allí fracasaron en el propósito para el cual Dios los llevó a esa tierra: **Números 13:25 a 33 y Números 14** cuenta que el pueblo llegó a Cades, y desde allí envió exploradores a reconocer la tierra, pero ante los informes negativos de casi todos ellos el pueblo se rebeló contra Jehová y exclamó: *¿Por qué nos trae Jehová a esta tierra para caer a espada, y a que nuestras mujeres y nuestros niños sean presa? ¿No nos sería mejor volvernos a Egipto?* ***(Números 14:3).*** Cades significa «santidad». Es un lugar físico en el desierto, un lugar difícil, adonde el pueblo fue llevado para santificar a Dios. Pero los israelitas fallaron la primera vez, por eso 30 años después tuvieron que volver. Fue en Cades donde tropezaron, y fue en Cades donde tuvieron que vencer los errores del pasado.

Hay gente que es como la luna, cada cierto período repiten una fase de ruina, de soberbia y de depresión. Usted las ve con el agua al cuello, piden oración, encuentran ayuda, logran salir del apuro, y todo parece marchar bien. Pero un año después están metidas, exactamente, en el mismo problema: puede ser un desorden financiero, enredos amorosos, o demandas legales. Hay parejas que tienen el mismo conflicto una vez al año: se pelean, se hieren, se amenazan con separación, buscan consejería, se reconcilian... Tiempo después regresan con la misma historia. Otros pasan la vida endeudados, corren, se esfuerzan por pagar, refunden sus deudas, hacen un presupuesto y se ajustan a él; y cuando están a punto de ver la luz se les daña el carro, o pierden el trabajo... Acto seguido usted los ve adquiriendo una nueva tarjeta de crédito. La explicación que dan, cuando usted les pregunta qué pasó, es: *«¡No sé!, cuando me di cuenta estaba firmando los papeles del préstamo».* Como el que está decidido a dejar de fumar, a dejar de tomar, pero dice: *«¡Yo no sé! Cuando me percaté ya estaba tomándome el segundo trago».*

Si usted hace una radiografía de su vida se dará cuenta de que cada cierto tiempo retorna al sitio donde prometió no volver a estar. La mayoría de nosotros vivimos a través de ciclos que se repiten. ¿Qué se necesita para no volver a las acciones que nos hacen daño? Nos cuesta renunciar a los errores que nos llevan a Cades, al desierto. Decimos: ¡nunca más!, pero de pronto nos sorprendemos haciendo lo mismo. ¡Esto se acabó!, y a la vuelta de la esquina usted está metido en idéntico trance. Cuando fallamos en un área y sabemos cuál es la salida nos resistimos a hacer lo correcto, lo que entendemos necesario. Nos encariñamos con el caos, el conflicto se vuelve adictivo, y aunque juramos no volver a aquello no cumplimos lo que hemos prometido. Por eso Dios nos instruye: *«Cuando digan sí, que sea sí; y cuando digan no, que sea no»*. Lo cierto es que mientras no rectifiquemos, mientras sigamos practicando las mismas actitudes, seremos llevados nuevamente a Cades. Cuando no aprendemos la lección de Cades damos vuelas en círculos alrededor del mismo lugar.

En Cades hay otra lección para aprender: en los tiempos de sequía es necesario recordar las pruebas que hemos enfrentado en el pasado, recordar que hemos visto la mano de Dios moverse a favor nuestro para sacarnos adelante. Tenemos que hacer memoria de lo que el Padre ha hecho por nosotros, con la confianza total de que no nos dejará perecer. En esta historia el pueblo permite que otra vez las circunstancias lo sobrecojan, se llenan de temor y se vuelven contra sus líderes. ¡Con cuánta facilidad olvidaron el milagro que hizo Dios al sacarlos de Egipto! Podemos, entonces, identificar dos actitudes importantes, que nos serán provechosas cuando volvamos a Cades.

Todos pasamos por el sequedal

Es necesario saber que nadie se libra, por mucha oración, ayuno y Biblia que lea; todos atravesamos épocas difíciles, territorios de *«muerte y aridez»*. Cada persona que pertenezca al pueblo de Dios tendrá que visitar el desierto. Con esa comprensión, tengamos también la certeza de que Dios tiene la respuesta en Cristo, Él nos dará la fortaleza para llegar al otro lado. ¡Qué importante es buscar la revelación de Dios para el tiempo en que estamos atravesando el desierto! Porque, si no logramos entender que más allá de la tierra sin frutos hay esperanza, es muy posible que abandonemos la batalla. Muchos perecen en el desierto, muchos se rinden, sin percatarse de que ese no era su destino final.

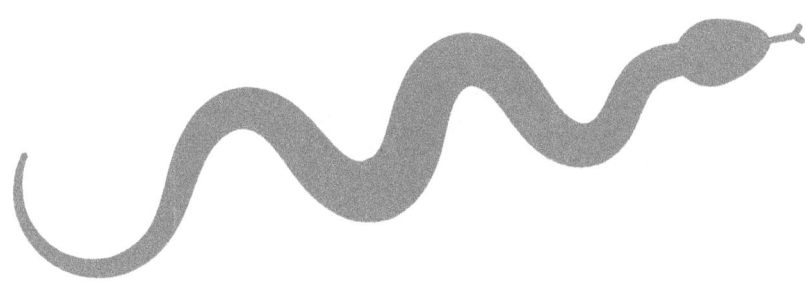

¿Por qué estamos aquí?

También es necesario preguntarnos por qué tenemos que cruzar por el desierto, por qué estamos en Cades otra vez. En lugar de eso, ¿cuál es nuestra reacción? Precisamente, murmurar, quejarnos, enojarnos y buscar culpables. Nos preguntamos por qué Dios hace eso, por qué nos lleva por ese camino; y, entonces, deseamos morir. ¡No somos diferentes que el pueblo de Israel! Se nos ha prometido una tierra que mana leche y miel, así que cuando nuestros pies se queman en la arena y un horizonte de miedo nos acecha, dejamos de creer. «¿Qué pasó? ¿Dónde está la buena tierra? Mejor habríamos hecho en no emprender el viaje, ¡estaríamos mejor en Egipto!», nos decimos. Claro que en ese momento, como les pasó a los israelitas, se nos olvida todo lo que representa Egipto y nuestra condición de servidumbre allí.

En Oseas 13:5 dice Dios: «Yo te conocí en el desierto, en tierra seca». ¿Por qué nos lleva al desierto? ¿Por qué dice que allí nos conoció? Ese pasaje está cerca de aquel donde Dios declara: «De Egipto llamé a mi hijo». (Oseas 11:1). Él nos llamó, nos adoptó como hijos, pero en el desierto nos conoce, allá mostramos, verdaderamente, lo que somos capaces de dar, a qué estamos dispuestos a renunciar por amor a Él. Aún más: en el desierto llegamos a conocernos a nosotros mismos: qué tan fieles somos, qué tan firmes estamos en la fe. Y donde, al caer en la amargura, la ira y la murmuración -como el pueblo escogido- nos damos cuenta de nuestra falta de fidelidad, nuestra absoluta debilidad y nuestra total dependencia de Dios. El desierto es un lugar terrible, no hay fruto allí, no hay agua, no hay fertilidad, pero es necesario que pasemos por ese lugar. Muchos de nosotros visitamos cada mes, cada año el desierto, como siempre fallamos siempre volvemos a Cades, porque con Dios no hay atajos, no hay forma de saltarse el proceso.

Cualquiera que haya caminado con Dios algunos años sabe que ese recorrido es de lágrimas muchas veces, de sequía muchas veces, pero que, después de vencer, salimos renovados y bendecidos, hasta el punto de decir que bien valió la pena pasar por Cades. Porque allí tienen que caer el orgullo, la soberbia, la autosuficiencia, para que Cristo pueda ser formado en cada ser. La respuesta siempre será la misma: háblele a la roca, y ella le dará de beber. Jesús es la roca eterna, es la respuesta de Dios, en Él somos sostenidos, levantados y saciados; cuando parece que no hay esperanza, Él nos redime.

7
AGUA DE LA ROCA

«Y se fueron Moisés y Aarón delante de la congregación a la puerta del tabernáculo de reunión, y se postraron sobre sus rostros; y la gloria de Jehová apareció sobre ellos. Y habló Jehová a Moisés, diciendo: Toma la vara, y reúne la congregación, tú y Aarón, tu hermano, y hablad a la peña a vista de ellos; y ella dará su agua, y les sacarás aguas de la peña, y darás de beber a la congregación y a sus bestias. Entonces, Moisés tomó la vara delante de Jehová, como Él le mandó. Y reunieron Moisés y Aarón a la congregación delante de la peña, y les dijo: ¡Oís ahora, rebeldes! ¿Os hemos de hacer salir agua de esta peña? Entonces, alzó Moisés su mano y golpeó la peña con su vara dos veces; y salieron muchas aguas, y bebieron la congregación y sus bestias. Y Jehová dijo a Moisés y Aarón: Por cuanto no creísteis en mí, para santificarme delante de los hijos de Israel, por tanto, no meteréis esta congregación en la tierra que les he dado. Estas son las aguas de la rencilla, por las cuales contendieron los hijos de Israel con Jehová, y él se santificó en ellos».
(Números 20:6-13).

En el versículo 8 de este pasaje Dios es muy claro en sus instrucciones: toma la vara y habla a la peña, ella les dará agua, que todos beban. Dios entiende que las personas y los animales tienen sed, en realidad no está enojado con ellos porque Dios es un padre, y conoce nuestras necesidades. Es un Dios que provee. Pero, ¿qué fue lo que hizo Moisés? Reunió a la congregación, y les dijo a ellos, les habló a ellos, no a la peña. Los regañó, aunque no era eso lo que se le había encomendado.

El problema es que Moisés ignora el dicho de Dios, lo que Dios le mandó, porque está molesto con la congregación. En lugar de volverse a la peña, se vuelve al pueblo y le dice lo que él opina de ellos: ¡Oigan ustedes, rebeldes! Dios no le dijo que reprendiera al pueblo (eso es algo que fascina a muchos líderes religiosos, usar su autoridad para gritar «¡pecadores!», y señalar o etiquetar a quienes han llegado buscando el consuelo de Dios). No se trata solo de un asunto de obediencia. A Dios le agrada la obediencia más que los sacrificios o acciones externas de piedad:

«¿Y crees que al Señor le gustan tus holocaustos y ofrendas más que la obediencia a sus palabras? Entiende que obedecer al Señor es mejor que ofrecerle sacrificios, y que escucharlo con atención es mejor que ofrecerle la grasa de los carneros». **(1 Samuel 15:22)**.

Cuanta mayor autoridad le da Dios a una persona, más compromiso de obediencia tendrá, porque Dios pedirá cuentas por la forma en que use esa autoridad. Pero aquí tenemos un problema mayor que el solo hecho de desobedecer: Moisés no santificó a Dios en esa acción, más bien la utilizó para reprender a su gente, para mostrarles cuánto poder tenía en ese momento, que con solo golpear la roca haría brotar el agua. Pudo usar ese incidente para restaurar en la congregación la confianza en Dios, y para mostrarles que el Padre seguía teniendo cuidado de todos ellos, y hasta de sus animales. Sin embargo, la tentación de ser el centro de atención y el juez de su pueblo pudo más en él. Piense en una persona que tiene un don de Dios y lo usa para exhibirse y atraer sobre sí la atención, en lugar de dar la gloria a aquel de quien lo recibió. ¿Será eso agradable a Dios? Lo que Moisés hizo es muy semejante a lo que se le pidió, pero no es igual. Es lo que se conoce como desplazamiento: puesto que no le podía pegar al pueblo, le pega a la roca; él sabe que ese pueblo es la niña de los ojos de Dios, entonces golpea la roca porque tiene rabia contra ellos. Muchas veces desplazamos nuestra ira hacia quien nada debe, desplazamos la culpa que sentimos porque estamos molestos y frustrados; dirigimos el golpe hacia quien no es culpable de nuestro enojo. Cuando las cosas no salen bien, porque no estamos cultivando una buena relación con Dios, resulta más sencillo echarle la culpa al pastor, a los músicos, a los hermanos...

Santificados, ¿qué significa?

Aprendimos que Cades significa «santidad»: es un estadio en la vida de los hombres y mujeres maduros, cuando aprenden a santificarse, esto es, a apartarse para Dios; cuando un cristiano entiende que fue llamado no para ser raro, pero sí diferente. Distinto no tanto en su forma de hablar o de vestir, sino más bien en la forma de resolver sus conflictos conyugales, sus problemas familiares, sus desavenencias con los vecinos y los compañeros de trabajo. Ser diferentes en nuestra forma de adorar a Dios, de apartar para Él lo mejor, de levantar las manos para Él, aunque uno no tenga ganas, aunque esté quebrantado. Servirle a Dios desde las emociones: saltar y danzar, levantar las manos cuando nos va bien, dar gritos de júbilo, es muy parecido a adorar a Dios, pero no es lo mismo. Cuando usted se siente abatido y arruinado, y levanta las manos para el Señor en un rincón de su casa, como Ana en el tabernáculo, que apenas podía mover la boca y no le salía la voz, otra persona puede verlo y decir: ahí no hay fuego, ¡qué flojo es este hermano! Pero Dios está viendo su corazón. Mientras que muchos saltan y danzan en la carne, sin tener una verdadera comunión con Dios, o levantan las manos mientras en su corazón desobedecen a lo que el Padre les ha pedido, lo que no pasa de ser un sacrificio sin fruto.

Háblele a la roca

Vivir por las circunstancias es parecido a lo que hizo el pueblo, que perdió de vista al Señor, y comenzó a murmurar. Como lo que ocurrió la primera vez que los israelitas pasaron por Cades, decidieron creer lo que decían los 10 espías que se llenaron de temor y dijeron: es imposible conquistar esa tierra, en lugar de creerle a Dios. Vivir por las circunstancias es vivir por las emociones, como le ocurrió a Moisés, que usó la vara para descargar su furia en lugar de santificar a Dios en ese acto milagroso. No hable de sus circunstancias, háblele a sus circunstancias: comience a ministrarlas, a decirles palabra de Dios, a ordenarles que se sujeten a la voluntad del Padre. Deje de hablar de sus problemas, y empiece a testificarle a sus problemas sobre el poder maravilloso de su Creador. Decir algo como: Circunstancias, les tengo un mensaje de Dios. Carencias y ruina, les tengo una palabra de Dios, ¡sus días están contados! Eso funcionará, porque Dios está más allá de sus frustraciones y sus fracasos, Él no está limitado por sus errores, porque Dios es otro, Él no es como yo. Dios dice: tú estás preocupado, yo no; tú estás molesto, yo no. Tú estás en dificultades, yo no; yo siempre estoy en el trono y quiero ayudarte. Nunca viva por lo que siente, por sus emociones, por sus temores, ni por lo que le dicen los vecinos: santifique a Dios y crea en lo que Él le dice. Aunque Israel atravesaba el desierto allí estaba el milagro, en la roca: Cades es un lugar para creer, a pesar de las circunstancias, sabiendo que nuestros problemas no toman a Dios por sorpresa, nuestra escasez no toma a Dios por sorpresa. Dios abrirá camino en el desierto y ríos en la soledad **(Isaías 43:19)**; Él tiene recursos ilimitados, hay agua abundante para saciarnos.

Pero no luche contra aquello que necesita cambiar: la forma que Dios tiene de sacarnos de un lugar de sequía es volvernos a poner ahí, para que aprendamos a santificarlo y a santificarnos para él. En Cades murió María, Miriam, nombre que en hebreo significa «amarga». Hay algo en nuestra vida que se tiene que morir para que Cristo haga brotar las aguas, para que convierta en fuente de aguas lo que antes era un corazón reseco. Por eso Jesús dice: *«El que cree en mí, de su interior correrán ríos de agua viva»*. **(Juan 7:38)**. Por eso Dios le dijo a su pueblo que Él lo sustentaría con lo mejor del trigo, y con miel de la peña lo saciaría **(Salmo 81)**. Porque cuando dejamos que la Palabra de Dios hable a la roca de nuestro corazón, de él también hará que broten aguas, que fluya miel y se termine el tiempo de la sed.

8
LA MEDIDA DE MI PERDÓN

«Cuando aquel siervo salió, se encontró con uno de sus consiervos, que le debía cien días de salario, y, agarrándolo por el cuello, le dijo: 'Págame lo que me debes'. Su consiervo se puso de rodillas, y le rogó: 'Ten paciencia conmigo, y yo te lo pagaré todo'. Pero aquél no quiso, sino que lo mandó a la cárcel hasta que pagara la deuda. Cuando sus consiervos vieron lo que pasaba se pusieron muy tristes, y fueron a contarle al rey todo lo que había pasado. Entonces, el rey le ordenó presentarse ante él, y le dijo: 'Siervo malvado, yo te perdoné toda aquella gran deuda, porque me rogaste. ¿No debías tú tener misericordia de tu consiervo, como yo la tuve de ti?'. Y, muy enojado, el rey lo entregó a los verdugos hasta que pagara todo lo que le debía. Así también mi Padre celestial hará con ustedes, si no perdonan de todo corazón a sus hermanos».
(Mateo 18:28-35).

La historia cuyo final hemos leído se inicia en Mateo 18:15. Jesús está hablando sobre el perdón y enseñando acerca de cómo debemos tratar las ofensas que nos hace un hermano. Es aquí donde dice aquella conocida frase: es necesario perdonar no siete veces, sino hasta setenta veces siete. Y cuenta esta parábola de un rey que decidió vender a uno de sus siervos junto con su mujer, sus hijos y todo lo que tenían para pagarse una deuda muy alta, de diez mil talentos (muchos millones diríamos hoy), que aquel hombre no le podría pagar de otra manera. En aquella época una persona y su familia podían caer en servidumbre a causa de las deudas. El siervo de esa historia le suplicó al rey que tuviera paciencia con él, y prometió pagar todo lo que debía, pero su señor, aun sabiendo que jamás podría pagarle, tuvo misericordia y le perdonó la deuda. Es, entonces, cuando ocurre esa escena que leemos a partir del **verso 28**: el hombre a quien tanto se le perdonó no fue capaz de perdonarle a su semejante los cien denarios que este le debía.

La parábola no es más que un retrato de nuestra propia condición: Jesús nos limpió de nuestros pecados, nos redimió de la esclavitud en que vivíamos, nos hizo libres, pero muchas veces nos sentimos con derecho a no perdonar las ofensas que nos hacen, aunque sean pequeñas comparadas con lo que nosotros mismos hemos hecho. En el reino de Dios tenemos que sabernos perdonados, y ser capaces de perdonar a otros, no hay otra forma de ser parte de él. ¿Qué otras cosas nos enseña este pasaje bíblico?

La humildad engendra misericordia

En el **verso 26** vemos que el gran deudor no se detuvo a pensar que sus súplicas serían inútiles, sino que rogó a su señor. Una actitud humilde cuando nos sabemos deudores genera perdón y misericordia. La inmensa mayoría de nuestras relaciones carece de humildad, por eso no recibimos misericordia. Lejos de ser humildes y de pedir perdón, nos llenamos de soberbia y pretendemos que nos acepten y toleren todos nuestros errores, sin siquiera reconocer que hemos fallado.

Perdonar es una decisión

El siervo que fue perdonado, cuando a su vez le pidieron misericordia, no quiso tenerla; no quiso perdonar la deuda, *«no quiso»* **(verso 30)** es la clave de la historia. Podía, pero no quiso; o, como dirían algunos, «no sintió de Dios el deseo de hacerlo». Muchos esperan una señal sobrenatural para hacer lo que saben que deben hacer, lo que saben que Dios desea de ellos. La clave no está en sentir, sino en querer. No está en esperar que venga a mí un sentimiento espontáneo de perdón, sino en querer perdonar, en la decisión de hacer misericordia para con otros. Hay días en los que se sienten cosas extraordinarias, emotivas, especiales, de parte de Dios. Otras veces no se siente nada, o tal vez se sienten sensaciones muy feas de parte del enemigo, que llenan de rabia y rencor. No querer es la señal de un espíritu no perdonador. En la medida en que se toma la decisión de perdonar y hacer misericordia, se está abriendo la puerta a la bendición de Dios.

 ## No me pondré en manos de los verdugos

El hombre de la historia citada fue entregado a los verdugos hasta que pagara toda su deuda. No perdonar es quedar a merced de los verdugos, los torturadores; es ser entregado a nuestro adversario, que tiene por oficio matar y destruir. Usted debe perdonar para ponerse en posición de recibir perdón, bendición y misericordia.

En **Isaías 43:25** Dios le dice al pueblo de Israel: «Yo, yo soy el que borro tus rebeliones por amor de mí mismo, y no me acordaré de tus pecados». Dios habla a un pueblo que tenía siglos de practicar sacrificios como forma de buscar el perdón de Dios, no conocía otra forma de hacerlo. A través del profeta, Dios les dice: a mí no me importan los ayunos que ustedes hacen, los cultos religiosos que celebran, no me gustan sus ritos, estoy harto de sus sacrificios, nada de eso les puede ganar el perdón. Yo no los perdono a causa de sus actos, yo los perdono por amor de mí mismo. A veces creemos que con obras de caridad, o haciendo muchos sacrificios, podremos ser perdonados. ¡El perdón de Dios lo recibimos por gracia! Nos cuesta comprenderlo, porque no somos así. Para perdonar se espera que la otra persona pida perdón, con lágrimas; que soborne, emocionalmente, que haga cosas para convencer de que sí está arrepentida. También nos sucede que queremos creer que Dios nos perdona por nuestra valía, porque somos virtuosos y que Él lo reconoce. Entonces, según nuestra manera de verlo, Dios tendría que decir: como eres tan especial, yo te perdono; te amo, y por eso te perdono. Pero lo que Dios dice es: yo te perdono, porque yo me amo; me he olvidado de todas tus maldades, porque me amo; porque soy fiel a mí mismo, borraré todos tus pecados. Si Dios dependiera de nuestras acciones o bondades para perdonarnos, ¡no tendríamos ninguna esperanza!

¿POR QUÉ A VECES NO LOGRO PERDONAR?

La falta de perdón hacia los demás es una pared que impide que la bendición llegue a mi vida. La falta de perdón a los demás revela una incapacidad para ser perdonado. Las personas que no perdonan a otras no consiguen perdonarse a sí mismas, no se sienten dignas de recibir el perdón y la bendición de Dios. Aunque la buscan afanosamente, en lo más profundo de su ser están convencidas de que no merecen recibir nada de Dios; entonces, pasan su tiempo corriendo tras el perdón y, a la vez, saboteando toda obra de Dios en sus vidas.

> *Un corazón no perdonador es la señal externa de que hay algo dañado en lo profundo. Miles de personas se hacen daño de muchas maneras, maltratan sus cuerpos, a sus familias, su economía; lo hacen porque se sienten indignos, incapaces de alcanzar algo bueno.*

No se perdonan sus errores del pasado, es más, no se perdonan cosas de las que ni siquiera tuvieron la culpa: el divorcio de sus padres, una infancia infeliz, una madre sufrida, un abuso sexual. Hay decenas de cosas que no nos perdonamos, y caemos en el juego de la indignidad; buscamos, inconscientemente, cómo castigarnos por culpas ajenas.

CON LA VARA QUE MIDAS SERÁS MEDIDO

La medida que yo tengo para perdonarme es la misma medida en que puedo perdonar a otros. Y la medida en que logro perdonar es la misma medida que me aplican para perdonarme, bendecirme y ayudarme. En la misma proporción que soy capaz de hacerlo, lo harán por mí. Jesús dijo:

> *«Y cuando oren, si tienen algo contra alguien, perdónenlo para que también su Padre que está en los Cielos les perdone a ustedes sus ofensas».*
> ***(Marcos 11:25).***

Dios nos enseña que el perdón es un camino de una sola vía. Nosotros esperamos que el ofensor venga a suplicar; si no pide perdón, espero que le pasen cosas terribles para que escarmiente. En nuestros conflictos siempre culpamos al otro, y no tenemos una genuina actitud de perdonar. No practicamos el perdón, sino la manipulación. Creemos que el perdón tiene que ver con la persona que me ofendió, tiene que ver con el que me lastimó, que es lo que él me hizo lo que está en juego. Pero para Dios el perdón no tiene nada que ver con el otro, el perdón en realidad apenas tiene que ver conmigo: quien necesita perdonar soy yo, quien tiene que tomar la decisión de perdonar soy yo. El perdón es un camino de una sola vía, el perdón es el camino de una única persona, y esa persona soy yo.

9
LO QUE ESTÁ EN JUEGO

«Y aconteció cuando partió el pueblo de sus tiendas para pasar el Jordán, con los sacerdotes delante del pueblo llevando el arca del pacto, cuando los que llevaban el arca entraron en el Jordán, y los pies de los sacerdotes que llevaban el arca fueron mojados a la orilla del agua (porque el Jordán suele desbordarse por todas sus orillas todo el tiempo de la siega), las aguas que venían de arriba se detuvieron, como en un montón, bien lejos de la ciudad de Adam, que está al lado de Saretán, y las que descendían al mar del Arabá, al Mar Salado, se acabaron, y fueron divididas; y el pueblo pasó en dirección de Jericó.
Mas los sacerdotes que llevaban el arca del pacto de Jehová, estuvieron en seco, firmes en medio del Jordán, hasta que todo el pueblo hubo acabado de pasar el Jordán; y todo Israel pasó en seco». *(Josué 3:14-17)*.

Los vados eran muy importantes en la antigüedad, cuando la gente hacía a pie largas travesías. Son las zonas de paso, donde el río suele ser menos caudaloso y permite que personas y animales lo crucen. El relato de este evento ocurre en los vados del río Jordán, cuarenta años después de que los israelitas salieron de Egipto. Su llegada a los vados coincide con la estación de la cosecha, que es cuando el río Jordán se desborda. Para entonces Josué se había levantado como un líder llamado a culminar la obra que había iniciado Moisés: la liberación de su pueblo. La nación escogida lleva 40 años de dar vueltas alrededor de la Tierra Prometida, pero la mira de lejos: ya ha desaparecido la generación que siguió a Moisés, ya murió la gente que vio a Dios partir el mar para dejarlos pasar. De este lado del Jordán todavía es desierto, del otro lado está la Tierra Prometida. ¡Están a punto de cruzar! Piense usted en la ansiedad que tenía ese pueblo, los que están en los vados nacieron y crecieron en el desierto, no conocen otra cosa, nunca estuvieron en Egipto. Y se encuentran a la orilla del agua después de 40 años de sequía.

Los vados del Jordán son un lugar, sin duda, mejor que el desierto, allí nadie perece de sed. Las aguas corren, los niños se bañan y los animales se sacian; es un buen lugar. Pero no es el lugar al que ese pueblo estaba destinado. Aplicando esa imagen a nuestro tiempo, la mayoría de los cristianos no han llegado al lugar al que Dios quería llevarlos: ya no son esclavos, ya no viven sin Dios y sin esperanza, pero hay una frontera que los separa de la Tierra Prometida. Se encuentran en los vados del Jordán. Eso es mejor que la aridez del desierto, pero no es todavía el futuro de bendición que Dios les prometió. En eso hay una lección importante para nosotros: que Dios no quiere que vivamos de la mejor manera posible, no quiere que alcancemos lo mejor que nuestras fuerzas nos permitan alcanzar. Él es dueño del oro y de la plata (Hageo 2:8). Un Padre como él quiere llevarlo a usted al perfecto lugar que diseñó para todos sus hijos. Israel está detenido en un sitio agradable, donde el sol no calcina, hay agua abundante y no hay tormentas de arena. Allí se puede sembrar, hasta allí llegan los buenos frutos de la tierra, ¡pero Dios les tenía un mejor lugar! Y Dios sabe que el pueblo se está asentando, se está sintiendo cómodo a la orilla del río, sabe que se preguntan ¿para qué cruzar? ¿Qué necesidad hay de meterse en problemas, si se está bien aquí? Entonces viene una palabra de Dios a Josué, que le dice: «Levanta el campamento, porque nos vamos». Josué da aviso al pueblo para que se prepare, y fue así como tres días después partieron de sus tiendas para cruzar el Jordán. Dice la Escritura que cuando los pies de los sacerdotes que llevaban el Arca tocaron el agua la corriente que fluía se detuvo, las aguas fueron divididas y el pueblo pasó en seco hacia Jericó. Esa fue una señal de lo que vendría. El pueblo llevaba varios días detenido en los vados del Jordán, abrevando a su ganado en el río Jordán y bañando a sus niños en sus aguas. Pero el Jordán es la frontera entre el desierto y la Tierra Prometida, es lo que los separa de la bendición que hay más adelante. ¿Qué es lo que hace la gente que entra de lleno en la promesa?

 Decisiones

El pueblo levantó el campamento para cruzar el río. Toda vez que la Biblia habla del Jordán se está refiriendo a un lugar de decisiones: Jesús fue bautizado en el río Jordán cuando tomó la decisión de asumir el ministerio para el cual había sido enviado. Para vivir la vida verdadera usted no necesita que lo froten con aceite, que le saquen demonios o le echen agua bendita. Lo que necesita es tomar una decisión. Josué le dice al pueblo: «Levántense, dejen el campamento». La primera cosa necesaria para acceder a la tierra prometida es tomar decisiones serias, abandonar un estilo de vida y comenzar a caminar hacia otro estilo de vida. Lo que necesito es enfrentar las cosas que debo dejar atrás: hay formas de hablar que yo sé que tengo que abandonar; hay amistades de las cuales yo sé que debo apartarme; hay formas de relacionarme con mi pareja que debo desterrar; hay actitudes que me detienen. Todos tenemos áreas que es preciso cambiar, pero nos gusta refugiarnos en aquel postulado: «Yo soy así, el que quiere, que me quiera, y el que no, que no me quiera». Si usted es murmurador, vaya y pida perdón a quienes ha ofendido, abandone la ribera del río Jordán. Si usted sabe que tiene un problema con el licor, saque ese trago del refrigerador. Si usted siente que su matrimonio está pendiendo de un hilo, deje esa relación que está destruyendo a su familia. El río Jordán es un lugar de decisiones. La vida es corta. ¿Va a pasar usted, eternamente, en esa contienda, en esa ruina, en esa murmuración, en lo mismo de siempre? Abandone esos lugares. Mientras usted siga en la comodidad del campamento, no va a llegar al hogar verdadero. La Biblia dice que somos peregrinos, vamos siempre en camino hacia lo que Dios quiere hacer en nosotros. Pero solo yo puedo decidir si voy a vivir una vida diferente. Solo yo puedo iniciar el camino a la prosperidad. Una vida mejor siempre se inicia con una decisión. ¡Cambie la vida que usted tiene por la vida que quiere vivir!

Durante la cosecha

Es el momento en que el río Jordán se desborda, el momento de las decisiones más difíciles. En tiempo de cosecha, cuando la bendición no para, cuando hay que recoger los frutos, pero al mismo tiempo hacer cambios radicales. Las decisiones más serias hay que tomarlas durante la cosecha. El río Jordán está crecido, los vados se anegan, da temor cruzar; es la imagen para describir esas encrucijadas en la vida que nos resultan duras, que nos exigen decisiones definitivas. Ese momento sucede, justamente, cuando Dios ha preparado del otro lado una gran cosecha; el pueblo necesita atravesar el agua para tomar los frutos, y lo tiene que hacer cuando el río está más ancho y tumultuoso. Y es que cuando usted tome la decisión de cruzar, ¿sabe qué le va a pasar al río Jordán? Se va a volver más ancho, se va a poner más hondo, lo va a ver embravecido. ¡Pero ese es el momento de abandonar el campamento y de caminar hacia la bendición!

 Siguiendo a la autoridad espiritual

Cuando el pueblo partió, cuando comenzó a andar, presidido por los sacerdotes, Dios hizo un milagro para permitirles pasar. Mire por dónde van sus sacerdotes, por dónde va su autoridad espiritual, y sígalos. Marche detrás de donde está la unción. Ir en pos de los hombres y las mujeres de Dios, donde está la presencia de Dios, es el camino para llegar a la tierra donde Dios dijo que nos va a llevar. Pues ¿qué pueblo puede decir que tiene un Dios tan cercano como el nuestro? Dios está cerca, y tiene un futuro mejor que el hoy que usted está viviendo, no importa lo buena que le parezca a usted que es su vida.

> *Dios tiene más oportunidades de gloria para usted y su familia. Dios siempre tiene más, su palabra dice que la senda del justo es como la luz de la aurora, que va en aumento hasta que el día es perfecto.* **(Proverbios 4:18).**

Lo que Dios tiene para usted son insondables riquezas, ¡no se agota la mano del Señor para bendecir a su pueblo! El aceite de la viuda no cesó sino hasta que se acabaron las vasijas. (2 Reyes 4). Dios tiene frutos más dulces de lo que nunca ha soñado, apenas debe disponerse a cruzar el río Jordán, porque la vida que él le ofrece está del otro lado. El precio por pagar no importa, cuando lo que está en juego es su destino.

10
HÁGANSE AMIGOS DE DIOS

«Vuelve ahora en amistad con Él, y tendrás paz; y por ello te vendrá bien. Toma ahora la ley de su boca, y pon sus palabras en tu corazón.

«Si te volvieres al Omnipotente, serás edificado; alejarás de tu tienda la aflicción; tendrás más oro que tierra, y como piedras de arroyos oro de Ofir; el Todopoderoso será tu defensa, y tendrás plata en abundancia. Porque, entonces, te deleitarás en el Omnipotente, y alzarás a Dios tu rostro».
(Job 22:21-26).

Los que hablan en ese pasaje son los amigos de Job, que lo han visitado en sus días de infortunio. Ese consejo que la Escritura pone en boca de Elifaz puede cambiar la vida de cualquier persona. Fíjese que aquí no dice:

AQUÍ NO DICE	AQUÍ DICE
⊗ Hágase mormón, y le irá bien en la vida. ⊗ Hágase evangélico, y tendrá paz. ⊗ Hágase católico, y prosperará.	**VUÉLVASE AMIGO DE DIOS**

Volverse es caminar en dirección opuesta a la que llevamos. Significa que, a veces, vamos en dirección contraria a donde Dios nos llama, nos alejamos de Él. Cuando los seres humanos enfrentamos situaciones difíciles, muchas veces nos volvemos hacia la fiesta, el licor, las drogas, la esposa del vecino... Buscamos **«consuelo»** de muchas maneras. Pero el consejo sabio es este: ¡hágase amigo de Dios! ¡Vuélvase a Él! Entonces no se trata de adoptar una nueva religión, sino de hacer amistad con Dios. Las religiones han establecido una lista de normas, prohibiciones y hasta maneras de vestir en su afán por agradarle a Dios. Eso hace que quienes siguen determinada denominación creen un grupo cerrado, donde, finalmente, todos se parecen unos a otros. Las demás personas hasta pueden reconocerlos: **«Este es mormón»**; **«Esta es de La Luz del Mundo»**, con base en la apariencia, en las señales externas. Cuando nos definimos a través de una religión creamos barreras que nos separan, nos diferencian de los otros, pero eso no significa que nos estemos acercando más a Dios. La religión -cualquier religión- es un intento fallido por llegar a Dios. Si alguien criticó a los religiosos de su tiempo fue Jesús, que comprendió eso mejor que nadie.

Jesús es nuestro modelo para aprender a ser amigos de Dios. Jesús no vino a crear barreras entre las personas, sino a derribarlas. En el Nuevo Testamento se nos enseña que en Él ya no hay judíos ni griegos; no hay esclavos ni libres; no hay varón ni mujer, sino que todos somos uno. **(Gálatas 3:28)**. Todas las cosas que nos separaban desaparecen por la gracia de Cristo, Él no solo nos reconcilió con el Padre, sino que nos hizo amigos del Padre; nos reconcilió entre nosotros, y borró todas nuestras diferencias. ¿Cómo es posible, entonces, que los cristianos nos esforcemos tanto por separarnos del resto, por marcar las diferencias? No en cuanto a la bondad y solidaridad que podamos mostrar, sino en nuestros signos externos, en nuestras prácticas y ritos; hasta en nuestro lenguaje, que es sectario y nos vuelve una gente incomprensible para el resto de la comunidad.

Jesús no entregó su vida para que nos vistamos distinto, hablemos con un vocabulario oscuro o tengamos reuniones donde la gente hace cosas extrañas, que asustan y alejan a quienes necesitan conocer a Cristo. Jesús entregó su vida para que pudiéramos tener acceso al Padre y nos pudiéramos reconciliar con Él.

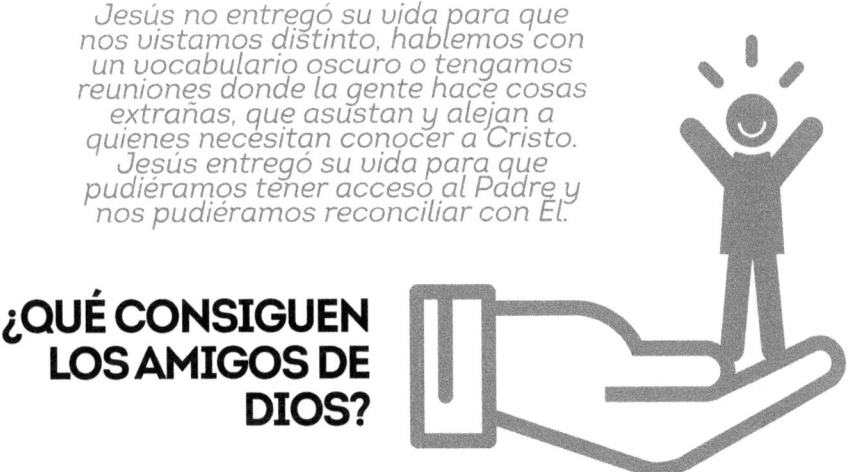

¿QUÉ CONSIGUEN LOS AMIGOS DE DIOS?

♡ La amistad con Dios produce paz, hace que venga el bien a nuestra vida. (Verso 21). Aun en medio de las dificultades, cuando sentimos la cercanía de Dios, ella nos depara confianza y nos da paz.

♡ La amistad con Dios incluye oír y asimilar su Palabra. (Verso 22). La predicación es importante para crecer en nuestra relación con Dios. El que ama al Padre, ama su ley. David decía: *«¡Cuán dulces son a mi paladar tus palabras! Más que la miel a mi boca»*. **(Salmos 119:103)**.

♡ La amistad con Dios nos edifica. **(Verso 22)**. Ser edificados significa crecer, pues su amistad nos eleva por encima de lo que antes éramos; nos estimula a ir más allá, nos instruye.

¿Qué significa tener amistad con Dios? ¿Cómo nos volvemos a Él? Necesitamos dar un giro. Necesitamos hacer de Jesucristo nuestro compañero y amigo más cercano. El problema es que tenemos un concepto muy ambiguo de la amistad. La gente llama amigos a los compañeros de tragos, a quienes están en su lista del Facebook. Pero los verdaderos amigos son pasados por el fuego, porque la amistad, como toda cosa valiosa, tiene que ser probada. Los amigos de verdad se reconocen en los tiempos difíciles: son los que se quedan a nuestro lado cuando los otros se van. La amistad nos exige tres acciones:

1 | Valorar a la otra persona por lo que es, no por lo que hace:

Todos tenemos complejos, prejuicios y cargamos con problemas de personalidad que resulta difícil soportar. Cuando vemos a una persona como realmente es nos alejamos, no nos gusta lidiar con sus defectos. ¿Cómo calificamos a un buen amigo? *«Este cuenta buenos chistes»*; *«Aquel me presta el carro»*; *«Esta siempre me invita»*. Son amigos porque me convienen. La verdadera amistad consiste en valorar al otro por lo que es, no por lo que hace. Ser amigo de Dios es valorarlo por lo que él es, no por lo que puede hacer a mi favor: no porque sana o prospera, por lo que puedo obtener en mi beneficio. El mismo Job sufrió toda clase de desgracias, pero no maldijo a su amigo. De Job son estas palabras: *«Aunque Él me matare, en Él esperaré»*. **(Job 13:15)**. El que es amigo de Dios en las buenas, pero cuando vienen los días malos le da la espalda, no ha comprendido lo que significa su amistad.

2 | Buscar el bien de la otra persona

El amor no hace nada indebido, no busca el bien para sí mismo. **(1 Corintios 13:5)**. Busca siempre el bien del otro. Amigo es el que pospone sus necesidades para satisfacer las de la otra persona, el que se deleita en ayudar. Ser amigo de Dios es anteponer mi anhelo de agradarlo a Él por encima de mis propios deseos. El que es amigo de Dios quiere servirle, se alegra cumpliendo las tareas que Dios le encomienda, por pequeñas que sean. Cuando trabaja para la Iglesia lo hace de corazón, como si fuera para el Señor, no para los hombres. **(Colosenses 3:23)**. Sus amigos siempre se esfuerzan por hacer la voluntad de quien los envió.

3 | Invertir tiempo en el otro

La Biblia dice: «*El hombre que tiene amigos ha de mostrarse amigo*». **(Proverbios 18:24)**. Para afianzar una amistad debemos mostrar que somos capaces de apartar tiempo para esa persona.

> *La gente no quiere invertir tiempo en Dios, anda muy apurada como para detenerse a hablar con Él. Aún más, la mayoría de las personas no tienen la menor idea de cómo hablar con Dios.*

Conocen rezos, repiten lo que han escuchado, pueden leer una oración, pero no saben conversar con Dios. En una relación medianamente sana hablamos con naturalidad, abiertamente, somos espontáneos, decimos lo que sentimos. Pero usted escucha a las personas hablando con Dios, y cambian la entonación de la voz, usan palabras rebuscadas, que no brotan del corazón sino de la religiosidad. No están hablando con Dios, sino hablando raro para ser escuchados y admirados. ¡Anímese a hablar con Dios! Cuéntele sus secretos, compártale sus sueños. A diferencia de otras amistades, Él no le va a fallar, no va a apartarse cuando las cosas se pongan difíciles. Jesús dijo: «*El que a mí viene, no lo echo fuera*». **(Juan 6:37)**. No importa cuán golpeado, sucio, decepcionado o desesperado se sienta usted, Él siempre estará esperándolo.

ABRAHAM

«Después de estos sucesos, la palabra del Señor vino a Abrán en una visión. Le dijo: «No temas, Abrán. Yo soy tu escudo, y tu galardón será muy grande.»
Abrán respondió: 'Mi Señor y Dios, ¿qué puedes darme, si no tengo hijos, y el mayordomo de mi casa es ese damasceno Eliezer?'. También dijo Abrán:

'Mira que no me has dado descendencia. Mi heredero será un esclavo nacido en mi casa'. Pero vino a él palabra del Señor, y le dijo: 'Tu heredero no será este, sino tu propio hijo'. Entonces lo llevó afuera, y allí le dijo:

'Fíjate ahora en los Cielos, y cuenta las estrellas, si es que las puedes contar. ¡Así será tu descendencia!'. Y Abrán creyó al Señor, y eso le fue contado por justicia. El Señor también le dijo: 'Yo soy el Señor. Yo te saqué de Ur de los caldeos, para darte esta tierra como herencia'. Y Abrán respondió: 'Señor, mi Señor, ¿y cómo sabré que la he de heredar?'.

El Señor le dijo: 'Tráeme una becerra, una cabra y un carnero, todos de tres años. Tráeme también una tórtola y un palomino'.
(Génesis 15:1-9).

En el capítulo 15 del Génesis se relata uno de los momentos importantes en el trato de Dios con Abraham -en aquel momento llamado Abrán-. Este es un personaje extraordinario, que recibe un título en la Biblia: se dice que fue «amigo de Dios». Las personas luchamos durante años para tener un título que nos acredite, que demuestre que estamos capacitados para desempeñar un cargo. Nos esforzamos por alcanzar el título, pero se nos olvida que lo realmente importante es cómo ejerceremos el cargo. En materia religiosa nos gusta también usar títulos: «Soy católico»; «Soy evangélico»; «Soy catecúmeno». O «el profeta», «el apóstol». El título más importante en el Reino es «amigo de Dios».

La relación de Abraham con Dios nos permite apreciar tres principios, que comparten los hombres y mujeres que se convierten en amigos de Dios:

1 | No temas

Esto es lo primero que le dice Dios a Abrán. **(Versículo 1).** Los amigos de Dios han aprendido que el temor es un poder inmundo dirigido a bloquear su camino. Hay personas que viven inmersas en la religión, pero están llenas de temor: abren la Biblia en el **Salmo 91** para que nada malo llegue a su casa; llevan una medalla o un amuleto para sentirse protegidos. Quien se aferra a una camándula creyendo que ahí reside su poder, no ha comprendido que Dios es Espíritu, su bendición no depende de un objeto o un rito. Con fórmulas como esas -que distan poco de la magia o brujería- muchos pretenden obtener seguridad. Pero los hombres y mujeres que caminan con Dios saben que su protección proviene de su amistad con el Padre, que Dios es su escudo. El que teme no ha sido perfeccionado en el amor, porque la Biblia dice que Dios es amor; y que en el amor no hay temor, porque el perfecto amor echa fuera el temor. **(1 Juan 4:18)**. Si Dios habita en mí echa fuera la inquietud, ¡soy libre de temor! Puede sobrevenir ansiedad por alguna situación que se enfrente, pero después de un diálogo con el amigo el temor se va. No se trata de ignorar los peligros, o de negar el instinto de supervivencia que nos mueve a apartarnos de lo que puede hacer daño. Hablamos del temor como la anticipación de una catástrofe en nuestra vida, el miedo constante a que la desgracia llame a nuestra puerta. Ese temor no es inherente al ser humano, no es algo que Dios puso en nosotros, sino que fue traído por el pecado. Es muy común que usemos técnicas de crianza basadas en el temor, como también las usaron con nosotros, pero no vienen de Dios: guiar a los hijos previniéndoles de que en todo hay peligro, con palabras que asustan y anuncian el mal (**«¡Se va a caer!»; «No vaya allá, porque algo le puede pasar»**) es un método que debemos desterrar.

> *El temor es un poder malvado que diseñó Satanás para detener la obra de Dios en nosotros. Es lo opuesto a la fe: la fe nos hace extender más allá de nuestras fuerzas sabiendo que Dios va a extender su mano para alcanzarnos. Debemos orar con fe, pedir con acción de gracias, no con angustia y pavor.*

La oración que se eleva no desde la fe, sino desde el temor, no agrada a Dios, porque lo que le agrada a Dios es la fe, como lo dice la carta a los Hebreos: *«Sin fe es imposible agradar a Dios»*. **(Hebreos 11:6).**

2 | Y le creyó a Dios, y le fue contado por justicia

La segunda característica que desarrollan los hombres y las mujeres que se hacen amigos de Dios es que le creen a Él. (Versículo 6). Cultivan esa fe de la que hablábamos. La fe es imprescindible para caminar en amistad con Dios, más que los ritos, el ayuno, los sacrificios, ¡es necesaria la fe! Y creerle a Dios no es fácil para el ser humano. Cuando estamos rodeados de situaciones complicadas, endeudados, en angustia, y Dios nos dice que nos va a sacar adelante nos cuesta trabajo creer. Olvidamos que el Dios de Abraham no habla las cosas que son tal como son, sino que Él es quien llama las cosas que no son como si ya fueran **(Romanos 4:17)**. Dios nos desafía, nos propone un futuro que parece imposible de alcanzar. Dios le dice a Abrán: ¡sueñe con una descendencia tan numerosa como las estrellas! Lo hace mirar hacia arriba y Abrán le cree, tanto como para dejar de llamarse Abrán. El nombre de aquel viejo fue cambiado por Abraham, que significa:

> *«padre de multitudes»:*
> *«Este es el pacto que hago contigo: Tú serás el padre de muchísima gente. Tu nombre ya no será Abrán, sino que ahora te llamarás Abrahán, porque te he puesto como padre de muchísima gente. Yo haré que te multipliques en gran manera. De ti saldrán naciones y reyes».* **(Génesis 17:4-6).**

Abraham empezó a verse de otro modo, a tratar consigo mismo en otra forma, a sentirse diferente. De igual manera, la palabra solo puede cambiar la vida del que la cree. Lo que transforma su futuro es que usted diga: *«Esto es para mí»*, camine sobre esa palabra y crea que así será hecho, pues lo que se cree de parte de Dios es lo que nos puede mover hacia nuevos lugares. De la palabra profética hay que agarrarse como de una antorcha que alumbra en la oscuridad. **(2 Pedro 1:19)**. Entonces, no consiste en lo que nos gustó del sermón, en el estilo o el arte del predicador que escuchamos, sino que consiste en poner el ego abajo y escuchar la Palabra con humildad, aprender de Dios y agarrarnos de su Palabra creyendo en lo que nos dice.

3 | Tráeme

Dios es plenitud, es Aquel que todo lo llena en todo. (Efesios 1:23). Él dice de sí mismo que es dueño del ganado de mil colinas, suyo es el mundo y todo lo que hay en él. (Salmos 50). Todos necesitamos de Dios, no es Dios quien necesita de nosotros. Pero Él le dice a Abraham: tráeme (versículo 9). Los amigos de Dios traen, no porque Él necesite, sino en respuesta a la naturaleza nueva que está siendo formada en ellos. Los hombres y mujeres que tienen amistad con Dios son generosos. La tacañería no procede del Padre, el egoísmo es lo contrario al carácter del Espíritu Santo. Cuando Abraham le pregunta a su amigo: «¿Cómo voy a saber que esto es verdad? ¿Cuál es mi garantía?». Dios no le da nada, más bien le pide. Uno de los versículos más conocidos de la Biblia es Juan 3:16: «Porque de tal manera amó Dios al mundo, que ha dado a su Hijo único, para que todo aquel que en Él cree, no se pierda, mas tenga vida eterna». Dios amó, por lo tanto, dio. Y dio lo más preciado, a su Hijo. El que ama da lo mejor de si.

Las personas medimos una relación amorosa por lo que pedimos, pero una relación de amor se mide por lo que se da. Creemos que amor es control, que amar es absorber la vida del otro. Dios dice que quienes quieran demostrar su amor tienen que dar.

El que es tacaño y se aferra a sus bienes no se da cuenta que está sirviendo a un poder maligno. Bien lo dijo Jesús cuando estaba enseñando acerca del dar y el peligro de dedicarnos a acumular tesoros de los que el mundo valora: *«No se puede servir a la vez a Dios y a las riquezas»*. **(Mateo 6:24)**. Y también nos enseña la Palabra de Dios: *«El que reparte, dé con liberalidad»*. **(Romanos 12:8)**. En la Biblia se nos llama a dar con alegría, con entusiasmo, con bendición, porque así dan los que aman: *«Cada uno dé como propuso en su corazón: no con tristeza, ni por necesidad, porque Dios ama al dador alegre»*. **(2 Corintios 9:7)**. Podremos engañarnos unos a otros, pero hay uno que ve la actitud del corazón. Dios ve su forma de dar, y reconoce en eso a sus amigos.

RECONOCIENDO CADA NECESIDAD

«Después de estas cosas había una fiesta de los judíos, y subió Jesús a Jerusalén. Y hay en Jerusalén, cerca de la puerta de las ovejas, un estanque, llamado en hebreo Betesda, el cual tiene cinco pórticos. En estos yacía una multitud de enfermos, ciegos, cojos y paralíticos, que esperaban el movimiento del agua. Porque un ángel descendía de tiempo en tiempo al estanque, y agitaba el agua; y el que primero descendía al estanque después del movimiento del agua, quedaba sano de cualquier enfermedad que tuviese.

«Y había allí un hombre que hacía treinta y ocho años que estaba enfermo. Cuando Jesús lo vio acostado, y supo que llevaba ya mucho tiempo así, le dijo: ¿Quieres ser sano? Señor, le respondió el enfermo, no tengo quien me meta en el estanque cuando se agita el agua; y entre tanto que yo voy, otro desciende antes que yo.

«Jesús le dijo: Levántate, toma tu lecho y anda. Y al instante aquel hombre fue sanado, y tomó su lecho, y anduvo. Y era día de reposo aquel día.

«Entonces, los judíos dijeron a aquel que había sido sanado: Es día de reposo; no te es lícito llevar tu lecho. Él les respondió: El que me sanó, Él mismo me dijo: Toma tu lecho, y anda.

«Entonces, le preguntaron: ¿Quién es el que te dijo toma tu lecho, y anda? Y el que había sido sanado no sabía quién fuese, porque Jesús se había apartado de la gente que estaba en aquel lugar. «Después lo halló Jesús en el templo, y le dijo: Mira, has sido sanado; no peques más para que no te venga alguna cosa peor.

«El hombre se fue, y dio aviso a los judíos, que Jesús era el que lo había sanado. Y por esa causa los judíos perseguían a Jesús, y procuraban matarle, porque hacía esas cosas en el día de reposo.

«Y Jesús les respondió: Mi Padre hasta ahora trabaja, y yo trabajo.

«Por eso los judíos aún más procuraban matarle, porque no solo quebrantaba el día de reposo, sino que también decía que Dios era su propio Padre, haciéndose igual a Dios».
(Juan 5:1-18).

Juan relata la historia de un hombre que tenía 38 años de sufrir parálisis, a quien todos los días llevaban cerca de un estanque en Jerusalén, donde una multitud de enfermos se aglomeraba esperando un milagro. Los hechos suceden en un lugar llamado Betesda, que significa **«Casa de misericordia»**. Nos habla acerca de un sitio sobrenatural, donde cada cierto tiempo sucedían cosas extraordinarias. Podemos hacer un paralelismo entre el estanque de Betesda y la Iglesia de Cristo: hay muchos paralíticos allí, en el lugar de la misericordia.

«Jesús pasa por ese lugar, y le pregunta al hombre que está postrado: ¿quieres ser sano? La pregunta resulta desconcertante, parece que sale sobrando, pues ¿qué persona que ha perdido la capacidad de caminar no querría recobrarla? ¿Quién podría responder que no quiere ser sano? Sin embargo, la respuesta de ese hombre es aún más extraña y reveladora, porque él no dice: **«¡Sí!»**, como cabría esperar. Tampoco dice no, sino que más bien comienza a lamentarse, a explicarle a Jesús por qué no puede llegar al agua. ¿Acaso le habían preguntado sus motivos para no entrar al estanque? El corazón de ese hombre está tan paralizado como sus miembros, al punto de no poder reconocer que quien le pregunta apenas necesita encontrar en Él la genuina aspiración de ser liberado para cambiarle la vida por completo. Pero no todo el tiempo tenemos un auténtico deseo de que las cosas cambien. Nos quejamos, es cierto, pero nos aferramos a lo que está inerte, a lo que no sirve, nos cobijamos con nuestra amargura. La pregunta de Jesús, en realidad, es: ¿usted de verdad quiere que esto cambie?

Es más fácil quejarnos que tomar las decisiones necesarias para ver el cambio. Es más fácil echarles la culpa a otros, antes que darle cabida a Jesús para que traiga su gloria al lugar de nuestra miseria. Ese es el muro de la voluntad: lo levantamos ladrillo a ladrillo, tan alto que no dejamos que las cosas nuevas vengan. Jesús no quiere ir más allá de donde mi voluntad le permita ir. Jesús no va a tirar por la fuerza el muro de tus argumentos, Él no te obligará a levantarte. Tres reflexiones podemos hacer partiendo de las enseñanzas de este pasaje:

1 | ¿Por qué Jesús pregunta?

Lo primero que podemos notar es que la multitud de necesitados se agolpa en el lugar correcto. La iglesia no es la casa de la gente perfecta, pero es la casa donde los necesitados reciben misericordia. Cuando usted busca sanidad, la congregación es el sitio correcto para estar: donde habitan los hermanos es donde envía Jehová bendición y vida eterna. **(Salmos 133).** Es donde Jesús se mueve. Lo extraño es que, si la necesidad de ese hombre era tan palpable, ¿por qué el Señor le pregunta si quiere ser sanado? Jesús es quien puede preguntar ¿quieres?, porque es el único que puede tocarte y hacer el milagro. Pero también pregunta porque nos quiere confrontar con la necesidad, con nuestras derrotas, para hacernos ver que solamente podremos salir de allí si decimos: ¡quiero! Si usted está convencido de que no va a aceptar un día más en ese estado. Pero Él siempre pregunta, Él no lo sacará de la parálisis contra su voluntad.

2 | ¿Quiere ser sano?

Usted está cansado de ciertas cosas. ¿De verdad quiere que cambien? Entonces, ¿por qué sigue haciendo lo mismo de siempre? ¿De verdad quiere prosperar? Entonces, ¿por qué gasta más de lo que gana, y sigue adquiriendo deudas año tras año? ¿De verdad quiere que le vaya bien con su pareja? Entonces, ¿por qué sigue actuando con grosería, menospreciando lo que para esa persona es importante? La cuestión es: ¿de verdad quiere cambiar? Hay personas que dicen: **«¡Yo siempre quise tocar guitarra!»**; **«¡A mí me gustaría perder peso!»**; **«¡Yo quisiera estudiar!»**. Pero para alcanzar lo que han anhelado se necesita algo más que el deseo. Ese paralítico deseaba ser sanado, tenía 38 años de llegar al lugar correcto, pero aún estaba a la expectativa de que algo pudiera ocurrir. Nos podemos quedar con el **«si yo hubiera tenido...»**, o podemos comenzar ahora mismo a avanzar en dirección a nuestra meta permitiendo así que Jesús haga su parte.

3 | ¿Cómo puedo llegar al agua?

Muchas veces nos quejamos, pero no hemos ido a sentarnos cerca de donde está la sanidad. El hombre de esa historia sabía que había una forma para ser sanado, él conocía su limitación y su necesidad. Fue capaz de decirle al Señor: ¡no puedo solo! Dios desea salir al encuentro de quienes no pueden solos, de quienes son capaces de confesar que lo necesitan con pasión.

Una vez que se reconoce la necesidad, hay que comenzar a moverse hacia el lugar correcto. A ese paralítico lo traían todos los días a Betesda. ¿Por qué nunca pidió que lo dejaran junto al estanque? No lo sabemos, pero sí podemos examinar nuestras propias circunstancias. A veces nos acostumbramos a la invalidez, nos sentimos a gusto donde estamos, nos acomodamos al fracaso. En lugar de acercarnos al estanque, nos dedicamos a rumiar nuestra frustración; no hacemos nada. ¿Qué es lo que usted anhela? ¿Y qué está haciendo para lograrlo? Solamente obtendrá lo que desea si comienza a moverse, y a hacer lo necesario para que se produzca el cambio.

Buscando todo el tiempo las mismas cosas, andando con la misma gente, perdiendo el tiempo en las mismas tonterías, usted va a seguir viviendo exactamente como ha vivido hasta hoy. Tiene que disponerse a hacer el esfuerzo que nunca ha hecho para ver la mano de Dios transformando su vida.

Cuando usted deje de poner excusas, cuando se deje de argumentos y se disponga a reconocer cuáles son los cambios que necesita hacer, Jesús agitará su vida de una forma que usted nunca antes vio. Él traerá el ingrediente sobrenatural. ¡Levántese y camine! Y Él actuará.

Comenzamos diciendo que esa historia nos habla de un lugar sobrenatural, donde se movía el Espíritu de Dios y ocurrían milagros. Nos enseña también que la más extraordinaria presencia es la de Jesús: es Él quien hace que los ciegos puedan ver; que los mudos hablen, y que los cojos caminen. (Lucas 7:22). Es Él quien trae alegría a los corazones afligidos. Más que un lugar, es la persona de Jesús la que remueve todas las estructuras paralizadas de nuestra mente y nos transforma en un nuevo ser.

UN HOMBRE EXTRAORDINARIO

«Yo los bautizo a ustedes en agua para que se arrepientan. Pero el que viene después de mí es más poderoso que yo, y ni siquiera merezco llevarle las sandalias. Él los bautizará con el Espíritu Santo y con fuego».
(Mateo 3:11).

Jesús hizo en la Tierra lo que hoy llamaríamos un extraordinario trabajo de masas. Era un político innato: tenía un equipo de 70 personas, que iban delante de él visitando las ciudades, le informaban cómo estaba el ambiente y organizaban su llegada. Pero aun antes de iniciar su ministerio público, Juan el Bautista apareció como un agitador del Reino, preparando el terreno, preparando las mentes para lo que vendría. Juan tiene a toda la ciudad convulsa, la gente lo admira, lo sigue, y él les dice: **«El que viene tras de mí es más poderoso»**. La gente estaba emocionada, llena de expectativas, porque Juan era poderoso. ¿Cómo sería, entonces, aquel a quien Juan vino a anunciar? En las películas nos dibujan a un Juan que no proyecta una imagen de poder, pero Juan el Bautista era poderoso, tanto que cuando Jesús se refirió a él lo hizo con estas palabras:

«Yo les digo que, entre los que nacen de mujer, no hay nadie mayor que Juan el Bautista». **(Lucas 7:28).**

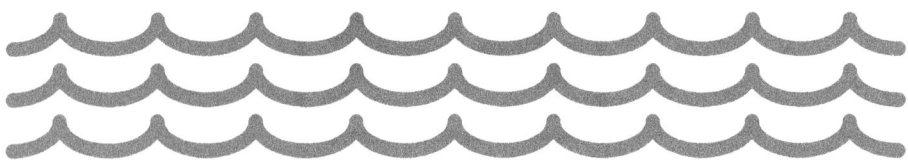

De acuerdo con los cánones del mundo, tener poder significa tener dinero, influencia política, muchos empleados, una página exitosa en las redes sociales y un montón de seguidores. En la antigüedad, poderoso era el que tenía ejércitos, conquistaba ciudades y se hacía con el botín de guerra. En el ambiente religioso, muchas personas asocian el poder con prácticas o ritos que, en realidad, no significan nada: formas de oración con mucho ruido, gritos, espectáculo, zapateos evangélicos, que la gente confunde con unción. El Señor reconoció que Juan era grande, pero Juan era un hombre que vivía en el desierto, y vestía con pieles de animales. ¿Por qué dijo Jesús que no había otro mayor que Juan? ¿Qué se necesita para tener ese poder? La pregunta es importante, porque una de las experiencias más duras para el ser humano es la falta de poder. Es amargo cuando uno quiere alcanzar una meta y no es capaz de lograrla, cuando nos sentimos impotentes ante las circunstancias. Hay áreas en nuestra vida que quisiéramos cambiar; hay deudas que queremos pagar; hay fracasos que queremos dejar atrás. Nos rodean situaciones que queremos transformar, pero el no poder nos resulta agotador. El apóstol Pablo dijo que el Reino de Dios no consiste en palabras, sino en poder. **(1 Corintios 4:22)**. Si hemos recibido al Espíritu Santo *(y eso significa que hemos recibido «poder», Hechos 1:8)* ¿por qué tan frecuentemente *«no podemos»*? ¿Qué necesitamos para hacer realidad en nuestra experiencia diaria la autoridad de su Espíritu? Dios no hace acepción de personas. Si Juan recibió el don de Dios, ¿quién podría evitar que usted también lo reciba? En el mismo versículo que antes citamos Jesús lo dijo, porque agregó algo más. Leamos de nuevo **Lucas 7:28**, esta vez completo:

Leamos de nuevo **Lucas 7:28**, *esta vez completo: «Les digo que entre los nacidos de mujer no hay ninguno mayor que Juan el Bautista. Sin embargo, el más pequeño en el Reino de Dios es mayor que él».*

Nada impedirá que cualquiera de nosotros pueda vivir una vida poderosa, extraordinaria, si logramos descifrar en dónde residía la autoridad de Juan el Bautista.

EL PODER DE JUAN

Hay tres dones en la vida de Juan que nos ayudan a entender cuál era su poder:

 | **El don de la obediencia**

Todos lo conocemos como Juan **«el Bautista»**. Él pudo discernir que su misión era bautizar a la gente y anunciar al Mesías, y a eso se dedicó. Juan hizo aquello para lo que fue llamado. Fue obediente a lo que lo mandaron a hacer. No conocemos a Juan por sus escritos, o por sus buenos sermones; sus palabras eran llanas, sencillas y duras: **«Generación de víboras»**, le decía a su auditorio. No pasó a la historia por tener buenas relaciones con el pueblo, o por su diplomacia (sabemos que Juan perdió la cabeza, porque se dedicó a acosar a Herodes, públicamente). Lo recordamos por la constancia con que se dispuso a hacer lo que Dios lo llamó a hacer. ¿Qué es lo que usted está haciendo que rompe el paradigma de su generación? ¿Qué lo hace destacar? ¿Cuál es el talento que Dios le pide usar para servirle? Juan era hijo de un sacerdote, tenía la vida asegurada, un futuro tranquilo, pero un día se dijo: **«Yo creo que nací para otra cosa»**, y se fue a predicar en el desierto. A veces solo es cuestión de mirar más allá de las circunstancias que nos rodean, atrevernos a dar un salto radical. Nos gusta quejarnos de todo, suspiramos pensando **«si yo tuviera...»**; **«si me hubiera tocado a mí eso»**. Pero gastamos muy pocas energías buscando cómo cambiar nuestra situación. ¿Por qué Juan es poderoso? Porque tomó una opción aun en contra de lo que socialmente estaba destinado a ser, escogió un camino diferente que le trastornó su vida, pero que era camino de obediencia a su llamado. Si permitimos que nos limiten las circunstancias, no avanzaremos hacia ninguna parte. Transformar nuestro presente, levantarnos, esforzarnos, hacer aquello que va en contra de nuestra realidad actual, todo eso da poder. Darle vuelta a las cosas que no nos gustan, y cuando esas cosas nos sobrepasan, cuando no podemos con ellas, darnos vuelta a nosotros mismos y abandonar lo que nos tiene estancados, movernos hacia otra parte. Como Juan, que salió al desierto y se encontró con su verdadera pasión y su destino.

👍 | El don de la ubicación

Cuando Jesús va al río Jordán para que Juan lo bautice, Juan lo mira y exclama: «Yo necesito que tú me bautices, ¿y tú vienes a mí?». (Mateo 3:14). También había dicho de Jesús: «No soy digno de desatar sus sandalias, de ponerme sus zapatos». Eso no lo dijo por tener una baja autoestima, sino porque Juan estaba correctamente ubicado respecto de quién era él, y quién era el que venía detrás de él. Cuando los sacerdotes le mandaron a preguntar quién era él, respondió: *«Yo no soy el Cristo».* **(Juan 1:20).** Ubicarse en el medio donde usted está actuando es esencial. Es cierto que todos somos iguales ante Dios, somos iguales ante la ley, desde una perspectiva de género tenemos derecho a la igualdad. Pero en nuestras relaciones sociales necesitamos ubicarnos, comportarnos de acuerdo con las exigencias del momento y del entorno. Tenemos tal desdén por los que se destacan, y tal tendencia a querer «bajarlos» al nivel de la uniformidad, que perdemos el mínimo respeto cuando nos dirigimos al médico, al profesor, al juez, al inspector de tránsito. ¿Cómo nos dirigimos a las personas que representan a la autoridad? A los policías en cada país les tenemos apodos diferentes. En Costa Rica los llamamos «tombos» y «pacos», porque queremos degradarlos. Eso obedece no a que somos muy libres, muy democráticos, sino a nuestros complejos y rebeldía. Queremos «igualarnos» con cualquiera que tenga autoridad, no vaya a ser que se encumbre demasiado; por esa misma razón hasta del presidente de la República nos burlamos con el mayor irrespeto. Desde que se inventaron las tarjetas de crédito, gastamos lo que no tenemos por andar desubicados, por querer exhibir un carro que no podemos pagar, o una pantalla del tamaño de la que tiene el vecino. Vivimos fantaseando en lugar de ubicarnos en el presente, en lo que tenemos, para luchar por aquello que deseamos. Reconocer quiénes somos en virtud del lugar donde nos encontramos, del trabajo que haceos, de los recursos con los que contamos, es primordial para llegar a donde queremos ir. Ubicarnos: saber en dónde estamos en esta etapa de la vida. Para alcanzar cualquier meta debemos partir del punto donde estamos ahora. Los niños tienen derechos, las personas adultas tienen deberes; se espera que cumplan con sus obligaciones, que se hagan responsables de sí mismas y de su familia. Mientras somos niños es muy poco el poder que tenemos para cambiar el mundo. Ser poderosos significa dejar atrás la niñez. Pablo nos enseña que mientras el heredero de una fortuna es niño, en nada se diferencia del esclavo, porque, aunque sea el dueño de todo, está sujeto a tutores, a curadores que deciden qué se gasta y cómo se gasta.

El poder del Espíritu Santo solo podrá operar plenamente en nosotros en la medida en que dejemos de actuar como niños, y eso tiene que ver con el don de la ubicación, con no vivir de fantasías, sino pararnos firmes donde estamos, aceptar las limitaciones y comenzar a caminar hacia el futuro que deseamos. **(Gálatas 4:1)**

El don de la obediencia

Juan tuvo la experiencia de que lo siguieran las multitudes, pero eso no lo hizo perder de vista cuál era su vocación: la de preparar el camino de otro que era más alto que él. Cuando sus discípulos le cuentan que Jesús está bautizando, y que tiene muchos seguidores, responde: «*Este, mi gozo, está cumplido. Es necesario que Él crezca, pero que yo mengüe*». **(Juan 3:29-30).**

Muchos a los que la sociedad enalteció, que tuvieron dinero, fuerza, belleza, que alcanzaron la fama, ya nadie los recuerda. El salmista comprendió la fugacidad de las riquezas y el honor que da el mundo cuando escribió: «*El hombre que está en honra y no entiende, semejante es a las bestias que perecen*». **(Salmos 49:20).** Ese poder efímero no es el que anhelamos, sino el poder de vencer nuestras limitaciones y transformar nuestra realidad de manera permanente. El poder de impactar a nuestras comunidades para bendecirlas. Poder para servir. ¡Haga usted la diferencia! De manera que cuando ya no esté, haya marcado positivamente la vida de otros y les haya dejado un lugar mejor para vivir.

SU ACTITUD ES LA LLAVE

«Entonces Eliseo dijo: Oíd la palabra del Señor. Así ha dicho el Señor: 'Mañana, a estas horas, en la puerta de Samaria, se venderán siete kilos de harina refinada por once gramos de plata, y quince kilos de cebada por once gramos de plata'.
«El comandante, en cuyo brazo se apoyaba el rey, respondió al hombre de Dios y dijo: 'He aquí, aun cuando el Señor hiciera ventanas en los Cielos, ¿sería esto posible?'.
«Y él dijo: ¿¡He aquí que tú lo verás con tus ojos, pero no comerás de ello!'».
(2 Reyes 7:1-2).

Lo invito a leer el capítulo 6 desde el verso 24, y todo el capítulo 7 del segundo libro de Reyes, para tener la visión completa de esta historia. Se relata un evento terrible: el rey de Siria, con su ejército, sitió la ciudad de Samaria -en ese tiempo era capital del Reino del norte o Israel-, y provocó hambre y muerte entre sus moradores. Eso ocasionó que los productos de primera necesidad alcanzaran precios exorbitantes, al punto de que por la cabeza de un asno se pagaban 880 gramos de plata. Los graneros quedaron vacíos, no había uvas para hacer vino, los defensores de la ciudad estaban débiles, sus cantores callaron, sus príncipes eran presa del temor. Había un completo caos social, emocional y espiritual. Veamos algunas lecciones que podemos aprender del sitio de Samaria:

La desesperación da a luz malas decisiones

La crisis, la hambruna, desató un estado de desesperación, a tal extremo que se cuenta de dos mujeres que se pusieron de acuerdo para matar a sus hijos y comérselos. (Verso 6:28). Mataron al primero, pero el día que tocaba dar muerte al segundo su madre lo escondió. Toda crisis prolongada produce desesperación, y cuando estamos desesperados perdemos la paz, no somos capaces de amar, no podemos razonar. La desesperación nos puede llevar a la violencia, a causar daño aun a los seres más queridos, como ocurrió con esa mujer que fue capaz de dar muerte a su propio hijo. ¡La desesperación siempre hace tomar malas decisiones!

La desesperación lleva a la incredulidad

Cuando nos desesperamos damos lugar a un espíritu de incredulidad. Una persona sumida en la desesperación, acosada por sus malas decisiones, es incapaz de creer que algo bueno de parte de Dios puede llegar a sucederle. Cuando escucha un sermón lo encuentra aburridor, las predicaciones le parecen huecas, vanas, y pierde la fe. Eso es lo que sucede cuando Eliseo anuncia al rey que al día siguiente Dios los va a liberar del ejército sirio, y que podrán comprar alimentos por muy poco dinero; el comandante de Israel, que había llevado al rey hasta la casa del profeta, se burla de las palabras de Eliseo, y le da a entender que ni aun si Dios abriera ventanas en el Cielo eso sería posible. Cuando nos sentimos arruinados, derrotados en cualquier área de la vida; cuando golpea la crisis, es necesario recordar que la palabra liberadora de Dios está llamada a cumplirse, sea cual sea nuestra situación. Pero debemos mantener la fe, porque sin fe es imposible agradar a Dios.

La incredulidad produce la muerte

Al comandante que dudó, el profeta le dice: vas a ser testigo de esto, lo verás con tus propios ojos, pero no podrás disfrutarlo. Pues resulta que cuatro leprosos que vivían en Samaria decidieron visitar el campamento de los sirios, pensando que si los mataban de todos modos iban a morir de hambre, pero tal vez tendrían una oportunidad de conseguir alimento. Al llegar encontraron desiertas las tiendas del enemigo: todos habían huido, y dejaron abandonados sus bienes, porque Dios hizo llegar a ellos un terrible estruendo, como de un gran ejército. Los leprosos decidieron dar la buena noticia en la ciudad, y todo el pueblo salió al campamento de los sirios a apoderarse de cuanto encontraban. Fue tal la abundancia que, como lo había anunciado Eliseo, se vendían 7 kilos de harina por una moneda de plata. **En el verso 7:17** nos relata el escritor bíblico que el rey puso a aquel hombre de su confianza a guardar las puertas de la ciudad, pero la gente, enloquecida por continuar con el saqueo, lo atropelló, y le causó la muerte.

¿CÓMO SALGO DE LA CRISIS?

La actitud ante la palabra de Dios es una llave que abre o cierra la puerta de la bendición. Aquel comandante de Samaria murió porque no supo apreciar la voz profética que les anunciaba el bien. Eliseo dijo: «Oíd palabra de Jehová. Así ha dicho Jehová». La actitud correcta era escuchar y aferrarse a las buenas noticias. Para el momento en que ocurrieron esos hechos ya Eliseo había hecho milagros, era conocido por su pueblo como un profeta de Dios; pero la incredulidad le arrebató la bendición a uno de los hombres más cercanos al rey. ¿Cómo se aplica eso a nuestra vida? Deje de ver televisión, deje de oír noticias de cuanta tragedia sucede en el mundo, comience a alimentarse con la Palabra de Dios. Vaya a los estudios bíblicos, consiga los sermones que le han afectado más profundamente, escuche las predicaciones con atención, compre libros que lo instruyan. Busque el consejo de personas sabias, de hombres y mujeres que se hayan mantenido fieles a Dios. ¡Deje de revolcarse en su miseria!, y preste oído a lo que dice Dios que hará con su vida. Hay que buscar sus enseñanzas con anhelo, como un bebé busca los pechos de su madre:

«Deseen como niños recién nacidos la leche de la palabra no adulterada para que por ella crezcan para salvación». **(1 Pedro 2:2).**

UNA BUENA ACTITUD ANTE LA PALABRA

Ver la bendición que se acerca y no poder tocarla, no poder llegar a ella, es una señal de la gente que no tiene una relación correcta con la Palabra de Dios. Para reconocer cuál es la relación correcta el capítulo 8 de Nehemías resulta inspirador. Nehemías servía al rey de Persia, en su tiempo los persas dominaban Judea. Cuando escuchó que Jerusalén estaba en ruinas, pidió permiso al rey para viajar a esa ciudad a reconstruirla, lideró a su gente hasta concluir la obra. Es, entonces, cuando se da este hecho, el pueblo se reúne y piden al escriba Esdras que traiga el libro de la Ley:

«Y leyó en el libro delante de la plaza que está frente a la puerta de las Aguas, desde el alba hasta el mediodía, en presencia de hombres y mujeres, y de todos los que podían entender; y los oídos de todo el pueblo estaban atentos al libro de la ley.
«Abrió, pues, Esdras el libro a ojos de todo el pueblo, porque estaba más alto que todo el pueblo; y cuando lo abrió, todo el pueblo estuvo atento.

«Bendijo entonces Esdras a Jehová, Dios grande. Y todo el pueblo respondió: ¡Amén! ¡Amén!, alzando sus manos; y se humillaron y adoraron a Jehová inclinados a tierra». ***(Nehemías 8:3, 5, 6).***

Este es un ejemplo de una buena actitud ante la palabra de Dios. Revisemos lo que hacen los habitantes de Jerusalén:

- **Están atentos.** La Palabra de Dios tiene el poder de tocar sus vidas en cualquier momento. Aquí se dice que el pueblo estuvo escuchando desde el alba hasta el mediodía, sin perder de vista al sacerdote. Tal vez un día usted piense: este sermón ya lo conozco, este pasaje ya lo leí. Pero si se dispone a escuchar, atentamente, recibirá una revelación fresca, un mensaje nuevo, algo en lo que no había reparado y que de pronto sacudirá sus esquemas.

- **Están involucrados** La Palabra de Dios es para cada uno, no debemos acercarnos a ella sin pasión. No basta con ser oidores, necesitamos participar activamente en las reuniones, involucrarnos en la oración, hacernos visibles para Dios. Aquí vemos que el pueblo levantaba las manos al Señor, respondía «amén» a las palabras de Esdras, estaban todos metidos de lleno en las enseñanzas.

Se humillan. La Palabra de Dios puede cambiar cada vida, pero debemos humillarnos ante ella; y dejar que Dios trate con mis errores, con el pecado, que nos limpie. Porque su Palabra limpia nuestro camino, y nos vivifica (Salmos 119). El pueblo, al escuchar la lectura de la Palabra, se postró rostro a tierra, fue humilde ante la voz de Dios; incluso, dice el versículo 9, cuando terminó la lectura todos lloraban, los sacerdotes tuvieron que consolarlos y decirles:

> *«Vayan, y coman bien, y tomen un buen vino, pero compartan todo con los que nada tienen. Este día está consagrado a nuestro Señor, así que no estén tristes. El gozo del Señor es nuestra fuerza».*
> ***(Nehemías 8:10).***

 Adoran a Dios. La Palabra de Dios está pensada para llevarnos a una mejor relación con él, para instruirnos, darnos sabiduría, aumentar nuestra fe y apartarnos del mal. El pueblo alzó las manos, bendijo al Señor, se postró en tierra, manifestó libremente su adoración. Hay que adorar a Dios por la revelación que ha dado a la Iglesia; hay que adorarlo por la riqueza de su amor, que nos acompaña siempre, que se manifestó en Jesucristo y sigue hablándonos a través de las Escrituras.

El gozo de Dios es nuestra fortaleza, sus promesas son el mayor aliciente para no ser vencidos por la desesperación, y levantarnos después de una crisis. Todos enfrentaremos momentos de aflicción, pero en Cristo tenemos la palabra que nos sacará de las tinieblas y nos llevará siempre a puerto seguro.

UNA ESTIRPE PODEROSA

«Yendo Jesús a Jerusalén, pasaba entre Samaria y Galilea. Y al entrar en una aldea, le salieron al encuentro diez hombres leprosos, los cuales se pararon de lejos y alzaron la voz, diciendo: ¡Jesús, Maestro, ten misericordia de nosotros!

«Cuando él los vio, les dijo: Id, mostraos a los sacerdotes. Y aconteció que mientras iban, fueron limpiados.

«Entonces uno de ellos, viendo que había sido sanado, volvió glorificando a Dios a gran voz, y se postró rostro en tierra a sus pies, dándole gracias; y este era samaritano.

«Respondiendo Jesús, dijo: ¿No son diez los que fueron limpiados? Y los nueve, ¿dónde están? ¿No hubo quien volviese y diese gloria a Dios, sino este extranjero?
«Y le dijo: Levántate, vete; tu fe te ha salvado».
(Lucas 17:11-19).

El poder es un atributo que viene con el Espíritu Santo, es la promesa que hizo Jesucristo a los hombres y mujeres que han creído en Él: **«Recibirán poder». (Hechos 1:8).** La obra del Espíritu Santo en nosotros se opone a todo espíritu de temor, y nos reviste de fortaleza: *«Porque no nos ha dado Dios espíritu de cobardía, sino de poder, de amor y de dominio propio».* **(2 Timoteo 1:7).** Somos habitación del Espíritu de Dios, Él vive en nosotros; una característica de quienes lo hemos recibido es que somos personas con poder. Pero ¿qué significa tener poder? ¿Qué cosas hace la gente poderosa?

El diccionario define la palabra poder como la facultad o potencia de hacer algo. Otra de las acepciones dice que es tener más fuerza que otro, ser capaz de vencerlo *(y eso es alentador, puesto que los creyentes tenemos enemigos espirituales)*. Poderoso es quien tiene poder, y también se utiliza esa palabra para referirse a alguien muy rico, colmado de bienes; o como sinónimo de grande, magnífico o excelente en su campo. Esas definiciones deberían darnos una idea de cómo debe vivir una persona poderosa. Sin embargo, si preguntamos en un ambiente evangélico habrá quien diga que tiene poder el que echa fuera demonios, el que sabe hablar en lenguas, o el que hace un viaje sin recursos porque decide **«vivir por fe»**. En eso de las respuestas religiosas se suceden las modas: un tiempo consiste en profetizar, gritar desde el púlpito, hacer caer al suelo a los fieles, todo lo cual permite que el predicador se sienta poderoso. Anunciar que tuvo sueños y visiones, que recibió una palabra de Dios para esta o aquella persona; le da también una apariencia de poder *(aunque solo lo esté imaginando)*. En opinión de algunos, cuanto más ronco queda el predicador más **«poderoso»** estuvo el culto. Los creyentes vivimos bajo la ilusión de ser poderosos, aunque en realidad lo que somos es gente rara, con rituales extraños que asustan a las personas a las que estábamos llamados a llevar las buenas nuevas.

Podríamos decir que quien es capaz de ayunar 40 días, o el que ora toda la noche, tiene capacidades extraordinarias; que a eso se refería Jesús cuando dijo que recibiríamos poder. Pero pocas veces pensamos que ser capaz de producir riquezas es un poder, que quien aprende a gastar menos y ahorrar en un mundo que invita al consumo incesante, está demostrando cuán poderoso puede ser. Tomar decisiones es tener poder, la gente que gobierna sobre su vida, que hace planes y alcanza sus metas es poderosa, ha tomado las riendas de su destino. Perseverar es un poder extraordinario, la gente que persevera triunfa, la que no abandona en mitad del camino. El que ha recibido poder del Espíritu Santo es capaz de persistir en sus propósitos, en sus sueños. Vamos a referirnos a dos cualidades que distinguen a las personas poderosas:

 La gratitud. En el encuentro de Jesús con los leprosos se pone de manifiesto un don que caracteriza a la gente poderosa. Jesús les habla a los diez leprosos, les dice: vayan a mostrarse ante los sacerdotes. Y mientras se dirigían hacia el templo fueron sanados. Nueve siguieron su camino: no se apartaron de lo que les indicó el Maestro, no le hicieron daño a nadie; posiblemente, en cuanto los sacerdotes los declararon sanos, se fueron a buscar a su familia, a la que tenían años de no abrazar a causa de la lepra. Pero uno de esos hombres se distingue, porque hizo algo diferente: se devolvió a buscar a Jesús, y se postró ante Él para darle las gracias. Jesús pregunta, maravillado: ¿No fueron diez los que sané? Y le dice a ese hombre: «Levántate, tu fe te ha salvado». La Biblia añade un detalle importante: ese hombre era samaritano, un paria entre los parias: además de cargar una enfermedad que lo excluía socialmente, era odiado por los judíos por ser de Samaria. Y este fue sensible como ninguno de sus compañeros a la obra de Dios: nueve más fueron sanados, pero uno alcanzó la bendición más alta, su salvación, porque tuvo un corazón agradecido.

La gratitud es poderosa, nos abre puertas más allá de lo inmediato, de lo aparente. Gracias es una palabra que enseñamos a los niños, una de las primeras que aprendemos a decir, pero de tanto repetirla olvidamos cuán importante es en la vida. Uno de los errores más grandes que usted puede cometer es pensar que alguien le debe un favor, que alguien está obligado a ayudarle. En realidad existen muchos argumentos y excusas válidos para que los demás se dediquen a sus asuntos, no a servirle a usted. Por eso cuando una persona se sale del camino para dedicarle su tiempo, cuando deja lo que estaba haciendo para tenderle una mano, usted tiene un deber de gratitud. El agradecimiento es la capacidad de poner a un lado las ocupaciones, las grandes urgencias, para mostrar un gesto amable, y reconocerle a esa persona lo que ha hecho por nosotros. No nos gusta salirnos de la ruta por nadie, pero cuando tenemos una necesidad es diferente; ahí sí estamos dispuestos a hacer lo que haga falta, ahí sí tenemos todo el tiempo del mundo para explicarle a este o aquel lo que nos pasa, y pretendemos que esa persona tenga la paciencia de atendernos. Damos las bendiciones por descontadas, como si tuvieran que sucedernos porque sí; nos parece que quien nos sirve el desayuno tiene que hacerlo; que quien limpia las calles de la ciudad donde vivimos tiene que hacerlo; que quien nos apoya en el trabajo tiene que estar siempre allí; como si todas las personas que nos ayudan hubiesen nacido, precisamente, para cumplir con esa misión. ¿Cuándo fue la última vez que usted le dijo a su mamá, a su esposa, a su esposo, muchas gracias? El samaritano de este relato supo identificar a la persona de la que provino la bendición.

Entre toda la gente que seguía a Jesús, supo reconocer a su sanador. En nuestra vida hay algunos hombres y mujeres que nos han bendecido; tenemos que aprender a identificarlos en medio de la multitud. Otra forma en que con frecuencia somos desagradecidos es cerrando los ojos a nuestras bendiciones: nos levantamos molestos, porque hay que ir a trabajar; nos enojamos

antes de salir, porque no tenemos **«nada que ponernos»**; nos sentimos frustrados, porque no hemos podido comprar el carro del año. ¡Jamás estamos satisfechos! El contentamiento es una señal de la presencia de Cristo en nuestra vida, es un fruto de su Espíritu. **(Gálatas 5:22)**. El que es agradecido se alegra por toda cosa buena que recibe, en lugar de estar reclamando por lo que no tiene. El Espíritu Santo es paz y gozo. **(Romanos 14:17)**. La capacidad de sentir alegría con lo poco o lo mucho que posemos nos da poder.

Todas las situaciones de dicha suceden gracias a alguien, cuando algo bueno pasa en su vida siempre hay alguien de por medio, ¡sea agradecido! El verdadero agradecimiento se dice, no basta con sentirlo, y se le dice a quien se le debe. A menudo le comentamos a otros: **«¡Yo estoy tan agradecido con fulano!»**. Pero no se lo expresamos a quien merece nuestra gratitud. El verdadero agradecimiento, además, actúa: no se queda en palabras, se traduce en acciones, es una actitud permanente que fluye del corazón. El agradecimiento es la capacidad de ver los propios errores, los graves defectos -no los del prójimo- y de sentir gratitud porque hemos sido aceptados, porque se nos ha perdonado. Sálgase del camino y exprese su gratitud. Dígale a las personas que tiene cerca, a esas que usted ve a diario: ¡gracias por todo lo que has hecho por mí!

La generosidad. La gente en la que se manifiesta la autoridad del Espíritu Santo tiene el don de dar. El dar resulta difícil porque va en contra de todos mis instintos: cuanto más abundantes sean mis recursos, mayores probabilidades de supervivencia tendré. Por eso el hombre natural más bien guarda, retiene, atesora bienes. Pero, precisamente, porque va en contra de mi naturaleza, el dar mata el egoísmo y me transforma en una mejor persona. El que es egoísta no produce nada para los demás, pero consume de todos. Los cristianos podemos creer que la Iglesia nos vuelve generosos, pero nos engañamos: las estadísticas indican que el 20 % de los miembros de una congregación aportan el 80 % de los recursos; y los que aportan no necesariamente son los que más tienen. En el libro de Proverbios, capítulo 11, versos 24 y 25, la palabra nos enseña:

> *«Hay quienes reparten, y les es añadido más; y hay quienes retienen más de lo que es justo, pero vienen a pobreza.*
>
> *«El alma generosa será prosperada; y el que saciare, él también será saciado».*

¿Puede usted entender por qué muchas promesas de la Biblia no se cumplen en la vida de tantos cristianos? Muchos de ellos se limitan a recibir, y dan lo mínimo posible para sostener los proyectos y cubrir las necesidades de la familia de la fe. Esos, aunque se digan creyentes, siguen viviendo por instinto; toda decisión que implique dar la toman en la carne, no en el Espíritu. Siempre recordamos el versículo que dice: *«Sin fe es imposible agradar a Dios».* **(Hebreos 11:6).** Pero también hay otro que dice: *«Y los que viven según la carne no pueden agradar a Dios».* **(Romanos 8:8).**

El dar es un poder sobrenatural que desata la prosperidad. Dar confiere poder, porque cuando juntamos lo de cada uno alcanzamos cosas que solos no podríamos tener. Esta verdad se aplica tanto en el matrimonio como en la comunidad y la congregación. El dar nos vuelve poderosos, porque destruye el egoísmo que embargó al ser humano después de la caída. Y dar es un poder maravilloso, porque usted a través de él puede generar alegría en otras personas. Hace que quien estaba angustiado tenga motivos para alabar a Dios. La actitud de dar nos transforma a mí y el entorno en el que me muevo: Dios nos da la oportunidad de influir para bien en otras vidas, de aliviar la carga de otros, de proveer en el momento en que más necesitan. Pablo, enseñando a la Iglesia, dijo: «Recuerden las palabras de Jesús, hay más bendición en dar que en recibir». (Hechos 20:35). Cuando hablamos de dar no estamos limitando esa acción a lo material: damos honra, damos reconocimiento, damos nuestro tiempo, nuestro servicio, podemos dar en muchas formas. El hombre que fue sanado regresó para darle a Jesús gloria, para adorarlo. Pero también es necesario proveer recursos financieros, dar nuestros bienes, nuestro dinero. En muchas ocasiones el que afirma que lo material no es importante está ocultando su incapacidad de desprenderse de una parte de sus posesiones para ayudar a otros, porque su corazón está aferrado a ellas. Jesús nos sigue hablando sobre el poder de dar: *¿Porque tuve hambre, y no me dieron de comer; tuve sed, y no me dieron de beber; fui forastero, y no me recibieron; estuve desnudo, y no me vistieron; enfermo y en la cárcel, y no me visitaron»*. Entonces, le responderán: 'Señor, ¿cuándo te vimos hambriento, o sediento, o forastero, o desnudo, o enfermo, o en la cárcel, y no te servimos?'. *«Entonces les responderá diciendo: 'De cierto les digo, que en cuanto no lo hicieron a uno de estos más pequeños, tampoco me lo hicieron a mí'»*. **(Mateo 25:42-45).** Pero a aquellos que fueron capaces de dar, ha prometido Jesús que se les dirá: *«¡Vengan, benditos de mi Padre! Hereden el Reino que ha sido preparado para ustedes desde la fundación del mundo»*. **(Verso 34).** ¿Qué duda cabe de que Jesús estaba hablando de bienes materiales? Y es que no hay nada tan espiritual como despojarnos de lo que apreciamos, de lo que necesitamos, incluso por amor a otro. Por eso Dios valora la actitud del que da, al punto que afirma en su Palabra: *«A Jehová presta el que da al pobre»*. **(Proverbios 19:17).** No nos llama la Biblia a dar solamente al que está en una situación de pobreza, sino a dar con entusiasmo para que la Iglesia crezca y pueda cumplir su cometido en el mundo. A dar de corazón, con alegría, *«porque Dios ama al dador alegre»*. **(2 Corintios 9:7).**

Una Iglesia poderosa es una Iglesia de gente agradecida, de gente generosa, que da abundantemente y que ha comprendido que en esas actitudes está la llave de su autoridad espiritual.

EL CAMINO DE REGRESO

«Un hombre tenía dos hijos; y el menor de ellos dijo a su padre: 'Padre, dame la parte de los bienes que me corresponde'; y les repartió los bienes.

«No muchos días después, juntándolo todo el hijo menor, se fue lejos a una provincia apartada; y allí desperdició sus bienes viviendo perdidamente. Y cuando todo lo hubo malgastado, vino una gran hambre en aquella provincia, y comenzó a faltarle. Y fue y se arrimó a uno de los ciudadanos de aquella tierra, el cual le envió a su hacienda para que apacentase cerdos. Y deseaba llenar su vientre de las algarrobas que comían los cerdos, pero nadie le daba.

«Y volviendo en sí, dijo: '¡Cuántos jornaleros en casa de mi padre tienen abundancia de pan, y yo aquí perezco de hambre!'. Me levantaré e iré a mi padre, y le diré: Padre, he pecado contra el Cielo y contra ti. Ya no soy digno de ser llamado tu hijo; hazme como a uno de tus jornaleros.

«Y levantándose, vino a su padre. Y cuando aún estaba lejos, lo vio su padre, y fue movido a misericordia, y corrió, y se echó sobre su cuello, y lo besó. «Y el hijo le dijo: 'Padre, he pecado contra el Cielo y contra ti, y ya no soy digno de ser llamado tu hijo'.

«Pero el padre dijo a sus siervos: 'Sacad el mejor vestido, y vestidle; y poned un anillo en su mano, y calzado en sus pies. Y traed el becerro gordo y matadlo, y comamos y hagamos fiesta; porque este, mi hijo, muerto era, y ha revivido; se había perdido, y es hallado'». **(Lucas 15:11-24).**

Jesús, Maestro de las parábolas, cuenta la historia de dos hermanos. Uno de ellos le pide a su padre la herencia y se va a tierras lejanas, donde malgasta toda su fortuna; se queda sin dinero y sin amigos, y acaba cuidando cerdos. Quien un día lo tuvo todo se vio obligado a aceptar el peor de los trabajos que podía concebirse en su cultura. Era tal el hambre que sentía, que deseaba comer lo que comían los cerdos. Jesús está pintando un cuadro espiritual sobre la condición del ser humano cada vez que se aleja del amor del Padre. La situación desesperada de hambre y ruina personal fue el resultado de malas decisiones, las malas decisiones fueron el resultado de la separación del Padre. Cuando usted se separa de Dios al principio parece que no sucede nada: encuentra nuevos amigos, pasa por experiencias interesantes, lo invitan, se divierte. El texto dice que el joven se fue a una provincia apartada, hay una correlación entre esa lejanía y la pobreza espiritual, emocional e incluso económica en que se sumió. Todas las cosas buenas o malas que le pasan a la gente están ligadas a sus decisiones. En esta historia, en la medida en que el joven se alejaba de su padre iba perdiendo todos sus recursos: económicos, emocionales y familiares. El ser humano puede llegar a un punto en que es capaz de comer desperdicios. Pero aun si no nos vemos en una condición tan deplorable, cada vez que nos separamos del Padre estamos dando un paso hacia la miseria moral y espiritual. Porque fuimos creados para tener comunión con el Padre. Esa proximidad, en el caso del hijo perdido, era lo que le garantizaba abundancia de pan, seguridad y autoridad. Todo lo bueno que él tenía procedía de su comunión con el padre. Comunión significa tener las cosas en común: los tesoros del Padre están siempre a disposición de aquellos que deseen vivir en comunión con Él; Jesús lo sabía, por eso dijo: **«Yo y el Padre uno somos»**. Su vida entera estaba marcada por su relación de intimidad con el Padre. Todo lo bueno que recibo, todo regalo, todo don perfecto procede de mi cercanía con el Padre. **(Santiago 1:17).** Existen miles de cristianos que viven de ruina en ruina, de derrota en derrota, porque nunca han tenido una relación personal, profunda, genuina y duradera con Dios.

El proceso para poner fin a una situación de hambre en cualquier área -en sus relaciones, en su vida de pareja, en sus batallas emocionales, en su situación financiera- pasa por tres etapas:

Vuelva en sí. En el versículo 17 está la primera clave. ¿Cómo comienza a cambiar la situación del hijo? «Volviendo en sí»: como si despertara de una pesadilla, porque estaba enajenado, estaba fuera de sí. Muchas veces pensamos: ¿cómo caí en esta situación? ¿En qué momento? Hay multitud de personas involucradas en relaciones de pareja disfuncionales, que necesitan, desesperadamente, volver en sí y preguntarse: ¿qué estoy haciendo con mi vida? Hay millones de personas frustradas, que se están desgastando en trabajos que les dejan más pérdida que ganancia, y necesitan con urgencia preguntarse a dónde van. Muchas veces dejamos que las cosas sucedan, sin detenernos nunca a analizar por qué fuimos a ese lugar, por qué nos involucramos con esa persona, por qué compramos ese artículo. Pasa un pobre diablo que con todo su ser proclama **«Soy un perdedor»**, y le decimos: **«Venga para acá, yo soy la persona que usted necesita»**. Solicitamos un crédito, luego, otro; y un tercero para refundir los anteriores, pero no nos explicamos por qué no conseguimos salir de las deudas. Porque vivimos en estado de coma, sin meditar en las decisiones. Cuando la gente cae en coma no entiende que cada día pasan por sus manos recursos, oportunidades que no puede despilfarrar. ¡Vuelva en sí! El hijo insensato dilapidó su herencia, pero hizo, finalmente, un alto en el camino. Comience por hacer un inventario de lo que tiene, analice cuál es su situación real, siéntese y mire cómo vive usted, cómo está su familia, sus finanzas, cómo anda su relación con el Padre. Examínese cada uno a sí mismo, como dice el apóstol Pablo. **(2 Corintios 13:5)**; ese es el comienzo del regreso a casa.

Asuma su responsabilidad. El hijo reconoció el estado en que se encontraba, sin tratar de cubrirlo con falsas apariencias, sin buscar cómo justificar su condición. Deje de poner la carga sobre el Gobierno, la familia, su jefe, su Iglesia, el diablo o Dios. ¡Deje de buscar culpables! Es imposible sanar sin tomar la responsabilidad por mis actos. Un corazón arrepentido se hace responsable, reconoce sus faltas, habla en primera persona: **«Yo hice, yo pediré perdón, yo cambiaré»**. Pero la forma más común de hacerles frente a los errores que cometemos es endosárselos a otros. Adán y Eva, en el huerto, ya habían descubierto esa habilidad: *«La serpiente me engañó, la mujer que me diste me hizo comer»*. Tomar la responsabilidad no es caer en la autocompasión. Hay personas que llevan un manto de tristeza sobre sí, y aprovechan cualquier oportunidad para sentirse incompetentes, para rumiar sus fallos y exhibir su depresión. En la historia del hijo insensato él no se escuda en los traumas de la infancia, en la ausencia de una madre, en la envidia de su hermano, él dice: *«Yo he pecado contra usted, vengo a decirle que lo he perdido todo y que nadie es culpable más que yo»*. Qué difícil es que las personas asuman su responsabilidad. La gente busca consejería, busca terapia y siempre comienza contando lo que otros le hicieron. Usted verá a una persona en franco camino a la restauración cuando la escuche decir: «Cometí este error, esto lo hice yo, deme la oportunidad de arreglarlo, yo quiero enmendarme». Cuando comprendemos que somos el fruto de nuestras decisiones, y que solamente nuestras decisiones nos pueden sacar del abismo en donde estamos, podemos iniciar la marcha. La responsabilidad es de cada quien, de nadie más.

Levántese. Nada habremos ganado, si logramos hacer una excelente radiografía de nuestra situación, pero no reaccionamos. El paso más importante en el relato se describe en el versículo 20: «Y levantándose, vino a su padre». A veces dejamos pasar los mejores años sin hacer nada, nos da temor dejar los cerdos (al fin y al cabo nos dan de comer). Sentimos lástima o nostalgia de abandonar aquello a lo que estamos habituados; permanecemos estancados mirando desde lejos nuestra meta. Pensamos: «Voy a dejarlo, es la última vez que lo hago», pero no actuamos en consecuencia. Hay personas que piensan que pueden seguir en el mismo ambiente donde han caído: en un vicio, rodeadas de los mismos amigos con los que han compartido el estado de coma, sin contaminarse, sin volver atrás. Tal cosa no existe. Cuando usted quiere un cambio tiene que generar el cambio, tiene que levantarse, tiene que irse, renunciar a las cosas que lo apartaron del Padre. Todos vivimos la vida que merecemos hasta que comenzamos a seguir el camino correcto, de vuelta a la casa del Padre. La Biblia dice que el hijo estaba lejos, la travesía era larga. Cuando decidió volver no vinieron los ángeles a levantarlo, a lavarle la ropa, tuvo que desandar por sus propios pies todo el camino recorrido, con su mal olor a cuestas. La gente llega a las Iglesias diciendo: «Necesito que oren por mí, que me pongan aceite para ver si cambio». Usted no necesita que le hagan oraciones y le digan profecías; la única solución para llegar al Padre es desandar el camino, y eso solamente lo puede hacer usted. Si lleva 15 años siendo un patán, o un mal marido; si durante 10 años ha amargado la vida de sus hijos con ofensas y gritos, no crea que unas gotas de aceite o de agua bendita van a arreglar lo que le tomó tantos años destruir. A cada quien le toca recorrer el camino de regreso con su propio esfuerzo. Algunas personas piensan que volverán a Dios cuando hayan logrado dejar lo que está mal en su vida, esperan que haya una franca mejoría para venir al Padre. Eso no va a pasar, cuanto más tiempo posterguen el regreso, más difícil será. Antes de ver ninguna mejoría debemos volver al Padre, tal como estamos: el hijo andaba sucio, cubierto de andrajos, extenuado y hambriento; pero así comenzó a caminar y no fue restaurado sino hasta que tomó la decisión de volver a casa. Dios restaura primero nuestra relación con Él antes de sanar las heridas físicas y emocionales, las situaciones laborales y económicas que necesitan ser cambiadas. Cuando hemos pecado la única forma de reparar el daño está en echar a andar en dirección opuesta. Dios nos perdona, pero las consecuencias de nuestros errores tenemos que afrontarlas. Ese hombre tenía hambre, estaba cansado, aun así Dios no le acortó el camino. Cuando usted se ha endeudado debe saber que Dios le va a ayudar a salir adelante, pero va a tener que pagar cada una de esas deudas, desde la más pequeña hasta la más grande. Eso tomará tiempo. Cuando tenemos problemas en el matrimonio hay que empezar por pedir perdón, corregir nuestras faltas, tal vez empezar por lo más sencillo demostrando a cada paso que, realmente, estamos dispuestos a desandar lo andado. La historia del hijo pródigo nos habla de nuestro diario vivir, de nuestros errores y del mecanismo de Dios para transformarnos. Dios no adelanta el proceso de nadie, Él nos recibe con los brazos abiertos, pero nos toca aguantar la marcha porque no hay atajos, no hay un modo sencillo de hacerlo, no hay soluciones instantáneas. Hay que restituir todo lo robado, lo murmurado, el tiempo perdido, restituir el respeto y el amor que les negamos a quienes se lo debíamos. El camino de regreso es en sí mismo una lección para ser transformados.

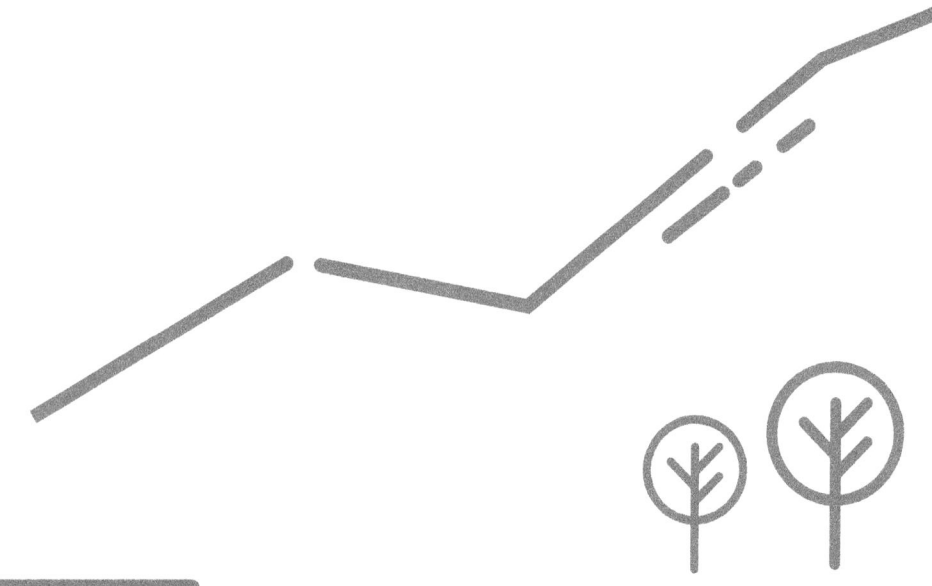

Quien se arrepiente, recibe restitución. El que estaba perdido recobró su dignidad, fue recibido no como un siervo, sino como un hijo; hubo celebración por su regreso. Pero la misma regla se aplica para todos: el camino que usted recorrió va a tener que desandarlo. La caída del hijo empezó el día que se separó del padre, y la restitución comenzó el día que se puso de pie y caminó de vuelta. Igual sucede con nosotros: nuestros conflictos y miserias comienzan cuando nos alejamos de Dios, la restitución se inicia el día que empezamos a andar el camino de regreso al Padre.

17
EL CARÁCTER DEL PADRE

«Jesús les preguntó: ¿Qué les parece? Un hombre tenía dos hijos, y se acercó al primero, y le pidió: Hijo, ve hoy a trabajar en mi viña. El primero le respondió: No quiero; pero después se arrepintió, y fue. Luego, se acercó al otro hijo, y le pidió lo mismo. Este le respondió: Sí, señor, ya voy; pero no fue. ¿Cuál de los dos hijos hizo la voluntad de su padre? Ellos respondieron: El primero. Entonces, Jesús les dijo: De cierto les digo que los cobradores de impuestos y las prostitutas les llevan la delantera hacia el reino de Dios. Porque Juan se acercó a ustedes para encaminarlos en la justicia, y no le creyeron; mientras que los cobradores de impuestos y las prostitutas sí le creyeron. Pero ustedes, aunque vieron esto, no se arrepintieron ni le creyeron».
(Mateo 21: 28-32).

Jesús estaba enseñando en el templo cuando se le acercaron los principales y espetados sacerdotes y ancianos para interrogarlo. Él cuenta esta parábola como una forma de confrontarlos por su falsa religiosidad. De nuevo se trata de la vida de dos hermanos, y al finalizar la historia, a modo de conclusión, Jesús les dice: *«De cierto les digo que las rameras y los publicanos van a ir delante de ustedes al Reino de los Cielos»*. Tome en cuenta que se está refiriendo a personas que son verdaderas autoridades religiosas. ¿Cómo es posible que Jesús afirme algo tan fuerte? ¿Qué significado tiene esta parábola? Nos está hablando acerca de dos tipos de hijos. ¿Con cuál de ellos se identifica usted?

1 | Los hijos que dicen no

Es el creyente que sabe lo que el Padre espera de él, sabe cuál es la voluntad del Padre, sabe cómo podría agradarlo, pero, abierta y claramente, le dice: **«No quiero»**. Ese hombre pide a su hijo que vaya a atender la viña, pero el hijo se niega a ir. Uno puede aducir miles de razones para no hacer lo que le piden, para persistir en una actitud negativa, a pesar de saber que actúa mal. Los cristianos no necesitamos que nadie nos lo diga, sabemos cuál es la voluntad del Padre, pero ese hijo es el que siempre tiene su propia opinión. Son los que viven como les parece, los que no se acomodan a la autoridad de la Iglesia, los **«malhablados»**, los que, a veces, escandalizan con su irreverencia. Al mismo tiempo, ese es el tipo de hijo que, tarde o temprano, a pesar de sus errores -volviendo en sí-, se arrepiente. Ha dicho *«no voy»*, pero luego ve su necesidad de Dios, entiende que actuó mal y se aparta del camino de rebeldía. Arrepentirse y apartarse van de la mano: *«El que encubre sus pecados no prosperará, mas el que los confiesa y se aparta alcanzará misericordia»*. **(Proverbios 28:13)**. Arrepentirse no es llorar delante de todos o sentirse mal, es cambiar de rumbo. Los hijos que hacen la voluntad del Padre son los que dicen: *«No voy a hacerlo, no me da la gana, no quiero»*, pero, a pesar de todas sus protestas, terminan por hacer lo que el Padre les pidió.

2 | Los hijos que dicen sí

Son los que saben que se les necesita, y siempre responden **«amén»**, **«envíame a mí»**. Los que pasan al frente cuando se hace un llamamiento, los que aplauden cuando se dice que hay que recoger una ofrenda, los que a todo el mundo le andan recetando una palabra de Dios. Si se les pide algo, muestran una actitud colaboradora, adulan al pastor, les gusta ser vistos en primera fila, pero cuando llega la hora de **«los balazos»** nadie sabe dónde están ellos. Muchas veces son religiosos intachables, nadie los ha visto nunca haciendo nada incorrecto, sin embargo, en el momento en que más se necesita de ellos siempre tienen un pretexto para no aparecer. Dicen que sí, pero no asumen un verdadero compromiso. ¿Por qué Jesús dijo que los pecadores entrarán primero al Reino, antes que la gente religiosa? Porque al final del día el hijo rebelde fue el que demostró verdadero amor, verdadera disposición. No para quedar bien con el padre **(¡pues ya le había fallado tantas veces!)**, sino porque, movido por un corazón sincero, hizo por fin lo que tenía que hacer. ¡Ese es el hijo en quien el Padre se complace! Esa historia nos enseña algunas cualidades del Padre:

 El Padre respeta profundamente la decisión de cada uno de sus hijos, Él nos da a conocer su voluntad, pero nos hizo libres para tomar nuestras propias opciones. El Padre no interviene cuando cometemos errores, no se interpone en el camino para impedir que vayamos donde no debemos ir, no hace caer un rayo sobre nosotros cuando pecamos, porque respeta nuestra voluntad; tanto cuando debo decir no, como cuando Él espera que diga sí, el Padre me ha dado libertad para elegir y respeta mi elección, aunque no sea la correcta. La consecuencia la vive cada quien, el Padre siempre lo honrará con su confianza. En una relación sana ninguna de las partes intentará cambiar o imponerse a la otra por la fuerza, así el Padre nunca lo hará con sus hijos.

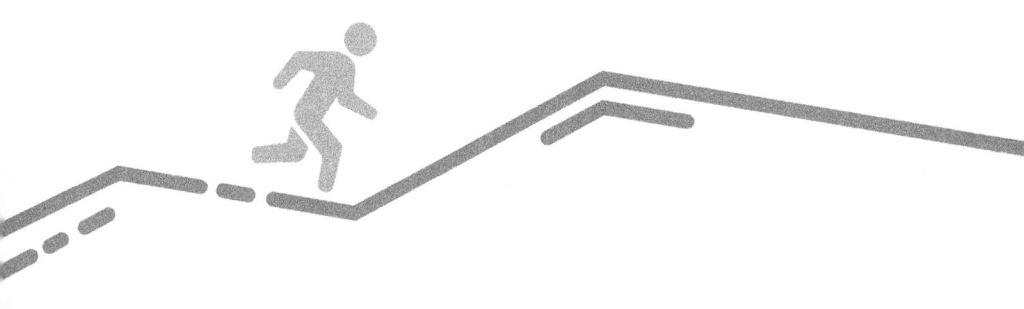

El Padre está interesado en mi vida en una forma íntegra. Él nos dio su palabra, quienes la conocemos no podemos alegar ignorancia; Él quiso revelarnos lo que es bueno para nuestras vidas. Pero también quien no conoce a Cristo ni ha leído la Biblia percibe cuál es el camino correcto, distingue el bien del mal, porque Dios puso en nosotros la capacidad de discernir, de saber elegir lo que es bueno. El Padre manifiesta su voluntad en nuestro interior, por eso nuestra propia conciencia nos habla. Él nos ama entrañablemente, y ha dado a todas las personas un atisbo de su voluntad. En la medida en que caminemos con Él, nos enseñará cada día más, su deseo es relacionarse con sus hijos en un clima de libertad.

Jesús, orando al Padre antes de ser aprehendido, dijo: *«Y les he dado a conocer tu Nombre»*. **(Juan 17:26)**. Jesús vino a revelarnos cómo es Dios, y el nombre con el que nos lo dio a conocer es **«Padre»**. Muchos hemos crecido con un papá ausente, o uno que está cercano físicamente, pero que emocionalmente está lejos de nosotros. Aún peor, muchas personas han sufrido a causa de un padre violento y abusador. Por eso nos cuesta trabajo entender cómo es Dios con sus hijos, cuánto nos respeta y cree en nuestra capacidad de elegir lo mejor. Otra parábola que antes estudiamos, que se relata en **Lucas 15:11**, nos brinda también importantes enseñanzas acerca del carácter de nuestro Dios. En aquella parábola también hay dos hermanos. No nos vamos a enfocar esta vez en el hijo perdido, sino en el padre. ¿Qué supimos de él?

EL PADRE NUNCA PIERDE LA ESPERANZA

Recuerde que después de que el hijo desperdició la herencia, su situación llegó a ser desesperante. Entonces, decidió volver a pedirle a su padre que lo recibiera, ya no como un hijo, sino como uno de sus jornaleros. En **Lucas 15:20** dice que cuando el joven aún estaba lejos lo divisó su padre, es una imagen que conmueve. Seguramente, durante meses, años quizás, el padre estuvo atisbando el camino, con la esperanza de ver al hijo a la distancia. El Padre Dios nunca pierde la esperanza de que sus hijos volvamos a casa, Él siempre espera vernos regresar por el mismo camino por donde nos vio partir. No importa qué tan bajo hayamos caído, ¡Él confía en que vamos a lograrlo! Cuando los demás dicen: **«Todo está perdido, nada bueno saldrá de este»**, el Padre piensa: *«Solo es cuestión de tiempo. Si no llega hoy, llegará mañana. ¡Yo sé quién es mi hijo!»*. El Padre sabe lo que ha invertido en nosotros: la sangre de Jesús. Por eso cree.

EL PADRE SIENTE MISERICORDIA

El texto dice que el padre fue movido a misericordia, corrió y abrazó al esperado y lo besó. Lo que siente al ver al hijo en mal estado no es amargura, no lo recibe con rabia al ver que malgastó todo su dinero. Sintió una gran ternura. Nos han vendido la idea de un Dios que está terriblemente molesto con nosotros, un Dios amenazante que quiere castigarnos. Cuando alguien dice: «Dios todo lo ve», lo hace en tono de advertencia, de juicio. ¡Sí!, es verdad, Dios todo lo ve; y cuando nos mira en nuestra miseria Él siente compasión, y nos abre sus brazos. Dios no quiere avergonzarnos, quiere limpiarnos, ponernos ropa nueva. Dios nunca va a tratarnos como a uno de sus jornaleros, por muy golpeados que vayamos a Él nos sigue viendo como a hijos amados. Lo que muchos no hemos comprendido es que quienes venimos a Cristo es porque estamos necesitados de la misericordia de Dios, de su perdón. Cuando escuchó Jesús que los escribas y fariseos, los religiosos de su tiempo, lo criticaron por comer con pecadores, lo expresó claramente: *«Los sanos no tienen necesidad de médico, sino los enfermos. No he venido a llamar a justos, sino a pecadores»*. **(Marcos 2:17).**

EL PADRE ES UN RESTAURADOR

Ese hombre cuidaba cerdos, y había hecho un largo viaje; sin duda, estaba demacrado y olía mal. El padre dijo a sus siervos: *«¡Hay que mudarlo! Saquen el mejor vestido, pónganle anillo y traigan calzado»*. No es castigador, es restaurador. La misericordia de Dios nos libra del juicio, pero no se limita a ello; cuando nos hemos vuelto a Él, no quiere que sigamos en la misma condición, no quiere vernos tal como veníamos: con el corazón roto, sucios, maltratados por la vida. El oficio del restaurador es tomar algo viejo y abollado -lo que otros desecharon- para limpiarlo, remozarlo y darle brillo. Así es el Padre. No espera a que lleguemos, sale a nuestro encuentro, y nos viste con su gloria.

EL PADRE SE DELEITA EN SUS HIJOS

Jesús dijo a sus discípulos: *«El que me ha visto a mí, ha visto al Padre»*. **(Juan 14:9)**. A Jesús le gustaba cenar con los pecadores, e iba a los banquetes. Su primer milagro fue en una fiesta de bodas. Quienes lo criticaban decían que era *«comilón y bebedor de vino»*. **(Mateo 11:19)**. No era un hombre aburrido, sino alegre, que disfrutaba de la compañía de la gente. ¡Pues el Padre es igual! Las primeras palabras del padre a su hijo no son: ¿Qué hiciste lo que te di? ¿Eso es lo que te enseñé? No lo maldice, no lo avergüenza. El hijo no ha hecho nada bueno para que lo celebren, pero el padre hace fiesta, está feliz de verlo de nuevo. Nuestro Padre siempre dice: hijos, ¡qué dicha que vinieron!, ¡hagamos fiesta! Los estaba esperando, ¡los extrañé!

18
RAZÓN DE VIVIR

«En la Tierra todos tenían, entonces, una sola lengua y unas mismas palabras, pero sucedió que, cuando salieron de oriente, hallaron una llanura en la tierra de Sinar y se establecieron allí. Y se dijeron unos a otros: 'Vamos a hacer ladrillos y a cocerlos en el fuego'. Y los ladrillos les sirvieron como piedras, y el asfalto les sirvió de mezcla, y dijeron: 'Vamos a edificar una ciudad, y una torre cuya cúspide llegue hasta el Cielo. Hagámonos de renombre, por si llegamos a esparcirnos por toda la Tierra'. Pero el Señor descendió para ver la ciudad y la torre que los hijos de los hombres estaban edificando, y dijo: 'Esta gente es una sola, y todos ellos tienen un solo lenguaje. Ya han comenzado su obra, y ahora nada los hará desistir de lo que han pensado hacer. Así que descendamos allá, y confundamos su lengua para que ninguno entienda la lengua de su compañero'. Así fue como el Señor los esparció por toda la Tierra». **(Génesis 11:1-8).**

En la vida todos tenemos proyectos, muchos de ellos compartidos con amigos, familia, socios o alguna organización. Tenemos planes y deseos. También nuestras relaciones personales son un proyecto, y, como en cualquier empresa, también allí hay situaciones que nos llevan a triunfar; y otras que pueden conducirnos al fracaso. La historia de la torre de Babel es un espejo para entender nuestras relaciones y conflictos. Los estándares que nos guían al escoger a las personas con las que nos involucramos tienen que ver con tallas y medidas, o con status y dinero, motivaciones fugaces que no nos permitirán fundar una relación perdurable. No tomamos en cuenta que la gente cambia, y que nosotros también cambiamos. ¡Estamos sometidos a la ley de la gravedad, tanto como cualquier otro! Y aquello que un día pareció esencial, desaparece. En la búsqueda de herramientas que nos ayuden a salir adelante, para edificar proyectos exitosos, lo que Dios tiene que decirnos siempre es fundamental. La historia de Babel nos deja algunas pistas para saber cómo edificar un proyecto poderoso.

1 | El pueblo es uno

Lo que vio Dios, y lo llevó a concluir que esa gente estaba decidida a culminar su proyecto, es que todos eran uno. Cuando se busca pareja, o un socio, alguien que nos acompañe en un sueño, lo primero que tenemos que valorar es si podemos ser uno con esa persona, si podemos compartir la vida, las cosas esenciales para alcanzar los objetivos que nos interesan; si vamos tras un mismo propósito. Cuando estamos dispuestos a ponerlo todo necesitamos asegurarnos de que la otra persona también está dispuesta a darlo todo. Las parejas que logran permanecer unidas al paso de los años son las que tienen un mismo empeño, una sola voluntad: siempre habrá algo significativo que comparten, algo que para ambos resulta primordial. Hay preguntas que deben hacerse desde el principio, ideas en las que es necesario coincidir si queremos que la relación prospere, lo que va a mantener viva la relación cuando se haya apagado la emoción del comienzo. De igual manera cuando estamos en proceso de construir cualquier alianza -de negocios, política, laborales- tenemos que indagar, conversar mucho, para saber si hay metas en común y principios que nos unan. Cuando tenemos un proyecto por desarrollar con otra u otras personas -construir una casa, emprender un viaje, obtener un título- todo lo que hacemos juntos debe estar enfocado en ese propósito. Debemos preguntarnos cuál es el elemento que nos llevó a reunirnos, y valorar si es suficientemente fuerte como para emprender juntos la marcha.

2 | Tienen una sola lengua

El otro factor que anunciaba el éxito de los habitantes de Babel es que tenían un mismo lenguaje. No se trataba solo del idioma, sino que compartían un conjunto de significados sobre la forma de entender el mundo, hablaban de los mismos asuntos, porque les interesaban esos mismos asuntos. Las palabras tenían una sola intención. Una sola lengua: la frase alude a un pleno nivel de entendimiento en cuanto a los anhelos, ideología y creencias. Lo que los iba a llevar al éxito en su empresa de construir una torre como jamás se había visto era una excelente comunicación. Las palabras querían decir lo mismo para todos, los compromisos tenían el mismo significado para todos, lo que soñaban tenía un mismo nombre. Nuestras relaciones fallan desde el principio, porque no hay una buena comunicación. Sin comunicación no nos puede ir bien en nuestras empresas, en nuestros proyectos con otras personas, incluso en nuestra relación con Dios.

La palabra comunicar procede del latín communicare, que significa, precisamente, tener algo en común. Comunicar es tener algo en común con otro, un tema compartido. Una de las acepciones de esta palabra es comulgar, que significa «coincidir en ideas o sentimientos con otra persona». Siempre estamos hablando de lo que nos gusta: lo que yo quiero, lo que yo opino y lo que yo creo. Pero nos resulta terriblemente difícil comunicarnos,

3| Han comenzado la obra, y nada los hará desistir

Dios dice. *«¡Ya empezaron, y no van a parar!»*. Empezar algo es emocionante. Para alcanzar el éxito tenemos que dar el primer paso. Pero ahí no está la gracia, la gracia está en persistir, en no detenerse. No es el principio del negocio la parte más provechosa, es el final el que trae la mayor recompensa en todo lo que hacemos. Cuando iniciamos una relación, esa es una etapa apasionante, nos ilusiona; su consolidación es lo victorioso. La gente que tiene la determinación de no abandonar sus proyectos, de no devolverse a mitad del río, es la que alcanzará la orilla buena. No basta con tener ganas, no basta con querer algo; ganas todos las podemos sentir, la emoción del comienzo todos la podemos vivir. Lo que vale, realmente, es armarse con la decisión de llegar hasta el final. La gente de Babel tenía algo más en común: caminaban todos en la misma dirección, se unieron con un propósito. Cuando las cosas pasan *«porque sí»*, no tienen profundidad, no tienen raíces; comienzan *«porque sí»*, y *«porque sí»* también terminan. Cuando usted se involucra con alguien porque se ve bien, por tener con quién salir, por *«mientras tanto»*, esa relación no tiene futuro. Tener un propósito es tener un motivo para esforzarnos, para ir juntos en la misma dirección. En un hogar donde hay dos propósitos distintos, aquello está encaminado a la destrucción. Jesús dijo

que todo reino dividido contra sí mismo es asolado, y que ninguna casa dividida contra sí misma permanecerá. **(Mateo 12: 25).** Dios vio que aquella gente estaba propuesta a llegar al Cielo, y que iban a lograrlo. Un propósito es más que una meta común, las metas son pequeñas marcas en el camino, pero una vez cumplidas qué sigue. Queríamos construir la casa, y ahora qué. Queríamos tener un carro, y después qué. El propósito es algo mayor, una razón perdurable para estar juntos, un para qué de aquel proyecto en el que estamos embarcados. Esto vale tanto para la pareja como para los amigos, la comunidad, la Iglesia. A veces ni siquiera nos preguntamos por qué nos relacionamos con esas personas ni hacia dónde vamos. Babel es un pretexto para que usted se haga algunas preguntas importantes: ¿cuál es el porqué de mis relaciones? ¿Cuál es el proyecto fundamental que me anima?

Todo se acaba, hasta las cosas que más nos apasionan tienen un final. El mundo pasa, y sus deseos, pero el que hace la voluntad de Dios permanece para siempre **(1 Juan 2:17).** El Padre quiere tener sueños en común con usted, horas en común con usted, y un mismo lenguaje. Él no está allí solamente para que compartamos nuestros problemas, Él quiere caminar con usted en la misma dirección. Nuestro propósito al respirar cada día tiene que estar sustentado en Cristo, quien nos conduce al Padre. Solo en Él permanece nuestra alegría, Él es la meta que se mantiene, aunque todos nuestros sueños se desbaraten. Él es nuestro supremo llamamiento y la razón de vivir.

19
LA OTRA MEJILLA

«Ustedes han oído que fue dicho: 'Ojo por ojo, y diente por diente'. Pero yo les digo: No resistan al que es malo, sino que a cualquiera que te hiera en la mejilla derecha, preséntale también la otra; al que quiera provocarte a pleito para quitarte la túnica, déjale también la capa; y a cualquiera que te obligue a llevar carga por una milla, ve con él dos. Al que te pida, dale, y al que quiera tomar de ti prestado, no se lo rehúses». **(Mateo 5:38-42).**

Jesús en esta enseñanza cita la ley de Moisés -lo que les fue dich-, y luego afirma: *«Pero ahora yo les digo...»*. Recordemos que Él vino a establecer un nuevo pacto, a reconciliarnos con Dios y con el resto de la humanidad. Lo que antes se regía por la ley y el castigo, ahora se rige por la gracia y el perdón. Jesús nos propone un estilo de vida diferente, una forma de ser completamente nueva. Sin embargo, hay un pequeño problema en eso: lo que Él nos pide en ese pasaje es tan radical, tan opuesto a nuestra naturaleza, que podemos decir, sin temor a equivocarnos, que resulta, humanamente, imposible vivir así. La total mansedumbre que Jesús nos enseña, solamente Él podía vivirla, ¡no se puede cumplir! En ese mismo discurso Jesús nos llama a practicar la bondad más absoluta, cuando dice:

«Amen a sus enemigos, bendigan a los que los maldicen, hagan el bien a quienes los odian y oren por quienes los persiguen, para que sean ustedes hijos de su Padre que está en los Cielos».
(Versos 44-45).

Ninguna persona, por muy cristiana y muy hija de Dios que se sienta, es capaz de apegarse a esas reglas de vida de un modo permanente. ¿Por qué Jesús nos pide lo imposible?

A Dios no le podemos ocultar nuestra naturaleza, nuestras debilidades; Él conoce nuestra condición, se acuerda de que somos: barro, dijo David **(Salmos 103).** A pesar de eso, y por eso mismo, su misericordia nos alcanza y no depende de que podamos o no podamos amar en la forma en que Él ama. Sin embargo, queremos parecernos al Padre, queremos imitar a Cristo; y Él nos confronta con nuestra escasa capacidad de amar, siempre retándonos a morir cada día un poco, a que nuestra antigua naturaleza disminuya para que Cristo crezca en nosotros. Pero, además de ser una inspiración acerca del amor verdadero, ese pasaje nos enseña una ley primordial del cristianismo:

LA LEY DEL ESPÍRITU CONTRARIO

Jesús no está hablando, simplemente, acerca de ser mansos. Está exponiendo lo que se conoce como la ley del espíritu contrario. Cita primero la ley del Talión, que regía en el antiguo pacto, la cual dice: *«Ojo por ojo, diente por diente»*. Esa forma de resolver los conflictos es lo que conocemos como retribución. Consiste en pagar a cada quien conforme al error cometido. Es la base de toda sanción penal, que en su momento representó un avance para la sociedad, pues exigió que el castigo fuese similar o proporcional al daño causado, mientras que en épocas anteriores quien recibía una ofensa se creía con derecho de cobrar la vida del ofensor, e incluso de su familia, aun si la falta no era excesivamente grave. Ojo por ojo es más fácil de entender y de cumplir para nosotros, porque es acorde a nuestra natural actitud de responder golpe por golpe. Pero Cristo nos llama a ejercitar la actitud contraria, a responder con lo opuesto de lo que otros hacen contra nosotros. Hay personas que no resisten una mala mirada, se levantan buscando en quien descargar la ira que llevan dentro, un espíritu de contienda los agobia. A veces hemos recibido heridas en la niñez; o burlas, abandono, menosprecio, agresiones que nos han dañado. Y vivimos peleados con el mundo, a la espera de ser ofendidos para responder con la violencia que no pudimos expresar siendo niños; buscamos a quien castigar por el dolor que nos causaron otros. Jesús le dice a usted: eso ha quedado atrás, olvide esa manera de buscar desahogo. La única forma de romper el ciclo es que usted, conscientemente, asuma una actitud opuesta a la que viene contra usted. Por lo general, respondemos de igual manera, y ojalá en un tono más alto. ¿Me habló mal? ¡Yo le puedo hablar peor! ¿Fue grosero? ¡Yo puedo ser más grosero! Esa es nuestra reacción. La palabra de Dios enseña que debemos romper el ciclo: dice que la respuesta blanda quita la ira y la palabra amable calma el enojo. **(Proverbios 15:1)**. ¡Mientras que las palabras ásperas son como echar leña al fuego! Con la actitud opuesta se trata de ser gentil aun con quien te molesta o incomoda.

En una discusión muchas veces una respuesta amable habría bastado para acabar con el conflicto, en cambio nos dejamos llevar por el enojo y decimos cosas que después lamentamos. Si alguno se dedica a hablar mal de usted, su respuesta debe ser hablar bien de otros cada vez que pueda.

Si alguien murmura en contra de una persona a la que usted conoce, la actitud opuesta es defender a quien está siendo difamado, y orar por él, en lugar de unirse a la murmuración. Si estamos en medio de gente que siempre está buscando de qué quejarse, la actitud opuesta consiste en buscar, constantemente, de qué alegrarse, hacer un recuento de las bendiciones, de las cosas buenas que nos rodean, y ser agradecidos.

Ahora, no se trata de dar un sentido literal a las palabras de Jesús, de modo que si alguien nos golpea en la cara, ofrezcamos la otra mejilla para un segundo golpe. Se trata de que no respondamos con otro golpe. Si alguien lo agrede no responda con más agresión, es lo que Jesús dice. Si alguien usa violencia, use usted modos no violentos *(acudir a la protección de las leyes es uno de ellos)*. No se involucre en una lucha de poder, en una competencia a ver cuál puede ser más rudo o más soez. Hay personas que fundan sus relaciones en ver qué pueden quitarle al otro, qué pueden tomar en su beneficio. Si alguien quiere tomar de lo suyo, y usted da por amor, entonces dé más de lo que le piden. Eso no significa que estemos defendiendo las relaciones abusivas, pero cuando hay abuso la solución no consiste en ver qué puede usted quitarle a la otra persona, o cómo puede lastimarla más. Cuando existe una lucha desigual siempre habrá una parte que sale más herida que la otra, de modo que responder golpe con golpe no funciona, pues eso causa más dolor. La solución, de nuevo, consiste en romper el ciclo: la actitud opuesta de quien le busca a usted para mantener un vínculo de abuso y violencia consiste en alejarse, así se pondrá fin a ese círculo vicioso. Si alguien en quien usted confiaba le hace daño, no le haga daño usted. ¡Eso no significa que debe seguir confiando en aquella persona! Una vez escuché a una mujer decir: «*Yo hice a mi esposo*». Otras veces es el hombre quien, mediante manipulación o intimidación, pretende meter a su compañera en el molde que él diseñó. Esas no son actitudes sanas, no es domando a la gente, o robándonos su identidad, como podemos conseguir una relación que nos dé alegría y nos haga mejores personas. Tratar de invocar la ley del espíritu contrario para manipular a la pareja con el fin de que todo lo perdone y lo soporte, no sería justo ni ético. El uso malintencionado de la Biblia puede llevarnos a retorcer cualquier enseñanza para sustentar los fines más egoístas.

No luchemos contra aquel que nos hace daño, no tratemos de golpear más fuerte; sencillamente, dejemos atrás el conflicto, desechemos lo malo. No le hagamos frente a la violencia con más violencia, sino que tomemos el rumbo opuesto, camino en otra dirección. Si alguien cree que usted merece ser tratado con ofensas y gritos, la solución no es ofender y gritar más fuerte, sino demostrar que usted no merece ese trato; algunas veces eso solo se puede demostrar alejándose de quien no es capaz de reconocer en usted la dignidad de hijo de Dios. La salida no reside en ver qué mal le puede usted hacer a esa persona para tomar venganza, sino en romper el ciclo y darle espacio a cosas nuevas, convencidos de que Dios nos llamó a libertad. **(Gálatas 5:13).**

Un hombre y una mujer evolucionados en el Espíritu son los que toman la actitud contraria a la que el mundo les quiere imponer; quienes, en medio de gente maldecidora, bendicen cada vez que tienen oportunidad de hacerlo; quienes en medio de la avaricia y el egoísmo de nuestro tiempo, dan generosamente cada vez que pueden.

Esa forma de ser producirá en usted bienestar y alegría, porque solo el Espíritu Santo puede guiarnos a actuar de ese modo, y el fruto del Espíritu es amor, gozo, paz, paciencia, benignidad, bondad y fe. **(Gálatas 5:22).** Esa actitud nos permitirá consolidar un entorno de paz en la casa, en el trabajo, con nuestra pareja y con nuestros amigos. Pidamos al Señor que nos dé gracia para practicar estos principios en nuestro diario vivir.

LAS PALABRAS Y EL MUNDO SOBRENATURAL

«Después que hubo terminado todas sus palabras al pueblo que le oía, entró en Capernaum. Y el siervo de un centurión, a quien este quería mucho, estaba enfermo y a punto de morir.

«Cuando el centurión oyó hablar de Jesús, le envió unos ancianos de los judíos rogándole que viniese y sanase a su siervo. Y ellos vinieron a Jesús, y le rogaron con solicitud, diciéndole: 'Es digno de que le concedas esto; porque ama a nuestra nación, y nos edificó una sinagoga'.

«Y Jesús fue con ellos. Pero cuando ya no estaban lejos de la casa, el centurión envió a él unos amigos, diciéndole: 'Señor, no te molestes, pues no soy digno de que entres bajo mi techo; por lo que ni aun me tuve por digno de venir a ti; pero di la palabra, y mi siervo será sano. Porque también yo soy hombre puesto bajo autoridad, y tengo soldados bajo mis órdenes; y digo a este: Ve, y va; y al otro: Ven, y viene; y a mi siervo: Haz esto, y lo hace'.

> *«Al oír esto, Jesús se maravilló de él, y volviéndose, dijo a la gente que le seguía: Os digo que ni aun en Israel he hallado tanta fe. «Y al regresar a casa los que habían sido enviados, hallaron sano al siervo que había estado enfermo».* **(Lucas 7:1-10).**

La gente suele decir: *«¡Qué suerte tiene ese hombre!»*, cuando saben de alguno a quien le fue bien en un negocio. Creemos que hay personas a las que les suceden cosas maravillosas porque hubo buena suerte, y le echamos la culpa de todas nuestras desgracias a la mala suerte. Nada de eso es verdad: todo lo que nos pasa, bueno o malo, tiene un origen que podemos rastrear. Como el gorrión en su vagar y como la golondrina en su vuelo, así la maldición nunca viene sin causa **(Proverbios 26:2)**. Esta es una metáfora del principio que estamos planteando: hay aves que usted ve revolotear de un lado a otro, parece que vagan sin rumbo, que dan vueltas sin sentido, pero ellas saben lo que están haciendo, ya sea que estén buscando su alimento, a su pareja, o las briznas para hacer el nido, tienen una finalidad en su vuelo. Hay una causa para su ir y venir. Lo mismo pasa con las maldiciones: las cosas malas no llegan sin motivo, son resultado de nuestras palabras y de nuestras acciones.

> *En la relación entre el mundo espiritual y el mundo visible no existen casualidades sino causalidades: todo lo que sucede en el mundo natural tiene su origen en el mundo espiritual. La Biblia enseña que lo que se ve fue hecho de lo que no se veía.* **(Hebreos 11:3).** *Cuando sabemos eso logramos comprender por qué hay que luchar con armas espirituales para conseguir resultados materiales, hechos tangibles.*

Hay fuentes que pueden ser de maldición, o de bendición, según el uso que le demos a lo que brota de ellas. Una de esas fuentes es el habla, las palabras.

LAS PALABRAS QUE ESCUCHAMOS

Lucas nos cuenta que el centurión escuchó hablar de Jesús. Lo que escuchó sobre el Cristo generó una acción en él, lo hizo moverse, acudir a unos ancianos del pueblo judío que lo conocían, para que le pidieran a Jesús que sanara a su siervo. Escuchó y actuó. Lo que escuchamos condiciona nuestras acciones; lo que escuchamos nos puede guiar hacia el bien o hacia el error. **Proverbios 28:9 dice:** *«El que aparta su oído para no oír la ley, su oración también es abominable»*. Esa es una terrible sentencia: si sabemos lo que debemos escuchar de Dios, y, conscientemente, nos alejamos para no escuchar su Palabra, nuestras oraciones no serán aceptadas, más bien Dios las considerará detestables. **Proverbios 18:21 dice:** *«La muerte y la vida están en poder de la lengua»*. La lengua es un misterio, pues siendo un órgano tan pequeño resulta que hay en él poder de vida y muerte. Lo que ese proverbio nos enseña es que hay palabras que atraen vida, y palabras que tienen un espíritu de muerte, nos afectan no solamente si las hablamos, sino también si las escuchamos. El centurión escuchó hablar de Jesús, escuchó palabra de vida. Muchas veces nosotros permitimos que nuestros oídos escuchen palabras de maldición, de violencia y de engaño. No solamente lo que decimos puede dañar, sino también lo que escuchamos.

Lucas nos cuenta que el centurión escuchó hablar de Jesús. Lo que escuchó sobre el Cristo generó una acción en él, lo hizo moverse, acudir a unos ancianos del pueblo judío que lo conocían, para que le pidieran a Jesús que sanara a su siervo. Escuchó y actuó. Lo que escuchamos condiciona nuestras acciones; lo que escuchamos nos puede guiar hacia el bien o hacia el error. **Proverbios 28:9 dice:** *«El que aparta su oído para no oír la ley, su oración también*

es abominable». Esa es una terrible sentencia: si sabemos lo que debemos escuchar de Dios, y, conscientemente, nos alejamos para no escuchar su Palabra, nuestras oraciones no serán aceptadas, más bien Dios las considerará detestables. **Proverbios 18:21** dice: *«La muerte y la vida están en poder de la lengua».* La lengua es un misterio, pues siendo un órgano tan pequeño resulta que hay en él poder de vida y muerte. Lo que ese proverbio nos enseña es que hay palabras que atraen vida, y palabras que tienen un espíritu de muerte, nos afectan no solamente si las hablamos, sino también si las escuchamos. El centurión escuchó hablar de Jesús, escuchó palabra de vida. Muchas veces nosotros permitimos que nuestros oídos escuchen palabras de maldición, de violencia y de engaño. No solamente lo que decimos puede dañar, sino también lo que escuchamos.

Hay asuntos sobre los que uno nunca debería oír. En esa materia es esencial tener presente que somos libres de escuchar, o de no hacerlo; es nuestra decisión si prestamos oídos a las palabras de vida, o a las de muerte. Aprenda a no escuchar la maldición; y si alguien se la trae, recházala. Responda: «¡Eso no va a pasar! Eso no lo acepto». Usted tiene derecho a decir: «Por favor, no traiga aquí malas noticias»; o «Le ruego que no repita esos chismes en mi presencia».

Es mejor caer mal a alguien, que rodearse de las palabras equivocadas.

LAS PALABRAS QUE HABLAMOS

El Centurión le pide a Jesús: *«Di la palabra de vida, y mi siervo será sano»*. Él era consciente de que las palabras son herramientas poderosas, que tienen la capacidad de sanar. Lo que digo genera vida o muerte, puede aliviar la aflicción de una persona, o puede dañarla. **Proverbios 12:18** nos advierte: *«Hay hombres cuyas palabras son como golpes de espada; mas la lengua de los sabios es medicina»*. Hay quienes usan la lengua solo para pronunciar sentencias negativas, hay gente que no tiene palabras sino para hablar de tragedias y malas noticias. Tal vez sin caer en ese extremo, todos decimos con frecuencias palabras que traen sino desgracias. Podemos citar un par de ejemplos muy sencillos. Cuando usted tiene un resfrío puede decir: *«Me estoy muriendo de la gripe»*; o puede decir: *«Dios mediante ya pronto estaré bien»*. Si un niño enferma, en lugar de decir: *«¡Está hirviendo en calentura!»*, podemos dar un reporte más objetivo: *«Tiene fiebre»*. Podemos determinar que nos rodee un ambiente de optimismo con solo modificar nuestra forma de describir las situaciones.

¿Por qué nos cuesta tanto hablar del bien, de la sanidad, de la vida? Decretamos el mal sobre nosotros porque hemos aprendido a amar la maldición. Profetizamos la muerte, la ruina, pero nos quejamos de todo. No se trata de engañarnos ni de negar la realidad, sino de tener cuidado con las palabras. Expresiones que creemos inocentes pueden marcar la vida de nuestros hijos. Si no hacemos más que repetir: «El salario no alcanza para nada», nos estamos programando para vivir estrujados, para no ser capaces de cubrir nuestras necesidades básicas.

No se pregunte por qué fracasan sus proyectos, por qué siempre se rodea de gente que lo mete en problemas, por qué su relación de pareja parece pender de un hilo, si usted tiene años de estar maldiciendo lo que hace, llamando el mal sobre su vida. ¿Cómo van a salirle bien sus asuntos? Pregúntese: ¿cómo estoy hablando? ¿Cómo puedo cambiar lo que digo?

Todos los días nosotros impactamos el mundo espiritual con las palabras que usamos. Cuando compramos un arma nos obligan a hacer trámites, a tomar un curso para aprender a usarla y a someternos a pruebas psicológicas para obtener el permiso de porte. Pero a diario salimos a la calle con un arma peligrosa y poderosa: nuestras palabras. ¡Y las usamos sin ningún cuidado! Hablamos tan poca bendición que la gente no está acostumbrada a escuchar cosas agradables, si usted les dice algo amable piensan que usted está coqueteando; o si les dice un piropo lo toman como una burla. Aun así no desista, comience a bendecir desde que se despierta hasta que se va a la cama. Dejar de maldecir es urgente si queremos que cambien nuestras circunstancias, metámonos en el alma palabras de vida, y saquemos de nuestra mente las palabras de muerte. Hable bien de usted, y ¡bendígase! Tenemos que hacer de eso un hábito. La Biblia es un libro extraordinario para aprender a decir lo bueno, para hablar con esperanza. Porque Dios tiene pensamientos de paz, no de mal; nos da a sus hijos palabras de bien, y con ellas debo alimentar mi espíritu. ¡Comencemos hoy mismo a cambiar esa costumbre malsana de maldición que nos rodea! Bendigamos a los demás, bendigámonos a nosotros mismos, bendigamos nuestra ciudad. Agradezcamos las palabras amables y sembrémoslas. ¡Pronto veremos los frutos!

ALGO MÁS SOBRE EL CENTURIÓN

No es posible concluir estas reflexiones sin llamar la atención sobre un aspecto sobresaliente del pasaje. Lucas nos dice que Jesús se maravilló al ver la confianza ciega que tenía en él ese centurión, un extranjero que no conocía la ley de Moisés, pues ni siquiera entre los hijos de Israel había encontrado una fe semejante. ¿Qué cualidades de ese personaje son dignas de imitar? Los ancianos que intervinieron para que Jesús visitara al centurión le dijeron: «Es digno de que le concedas esto, porque ama a nuestra nación, y nos edificó una sinagoga». Tratemos de desmenuzar este versículo:

Dignidad. El centurión era un hombre digno, un hombre de prestigio. Para ser digno no es necesario tener mucho dinero, o un puesto importante: sea digno allí donde usted se encuentra, limpiese, actúe con decencia y hágase respetar. No permita que le hablen con palabras soeces, aprecie lo que usted vale. Hágase merecedor de estima, esté donde esté.

Amor al pueblo de Dios. El centurión amaba la nación judía, eso sabemos de él. Ame su Iglesia, cuídela, sea servicial y amable con los de adentro. Y actúe ante los de afuera de tal forma que puedan apreciar a los cristianos al tratarlo a usted: «Compórtense sabiamente con los no creyentes, y aprovechen bien el tiempo. Procuren que su conversación siempre sea agradable y de buen gusto, para que den a cada uno la respuesta debida». (Colosenses 4:5-6). Amar al pueblo de Dios no es solamente mostrarse bondadoso con los hermanos, sino con toda la comunidad, porque es la única forma de dar a conocer a Cristo.

Generosidad. El centurión edificó para los judíos una sinagoga. Sabemos, entonces, que era un hombre adinerado, pero también generoso, por eso en su momento las personas correctas intercedieron por él. Dé con liberalidad, conforme a sus posibilidades aprenda a ser espléndido, descubra el placer de proveer para otros y apoye los proyectos de su Iglesia. Una persona así no pasa desapercibida para Jesús.

 Saber cuál es mi lugar. El centurión, siendo un hombre respetable, le mandó decir a Jesús: «No soy digno de que entres en mi casa, ni siquiera soy digno de ir a tu encuentro. Pero si dices la palabra, mi siervo será sanado». Él era un hombre con autoridad sobre sus soldados, ellos obedecían sus órdenes sin discutirlas; por eso comprendió que si Jesús daba la orden precisa, aunque sin acercarse a su casa, su siervo quedaría sano. Reconoció la autoridad de Cristo, porque él sabía de autoridad. A veces eso es lo que más nos cuesta, hemos crecido escuchando acerca de igualdad de derechos, democracia, conceptos buenos en la sociedad civil, pero que no son útiles para aprender a obedecer a Dios. Lo llamamos 'Señor', pero no hacemos lo que Él nos pide. Ninguno de nosotros es merecedor de recibir milagros, y nuestras buenas acciones no nos hacen dignos del perdón divino, lo hemos recibido por gracia. Conocer nuestra condición nos vuelve agradecidos, nos permite comprender que Dios nos favorece por puro amor, no porque tengamos ninguna virtud o título valedero. El único digno de recibir honor es Jesús, a Él debemos adorarlo. Cuando usted comprenda cuál es su lugar, esa adoración fluirá libremente y lo capacitará para sujetarse a la autoridad de Dios.para Jesús.

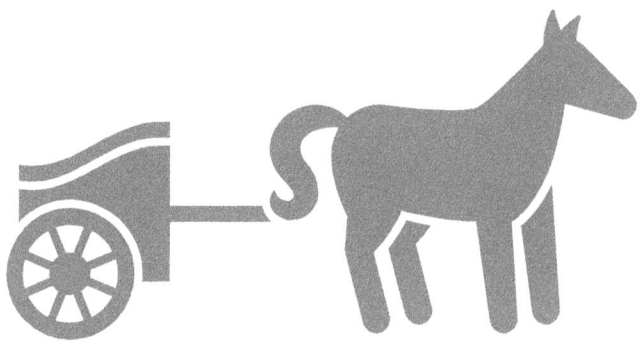

LAS PALABRAS Y EL MUNDO SOBRENATURAL

21
NO DESCIENDAN A EGIPTO

«Después hubo hambre en la Tierra, además de la primera hambre que hubo en los días de Abraham; y se fue Isaac a Abimelec, rey de los filisteos, en Gerar.

«Y se le apareció Jehová, y le dijo: 'No desciendas a Egipto; habita en la tierra que yo te diré. Habita como forastero en esta tierra, y estaré contigo, y te bendeciré; porque a ti y a tu descendencia daré todas estas tierras, y confirmaré el juramento que hice a Abraham tu padre. Multiplicaré tu descendencia como las estrellas del Cielo, y daré a tu descendencia todas estas tierras; y todas las naciones de la tierra serán benditas en tu simiente, por cuanto oyó Abraham mi voz, y guardó mi precepto, mis mandamientos, mis estatutos y mis leyes'.

«Habitó, pues, Isaac en Gerar. Y sembró Isaac en aquella tierra, y cosechó aquel año ciento por uno; y lo bendijo Jehová". **(Génesis 26:1-6,12).**

1 | En Egipto las cosas siempre parecen mejores

Hay una constante en la gente que tiene un trato con Dios en la historia bíblica, que les hace desear el regreso a Egipto cada vez que hay problemas:

Lo hizo Abraham. De allí se trajo a Agar, la esclava con la que tuvo a su hijo Ismael, lo que representó el origen de violentos e interminables conflictos para el pueblo de Israel. ¿Por qué fue Abraham a Egipto? Dice la Biblia: «Hubo, entonces, hambre en la tierra, y descendió Abram a Egipto para morar allá». (Génesis 12:10). El hambre representa los problemas, lo duro de la vida, lo que está fuera de la voluntad de Dios. Esos períodos son cruciales, porque en medio de ellos debemos sacar lo mejor que hemos recibido de Dios para combatir al enemigo. En lugar de eso a veces las crisis nos empujan a las soluciones fáciles, las que ofrece el mundo.

Lo hizo Jacob. cuando buscó opciones en Egipto durante los siete años de escasez. Cuando sintieron hambre, Jacob le dijo a sus hijos: «He oído que en Egipto hay provisiones, vayan allá, y compren para que vivamos». (Génesis 42:1-2). Ello, finalmente, los llevó a migrar a Egipto. Y si bien al principio, bajo la protección de José, la familia de Jacob encontró prosperidad en esa tierra, su llegada fue el comienzo de una larga y dolorosa esclavitud para Israel.

Lo hizo el remanente del pueblo de Dios en tiempos de Jeremías, cuando por temor a Nabucodonosor, rey de Babilonia, huyeron a Egipto a pesar de las advertencias del profeta, que les anunció: *«Si ustedes han decidido ir a Egipto, y se van a residir allá, sucederá que allí, en la tierra de Egipto, los alcanzará la espada que temen. Allá en Egipto los acosará el hambre que les preocupa, y allí morirán».* **(Jeremías 42:15-16).**

Cuando venimos a Cristo, y cambiamos algunos hábitos, dejamos de frecuentar ciertos lugares y a ciertas personas, existe en algún punto del camino la tentación de volver atrás. En los días de sequía puede asaltarnos el sentimiento de que entonces sí nos divertíamos, entonces sí la pasábamos bien. Gente que conocimos en el pasado parece prosperar de una manera extraordinaria, mientras nos da la sensación de que nosotros estamos estancados. Tendemos a olvidar en momentos así la soledad y el vacío que nos agobiaban antes de conocer a Jesús, o la vergüenza y el dolor que nos han causado algunas incursiones al **«otro lado»**. Egipto es mucho más que un lugar geográfico, es un estado mental, de ánimo, de desilusión, de renuncia a todo lo que Dios ha dicho, a sus promesas. No representa solo el pecado y el mundo: es volver al temor, a la desesperanza, al afán por un futuro incierto.

2 | Cuando hay hambre en la Tierra, Dios te da una palabra por alimento

Isaac desea ir a Egipto, porque hay hambre en la Tierra; su intención es buscar un mejor lugar para su familia. Muchos en nuestro tiempo se alejan de los suyos en un intento por mejorar sus condiciones de vida, y logran un mayor bienestar económico, pero a un costo muy alto: hogares destruidos, desarraigo cultural, corrupción moral, alejamiento de la Iglesia; es el peaje que Egipto nos hace pagar. Dios conocía la situación apremiante que estaba viviendo Isaac, sin embargo, no le dio pan, vino o alimentos, le dio una palabra por la cual vivir. El mayor bien que una persona puede tener es una palabra de Dios habitando en ella, desarrollándose en ella, porque la palabra es una semilla que crece hasta dar fruto. Esa palabra va a alumbrar en la oscuridad de la duda, en el valle de sombras es la luz que nos lleva hacia adelante. Los cristianos oramos por muchas razones: la necesidad de trabajo, de una casa, de un vehículo, de salud. Lo que usted necesita, en realidad, es solo una palabra viva de Dios creciendo en su espíritu, a la cual aferrarse, en la cual caminar, por la cual deshacerse de lo que estorba; y aprender a vivir en función de su cumplimiento hasta verla hecha realidad.

3 | Para salir de la escasez hay que sembrar

Isaac estaba en el país de los filisteos cuando Dios le dijo: *«Quédate allí como forastero, te bendeciré, no vayas a Egipto»*. Entonces, cultivó Isaac aquella tierra, y cosechó cien veces lo plantado. Para salir de la hambruna Isaac siembra. Hay una verdad que no por ser evidente es practicada por muchos: es necesario sembrar para cosechar. Ofrendar y dar el diezmo son actos de siembra, son, además, una señal de nuestra fe y obediencia a Dios, que diseñó esa forma de probar la fidelidad de su pueblo.

> *Pero también sembramos teniendo una actitud proactiva del trabajo, de adoración al Señor, de servicio al prójimo. Sembrar incluye dar, pero igualmente orar, ayunar, ayudar, poner su esfuerzo, su sacrificio por la causa del Reino. Sembrar es ser más diligente, gastar menos, dar lo mejor de su tiempo a los suyos.*

Isaac no se quedó esperando que la prosperidad le cayera del Cielo, él hizo algo, se movió, tomó lo que tenía a mano y se arriesgó a cultivar en una tierra seca y llena de hambre. Dios hizo el resto.

Cuando hay una necesidad en su vida (en lo laboral, financiero, familiar, emocional, ¡de cualquier tipo!), y usted ha estado luchando y esperando que suceda un milagro, puede asaltarlo la idea de que la solución está en marcharse a donde el mundo le lleve. Pero la palabra que Dios le dio a Isaac también es para nosotros: «Porque oyó Abraham mi voz, y guardó mi precepto, lo bendije, y también te bendeciré, y estaré contigo». Cuando Dios nos bendice está bendiciendo a nuestra descendencia, la ciudad a la cual pertenecemos, a la congregación. La Iglesia de nuestro tiempo se ha llenado de mensajes livianos, fáciles de seguir, alejados de la verdad bíblica. La predicación suele ser más o menos esta: *«Diosito quiere bendecirlo. ¡Pacte, y en diez días verá su milagro! Diosito puede prosperarlo ahora mismo»*. La gente paga por esa esperanza, por escuchar que todo va a estar bien y que habrá un milagro instantáneo; que si tocan aquel carro del año, y declaran que les pertenece, lo van a recibir con un lazo y una tarjeta: **«De parte de Dios»**. Pero la Biblia nos enseña que es necesario sembrar. El buen sembrador sabe que cosechar es un proceso, requiere de sudor, cuidados y tiempo. Obedecer la palabra que hemos recibido y seguir la dirección que ella nos señala es la única alternativa segura, a la que hay que aferrarse con todo lo que tenemos. Creerle a Dios y sembrar es la actitud opuesta de bajar a Egipto, la que nos traerá una prosperidad que no vendrá acompañada de quebrantos, porque, según enseña **Proverbios 10:22:** *«La bendición de Jehová es la que enriquece, y no añade tristeza con ella»*.

22
PROVOCADORES DE MILAGROS

«Jesús se fue con él, y una gran multitud lo seguía y lo apretujaba. Allí estaba una mujer que desde hacía doce años padecía de hemorragias, y había sufrido mucho a manos de muchos médicos, pero que lejos de mejorar había gastado todo lo que tenía, sin ningún resultado. Cuando oyó hablar de Jesús, se le acercó por detrás, entre la gente, y le tocó el manto. Y es que decía: 'Si alcanzo a tocar aunque sea su manto, me sanaré'. Y tan pronto como tocó el manto de Jesús, su hemorragia se detuvo, por lo que sintió en su cuerpo que había quedado sana de esa enfermedad. Jesús se dio cuenta enseguida de que de él había salido poder. Pero se volvió a la multitud, y preguntó: '¿Quién ha tocado mis vestidos?'. Sus discípulos le dijeron: 'Estás viendo que la multitud te apretuja, y preguntas: ¿Quién me ha tocado? Pero Jesús seguía mirando a su alrededor, para ver quién había hecho eso. Entonces, la mujer, que sabía lo que en ella había ocurrido, con temor y temblor se acercó y, arrodillándose delante de Él, le dijo toda la verdad. Jesús le dijo: Hija, tu fe te ha salvado. Vete en paz, y queda sana de tu enfermedad». **(Marcos 5:24-34).**

La escena, muy conocida, ocurrió la ocasión en que Jairo, uno de los principales líderes de la sinagoga, fue a buscar a Jesús para pedirle que sanara a su hija, gravemente enferma. Interviene en la historia una mujer que tenía doce años de sufrir hemorragias. Esa era una enfermedad terrible en su tiempo, pues la volvía impura, de acuerdo con las leyes; la aislaba de su familia y de la sociedad. Estamos, pues, ante una mujer rota emocionalmente; que no tenía derecho al calor de un esposo, y que se había sometido a dolorosas curaciones, sin ningún resultado, al punto de que dice la Escritura que había perdido todo su dinero en médicos. Es fácil imaginar cuán desesperada estaba para actuar como lo hizo. Ella, para quien no estaba programada la visita de Jesús, y que por ser mujer no podía dirigirle la palabra, mucho menos tocarlo en público, quebrantó todas las reglas, se interpuso en el camino del Señor, y consiguió su milagro. Consiguió ser sanada gracias a un acto de gran osadía. ¿Qué nos enseña la actitud de esa mujer? ¿Cómo podemos provocar que el poder de Dios se manifieste a nuestro favor, como ella logró hacerlo?

ALTAS EXPECTATIVAS

Ese encuentro tiene lugar justamente después de que Jesús había realizado algunos hechos extraordinarios: había echado fuera demonios, había sanado a paralíticos y calmó una tempestad. Por esa razón la gente que lo seguía tenía un altísimo nivel de expectativas. Ellos querían ver lo que Jesús haría, sabían que, si Él estaba allí, dentro de muy poco un milagro mayor podía ocurrir. La multitud se enteró que Jesús iba de camino hacia la casa de la niña que había muerto. Todos deseaban saber si podría levantarla, querían participar aunque tan solo fuese como testigos. ¡En verdad tenían razón! Algo maravilloso iba a ocurrir, como siempre sucedía cuando Jesús pasaba por algún lugar.

El nivel de expectativas condiciona muchos eventos en la vida. Si usted no espera nada extraordinario, de seguro solamente verá cosas ordinarias. A Dios le gusta la gente que espera cosas grandes, la que tiene fe para creer en lo que aún no ha visto.

Recuerde cómo quedamos cautivados por Jesús cuando lo conocimos; queríamos ayunar, ir a las vigilias, a los estudios bíblicos, pasar tiempo en oración. Con los años dejamos que la vida cristiana pierda su brillo, vamos al culto, ofrendamos, pero dejamos de esperar lo sobrenatural, dejamos de estar alerta por una palabra que sacuda la rutina. A veces no pasa nada, porque ya no anhelamos nada nuevo. Para ver milagros hay una condición indispensable: tenemos que esperarlos.

Como en todos los relatos de la Biblia, encontramos en este una alegoría que nos concierne, y que traspasa los siglos. La multitud que seguía a Jesús somos nosotros, la Iglesia. Sabemos que una *«lluvia»* de gran bendición viene, que lo que Dios hará en medio de nosotros será más grande que nuestro mayor sueño, pero necesitamos ponernos de pie, y seguir al Señor con la misma pasión que al principio. Necesitamos convertirnos en una Iglesia *«embarazada»* de milagros, ¡preñada de expectativas! No de locuras irracionales, sino de sueños poderosos, que se harán realidad si caminamos en pos de ellos, si creemos que son posibles.

PROVOCAR SU MILAGRO

En medio de la expectación que todos sentían, había una mujer diferente que seguía a Jesús. Una mujer que no solo confiaba en ver grandes señales, sino que quería obtener para ella un milagro. Esa mujer no tenía ganas de esperar, quería ser visitada por Dios ese mismo día. No tenía tiempo para ver qué milagro haría Jesús en otros, ella tenía su propia necesidad, estaba urgida de alcanzar su destino. En medio de la multitud estaba una provocadora de milagros. Esa mujer había sufrido mucho, ¡ya había tenido suficiente! Quería motivar el cambio.

El pasaje en estudio es también un espejo del mundo. La sociedad está llena de espectadores, podríamos decir *«esperadores»*. Pero son solo los provocadores los que ven transformaciones extremas. No espere que le ofrezcan un trabajo mejor, salga a buscarlo, pida un aumento, renuncie... ¡Haga algo nuevo! No ore por sus hijos, vaya a su encuentro, abrácelos y cuídelos, y crea que la gloria de Dios se va a manifestar en ellos. No se conforme con orar por su matrimonio, incite a su pareja a tener experiencias alegres, al amor y a las buenas obras compartidas. ¿Quiere ver crecer la Iglesia hasta alcanzar un nivel sin precedentes, que despierte la admiración de todos? No basta con orar por el crecimiento, lleve un amigo a la reunión, invite a alguien a quien usted nunca pensó invitar. ¡Atrévase a extender la mano! Solo hay que tocar el manto con expectación, con fe. No repita las canciones, ¡adore como nunca antes lo hizo!, provoque que Dios lo mire. No se contente con ofrendar discretas, siembre como quien quiere ver milagros: produzca una cosecha gigantesca. Solo los que se atreven a creer intensamente, más allá de lo que puede creer la multitud, experimentarán hechos prodigiosos. En medio de la congregación hay un hombre y una mujer que son provocadores de milagros: cualquiera de esas personas también puede ser usted. Los demás podrán verlo y asombrarse. ¡Usted lo vivirá en su propia piel!

¿Qué es lo que desea atraer a su vida? ¿Qué cosa espera recibir? ¿Cuál es su necesidad? A veces precisamos llegar a un punto de total desesperación para tomar decisiones radicales, como la de esa mujer, a quien no le importó lo que dirían de ella; si tenía que arrastrarse entre los pies de la muchedumbre, o quedar en vergüenza, sea como fuera estaba decidida a tocar a Jesús, y lo hizo.

Reclame su milagro, irrumpa en el camino del Maestro. ¡Provoque algo en su vida!

23
LOS AMIGOS Y LOS MILAGROS

«Un día, mientras Jesús enseñaba, estaban sentados los fariseos y doctores de la ley, que habían venido de todas las aldeas de Galilea, y de Judea y Jerusalén. El poder del Señor estaba con Jesús para sanar. En ese momento llegaron unos hombres que traían en una camilla a un paralítico.

Querían llevarlo adentro y ponerlo delante de Jesús, pero como a causa de la multitud no hallaron la manera de hacerlo, se subieron a la azotea y, por el tejado, bajaron al paralítico en la camilla, hasta ponerlo en medio de la gente y delante de Jesús. Al ver Jesús la fe de ellos, le dijo al paralítico: 'Buen hombre, tus pecados te son perdonados'. Los escribas y los fariseos comenzaron a murmurar, y decían: '¿Quién es este, que profiere blasfemias? ¿Quién puede perdonar pecados? ¡Nadie sino Dios!'.

Jesús, que conocía sus pensamientos, les dijo: '¿Por qué cavilan en su corazón? ¿Qué es más fácil, que le diga al paralítico: Tus pecados te son perdonados, o que le diga: Levántate y anda? Pues para que ustedes sepan que el Hijo del Hombre tiene autoridad en la Tierra para perdonar pecados, este le dice al paralítico: Levántate, toma tu camilla, y vete a tu casa. Al instante, aquel hombre se levantó en presencia de ellos, tomó la camilla en la que había estado acostado, y se fue a su casa alabando a Dios. Todos estaban admirados, y alababan a Dios, y llenos de temor decían: ¡Hoy hemos visto maravillas!». **(Lucas 5:17-26).**

En este pasaje encontramos que Jesús ya es una figura pública respetada. Lo escuchaban los más piadosos judíos, y los más sabios, los doctores de la ley. Había tal cantidad de gente que ya no era posible entrar en la casa donde el Maestro estaba enseñando. Pero hay cuatro hombres que traen a su amigo paralítico con la esperanza de que Jesús lo sane. Ellos no se conforman con un *«No se pudo»*. ¡Hicieron una locura! Abrieron un hueco en el techo de la casa para bajar por allí la camilla de su amigo, tal era su determinación de que Jesús lo sanara. Preste atención a dos detalles:

 De nuevo estamos ante gente que se decide a hacer algo extremo, para de ese modo conseguir que Jesús los vea. Esos hombres bien pudieron haber acallado su conciencia diciéndose que, al menos, lo habían intentado, y su amigo habría estado agradecido por el esfuerzo que ellos hicieron. Es lo que habría hecho la gente *«normal»*. Pero no. Ellos no desistieron, no se resignaron. Algunas personas dicen: *«Es la voluntad de Dios»*, para encubrir su falta de persistencia, su poca fe. Sin embargo, a Jesús le gustan las personas atrevidas, las que no se rinden.

Aquí no dice que el hombre que estaba postrado en la camilla tenía mucha fe, pero aun así la fe de sus amigos lo salvó. Usted tiene un poder extraordinario para traer salvación a sus amigos, a sus parientes, a la ciudad donde vive. Usted es el elemento de combustión que Dios ha plantado allí, el instrumento para que Jesús actúe en la vida de otros. Si usted puede creer por todos ellos, verá la mano de Dios haciendo milagros.

UN RETRATO DE LA AMISTAD

Los seres humanos tenemos un concepto distorsionado de la amistad. Creemos que amigo es el que gusta de andar con nosotros (y quizás está cerca porque espera algo a cambio). Acostumbramos a decirles «amigo» a quien nos guarda un secreto, o nos ayuda a encubrir una falta. Amigos son los que están en nuestra lista del Facebook, o salen con nosotros un viernes por la noche. Pero en el momento en que dejamos de cumplir con las expectativas que esas personas tienen de nosotros, se apartan. ¡Y ojalá hayamos caído en desgracia! Aquellos que nos aplaudían, desaparecerán, sin dejar huella. Cuando dejamos de dar lo que los otros esperan, cuando dejamos de ser como ellos quieren, la relación se muere porque no es verdadera, no tiene raíz. Esos cuatro amigos del relato nos pueden ayudar a meditar acerca de quiénes son, realmente, nuestros amigos. ¿Cómo reconocemos que ellos eran amigos a toda prueba del hombre que estaba postrado?

Porque lo llevan en hombros cuando no puede caminar

Cuando ya usted no puede con la vida, cuando se encuentra tirado en el piso, sin fuerzas para dar un paso más, sus amigos serán los que lo levanten, los que lo lleven adonde ya no pueda ir. Los amigos lo animan, lo consuelan y lo arrastran si tienen que hacerlo para sacarlo de su postración. Son los que se echan al hombro su carga mientras pasa el mal día. El hombre de esa historia tenía la dicha de contar con cuatro amigos completos, a los que vale la pena cuidar.

Porque le infunden esperanza

Los amigos son personas que le infunden aliento a usted, que lo llenan de esperanza, insisten en creer cuando ya usted no espera nada. Un amigo es aquel que, sin importar lo mal que se vea el panorama, le vende la ilusión de que las cosas van a estar mejor, y se queda a su lado para esperar que eso suceda. Los amigos le dicen que sí se puede, que hay una salida; lo sacan del rincón, lo obligan a salir y ver el nuevo día. Quienes le traen a usted ideas fatalistas, de derrota o temor, no le están ofreciendo una amistad que lo edifique. Rodéese de gente que lo inspire a luchar, que lo llene de esperanza.

 ## Porque lo ponen de frente a Jesús

Los verdaderos amigos lo ponen en situaciones en las que usted se encuentra con Jesús. No basta que lo apoyen y que traten de alegrarlo. Hay quienes, con la mejor intención, si un amigo está triste lo invitan a tomar unos tragos, le buscan compañía cuando saben que está solo; son capaces de montarle una fiesta para verlo sonreír. Puede ser que con eso logren levantarle la moral por un rato, pero después usted se sentirá igual, o peor que como lo encontraron al principio. Los amigos que son a toda prueba actúan como aquellos cuatro: lo acercan a usted a Dios. Van a traerle una palabra de vida en el momento preciso, le dan un buen consejo; van a transmitirle los principios que Jesús enseñó para que usted tenga la oportunidad de ver las cosas desde otra perspectiva. Los verdaderos amigos no le mentirán, serán duros algunas veces, lo confrontarán con sus errores, pero le mostrarán el amor de Dios en cada cosa que hagan. Son los que oran por usted cuando está necesitado; los que le recuerdan las promesas de Dios cuando está desanimado; los que ponen su fe para ayudarle a creer.

La tragedia que enfrenta la humanidad es que vivimos rodeados de gente con la que no tenemos ninguna conexión emocional, gente que pertenece a la misma red social, con la que interactuamos en un chat, pero con la que no se establecen vínculos afectivos duraderos. Aun en el matrimonio sucede. Muchas veces las personas se unen para suplir sus mutuas necesidades, pero pasan los años sin que lleguen a construir una verdadera amistad. Cuando vienen los problemas no son capaces de mantener su lealtad, de llevar juntos el yugo, miran para otro lado. Descubrir a la vuelta de los años que ella no era su amiga, que él nunca fue su amigo, es doloroso; deja a la gente tan golpeada, que algunos no consiguen rehacer sus vidas. La verdadera amistad no se extingue ante el soplo de la tormenta, más bien crece en las pruebas, se consolida.

Hemos reflexionado acerca de lo que hacen los amigos del hombre paralítico. Veamos ahora qué fue lo que hizo Jesús y lo que no hizo:

JESÚS HABLÓ

Jesús no lo tocó, no le ayudó a ponerse de pie, no lo levantó del suelo. Jesús le habló. El paralítico tuvo que moverse, impulsarse con lo único que estaba sano en su cuerpo para acatar la orden de Jesús: «Levántate, toma tu camilla, y vete a tu casa». Antes de recibir un milagro en las piernas tuvo que usar las manos. Usted tiene que moverse en lo natural, tiene que hacer lo que usted sabe hacer antes de que reciba su milagro: saque toda la basura de su casa. Lave su vehículo, llévelo tan limpio como si fuera un carro del año. Vístase lo mejor que pueda, báñese, rasúrese, limpie bien sus zapatos. Sea un buen compañero, una buena esposa, respete a su pareja, tenga buenos modales, ponga interés en el bienestar del otro. Esfuércese por ser una mejor persona. La necesidad de que actuemos, de que pongamos lo que está a nuestro alcance, la vemos en muchos otros pasajes de la Biblia. Antes de que Jesús hiciera el milagro de la multiplicación de los panes y los peces, hubo un muchacho que se movió en lo natural, hizo lo que podía, trajo lo que tenía y lo ofreció: cinco panes y dos pececillos (Juan 6:1-13). Esa fue la condición para que se desatara el poder sobrenatural de Dios, y se alimentaran con eso más de cinco mil personas.

Jesús no hará que nos caiga alimento del Cielo, Jesús no nos levantará de la cama para ir a buscar trabajo; Jesús no se atravesará en nuestro camino para apartarnos del pecado. Nosotros tenemos que movernos en lo que esté en nuestras manos antes de ver su milagro, entonces Jesús dirá la palabra que haga falta.

Esa historia nos invita a buscar amigos fieles, gente que sea capaz de amarnos con sinceridad y que nos guarde lealtad. Los buenos amigos son siempre portadores de la bendición de Dios. También nos recuerda que nuestra ciudad no ha visto los milagros que van a suceder, los prodigios que van a manifestarse cuando la Iglesia empiece a hacer todo lo que puede hacer en lo natural, y deje a Dios hacer lo que Él sabe hacer. Cuando la Iglesia se atreva a hacer por fe lo que otros llamarían locura, y permita a Jesús desatar el poder sobrenatural que ha prometido traer a los suyos.

VESTIDOS DE COLORES

«El espíritu de Jehová, el Señor, está sobre mí. Sí, el Señor me ha ungido; me ha enviado a proclamar buenas noticias a los afligidos, a vendar a los quebrantados de corazón, a anunciar libertad a los cautivos y liberación a los prisioneros; a proclamar el año de la buena voluntad del Señor, y el día de la venganza de nuestro Dios; a consolar a todos los que están tristes; a alegrar a los afligidos de Sión; a ponerles una diadema en lugar de ceniza, óleo de gozo en lugar de tristeza, un manto de alegría en lugar de un espíritu angustiado. Y se les llamará robles de justicia plantados por el Señor, para gloria suya. Las ruinas antiguas serán reconstruidas, los asolamientos de antaño serán levantados, las ciudades en ruinas serán reparadas, junto con los escombros de tiempos pasados.

> «Los extranjeros cuidarán de las ovejas de ustedes, y les servirán en sus campos y en sus viñas, y ustedes serán llamados sacerdotes del Señor y ministros de nuestro Dios; comerán de lo mejor de las naciones, y los nutrirán con sus riquezas. En lugar de vergüenza, recibirán doble herencia; en lugar de deshonra, se alegrarán de lo que reciban; porque en sus tierras recibirán doble honra, y gozarán de perpetua alegría».
> ***(Isaías 61:1-7).***

Cuando usted le pregunta a una persona para qué vino Jesús a la Tierra, le puede dar respuestas como estas: vino a salvarnos, a traer sanación; vino a libertarnos del pecado; a derramar su sangre por el perdón de nuestras faltas. La cultura religiosa ha puesto énfasis en lo que hizo Jesús para llevarnos al Cielo. Pero Jesús también entregó su vida para redimir nuestro presente. Para darnos aquí y ahora una vida plena.

En el capítulo 61 del libro de Isaías el profeta describe la misión del Cristo: fue enviado a predicar a gente que está abatida, en angustia, para que todos sepan que Dios tiene un plan bueno para ellos. Vino a vendar a los que tienen el corazón quebrantado, porque la voluntad del Padre es sanar nuestras emociones, no solo nuestro cuerpo. Fue enviado a publicar libertad a los cautivos, y a los presos, apertura de la cárcel, porque Dios quiere hacernos libres de todo lo que nos ata y esclaviza; a dar consuelo a quienes están de luto. ¡Para todos ellos también son las buenas nuevas! Cuando muere un ser querido la gente se aflige, pero eso no solo ocurre en los funerales: muchos van por el mundo como siguiendo a un féretro, han despedido ya sus esperanzas, no tienen ilusión ni gusto por la vida. El profeta quiere despertar con su proclama hasta a los muertos, anunciarles un tiempo de gozo.

La palabra de Isaías encontró su cumplimiento en Jesucristo. Jesús vino a ordenar que a los redimidos de Sión se les dé gloria en lugar de ceniza: la ceniza es lo que queda después del fuego, los restos de lo que antes ardió y se ha apagado. La ceniza es gris, no tiene color vivo, no tiene vida. Y la iglesia, nosotros, somos los redimidos de Sión, el pueblo de Dios. El Señor nos ungió, dice el profeta, nos escogió para llevar a la gente el conocimiento de que hay un Dios bueno, un Dios de paz, un Dios de gozo que no quiere que sus hijos estén tristes. Es entendible que Jesús, en los comienzos de su ministerio público, leyera en la sinagoga, precisamente, ese pasaje del libro de Isaías, para luego decir: «*Hoy se ha cumplido esta Escritura delante de ustedes*». **(Lucas 4:21).**

¿POR QUÉ NO ESTAMOS ALEGRES?

Si Jesús vino hace más de dos mil años a traer estas buenas noticias, ¿por qué seguimos viviendo en tristeza? Hay millones de personas que se dicen cristianas, pero, ¿no debería haber más gozo en el mundo? Estamos rodeados de gente melancólica, gente vacía y gris. Deténgase a mirar a los transeúntes, sus rostros están llenos de estrés y congoja. Mire a los conductores en las calles, se gritan y se ofenden constantemente. Hasta los que recurren a la bebida para «aliviar» sus penas, con los primeros tragos cantan, pero al llegar la borrachera lloran. Hay en la humanidad una fascinación por los desastres; los medios noticiosos sacan partida de eso; en las redes sociales usted lo puede ver también, todo lo que infunda temor, desaliento y angustia, es subrayado. Pero lo más terrible quizá sea la falta de entusiasmo, el desánimo, el insoportable aburrimiento del ser, que vemos en la sociedad y también en la Iglesia: contamina nuestros cultos, nuestras reuniones. Cada celebración debería de ser eso: ¡una fiesta! Estamos celebrando que Jesús resucitó, que vive para siempre. Sin embargo, si alguien nos mira desde fuera, ¿realmente pensará que celebramos? Muchas de quienes asisten a los cultos evangélicos resultan ser las personas más aburridas del mundo. Cantan acerca del gozo del Señor, pero se ven apagadas; dicen ser libres, pero se ven cargadas. La gente nos escucha, pero no puede creer lo que anunciamos porque también nosotros estamos llenos de insatisfacción y llanto. Leemos las promesas de la Biblia, sin emoción; somos gente descorazonada, portadoras de una terrible seriedad religiosa *(¡y pensar que Jesús dijo que teníamos que ser como niños para ir al Cielo!)*. Esa actitud determina nuestra forma de ver la vida. A nosotros nos atraen las noticias negativas; nos contagiamos de pesimismo, en lugar de contagiar de nuestra buena esperanza a los demás. Cantamos alabanzas, pero lo hacemos sin pasión. En realidad no sabemos cómo relacionarnos con Dios en un verdadero espíritu de alabanza. Decimos: *«El gozo del Señor es mi fortaleza»*, pero apretamos los dientes para aguantar los golpes, y el gozo no se ve por ningún lado. Nuestra generación, igual que la de Isaías, está marcada por una misma tragedia. Y esa tragedia no son las drogas, el alcohol, el adulterio, o la crisis económica. Nuestra mayor tragedia es la tristeza, esa incapacidad de ser felices. Si a usted le preguntan: ¿Es usted feliz?, es muy posible que responda: *«Claro, tengo una esposa muy buena, unos hijos lindísimos, tengo un buen salario»*. Pero la pregunta no es qué tiene usted, sino si es feliz, si se siente dichoso.

BUENAS NUEVAS DE GOZO

El Creador del universo, el Dios de toda sabiduría, el que sostiene la Tierra en su mano, no iba a comisionar a Isaías para algo que no fuera necesario: darle consuelo a quienes están de luto, poner un manto de alegría sobre los que tienen espíritu angustiado. No iba a mandar a su Hijo a encarnarse para proclamar esas buenas nuevas, si no fueran importantes. Si Dios nos anunció tales cosas es porque sabía que la humanidad estaba, y sigue estando, urgida de ellas.

En Génesis 37 encontramos la historia de un padre que está contento con el hijo de su vejez, su predilecto; y para agasajarlo le regala una túnica de colores. José salía a pasear con su túnica, se sentía guapo, dichoso, amado por Jacob. Entonces, sus hermanos sintieron celos, y lo odiaban porque él era feliz; lo detestaban porque andaba vestido de colores, mientras ellos, en cambio, tenían un manto gris. Es que la dicha ajena produce envidia y celos. El rey David, a diferencia de José, fue despreciado por su propio padre; sus hermanos lo humillaban; luego de ser ungido como futuro rey de Israel fue perseguido por sus enemigos; tenía todas las razones del mundo para ser un amargado. Sin embargo, canta en Salmos 118: «Este es el día que hizo el Señor, ¡nos gozaremos y alegraremos en Él!». (Verso 24). Esa declaración debería ser nuestro credo: este es el día que hizo Dios para que yo me alegre, no hay otro como este, no se repetirá. ¡Es mi momento! Pero la mayoría de nosotros se despierta diciendo: «Qué esclavitud el tener que ir a trabajar»; «Qué pereza me da levantarme».

¿SOY FELIZ?

La respuesta a esta pregunta tiene mucho que ver con la actitud personal ante la vida. Si usted entiende que cada día le es entregado para estrenarlo, para vivirlo intensamente, su actitud cambiará. No es usted todo lo que quisiera ser, pero está en camino; no tiene todo lo que quisiera tener, pero tampoco tiene tan poco como lo que el diablo desea. Se niega, se resiste a andar en tristezas. En el nombre de Jesús no se permite sumirse en el aburrimiento. Porque sabe que Jesucristo no vino a hacer evangélicos, no vino a convertirnos en protestantes, no vino a reclutar católicos. Vino para que tuviéramos el privilegio de ser hijos de Dios, vino para que pudiéramos hablar con nuestro Padre, como con un amigo, cara a cara. Vino para quitarnos el manto de luto y ponernos la túnica de colores; vino para quitarnos el carácter gris, y darnos alegría. Hasta la forma de orar debe cambiar ante esa revelación: Dios le dio a usted el derecho de dirigirse a Él en su propia lengua, no necesita hablar en latín o en un tono afectado; no tiene que recitarle los versículos de la versión Reina Valera de la Biblia en lenguaje antiguo *(eso es lo que haría la gente gris, porque no sabe que Dios está contento con ellos como son)*. Jesús vino a comprarnos la oportunidad de vivir con entusiasmo, Él quiere que seamos dichosos en todo y en todos. No para gritar aleluya, no para zapatear y amarrar al diablo; no para repetir las expresiones de moda que ganan fama de «santidad», sino para que tengamos el derecho de elegir cómo vamos a vivir cada día. Cada uno escoge vivirlo sin pesimismo, con el corazón dispuesto, con una canción en la boca. Todos los días tenemos que trabajar, todos los días tenemos que ser el esposo de la misma mujer, la esposa del mismo hombre; todos los días tenemos que lidiar con esos chiquillos alborotadores.

También todos los días tenemos que decidir si queremos pasarnos las horas maldiciendo y amargándolos a todos, o si queremos dar gracias porque cada día es el día que Dios hizo para alegrarnos, para compartir lo que tenemos, para celebrar. Usted puede mirar a su alrededor y encontrar un montón de defectos en su prójimo; un montón de carencias económicas, un montón de piel que sobra, carne que no se acomoda, miles de motivos de insatisfacción con nuestra pareja y con nosotros mismos. O puede hacer el inventario de las cosas buenas y proclamar que cada día que hizo Dios es para deleitarse con su compañero, con sus hijos; para gozar de su bendición.

LA OBRA DE JESÚS

David nació como un perdedor, un fracasado, un pastor de ovejas, pero ese es el David que compuso canciones de regocijo y confianza en el Señor, cantos de victoria. Con mayor razón nosotros, cómo no permitirnos la alegría sabiendo que en la cruz Jesús estuvo completamente abatido por amor a nosotros, que estuvo desnudo para que nosotros lo tuviéramos todo, para que pudiéramos ser dichosos.

Él sufrió la tristeza más profunda para que nosotros tuviéramos herencia con los hombres y las mujeres felices de la Tierra. La obra redentora de la cruz no solo limpia nuestro espíritu y nuestro cuerpo, sino que llega al alma para que las emociones sean sanadas, para que los pensamientos sean optimistas, para que los sentimientos de gozo fluyan libremente. Podemos sentir orgullo porque, a pesar de las muchas cosas que nos hacen falta, tenemos a un Dios que ha comprado para nosotros el derecho a elegir; a deleitarnos en Él y en todo lo que Él hace a nuestro favor. A través de Isaías recibimos las promesas, y Jesús declaró que había venido a cumplirlas: a cambiar el luto por aceite de gozo; la ceniza por una corona de gloria; el espíritu angustiado por un manto de alegría. En lugar de la vergüenza y la confusión del pecado, recibiremos doble herencia, dijo el profeta; en lugar de la deshonra recibiremos doble honra y perpetua alegría. Son promesas, es cierto, pero la Escritura dice de Cristo que todas las promesas de Dios son en Él sí, y en él amén **(2 Corintios 1:20):** ciertas, seguras y cumplidas. En Él necesitamos estar para alcanzarlas; en Él las viviremos, si las creemos. Porque todas las promesas de Dios las recibimos por fe. **(Hebreos 6:12).** Usted tiene que saberse con derecho a ser feliz por la obra de Jesús, tiene que creerse feliz para alcanzar felicidad.

Jesús pagó en la cruz el precio de su paz, el precio de su alegría; nos dio la capacidad de dejar atrás la vergüenza y la amargura; de desechar todo lo malo, y decirle: «Señor, yo quiero ser feliz, quiero entender dónde está la plenitud de gozo, quiero recibir tu espíritu de alegría y llevarlo conmigo siempre».

Ese es el ministerio de Jesús en nosotros: hacernos libres de toda tristeza, y regalarnos la unción de su Espíritu para que seamos gente vestida de colores, gente que recibe con gratitud el aceite y el vino de una fiesta que ha sido preparada desde la eternidad para que nuestro gozo sea cumplido **(1 Juan 1:4)**, para que nuestra dicha sea completa.

25
EL TEMOR Y LAS MALAS DECISIONES

«Hubo, entonces, hambre en la Tierra, y descendió Abram a Egipto para morar allá; porque era grande el hambre en la Tierra. Y aconteció que cuando estaba para entrar en Egipto, dijo a Sarai, su mujer: He aquí, ahora conozco que eres mujer de hermoso aspecto; y cuando te vean los egipcios, dirán: Su mujer es; y me matarán a mí, y a ti te reservarán la vida. Ahora, pues, di que eres mi hermana, para que me vaya bien por causa tuya, y viva mi alma por causa de ti.

«Y aconteció que cuando entró Abram en Egipto, los egipcios vieron que la mujer era hermosa en gran manera. También la vieron los príncipes de faraón, y la alabaron delante de él; y fue llevada la mujer a casa de faraón. E hizo bien a Abram por causa de ella; y él tuvo ovejas, vacas, asnos, siervos, criadas, asnas y camellos.
«Mas Jehová hirió a faraón y a su casa con grandes plagas, por causa de Sarai, mujer de Abram.

«Entonces, faraón llamó a Abram, y le dijo: ¿Qué es esto que has hecho conmigo? ¿Por qué no me declaraste que era tu mujer? ¿Por qué dijiste: Es mi hermana, poniéndome en ocasión de tomarla para mí por mujer? Ahora, pues, he aquí tu mujer; tómala, y vete.

«Entonces, faraón dio orden a su gente acerca de Abram; y le acompañaron, y a su mujer, con todo lo que tenía». **(Génesis 12:10-20).**

Estos hechos ocurrieron cuando Abram buscó refugio en Egipto durante un tiempo de gran escasez. Recuerde que Abraham (en ese tiempo aun llamado Abram) era un nómada, dueño de grandes rebaños; la sequía podía representar la muerte de sus ganados y el hambre para los suyos. Y tuvo miedo. Los tiempos de crisis son también tiempos de temor: hay preocupación ante la amenaza de perderlo todo, de no poder pagar las deudas. Hay angustia ante la posibilidad de quedarse sola, sin el sostén de un compañero. Miedo ante un futuro incierto.

Pero el temor es ajeno por completo a la voluntad de Dios, entró en el mundo a causa del pecado: **Génesis 3:10** *relata cuándo fue la primera vez que un ser humano sintió temor, después de haber desobedecido a Dios.*

El Señor le pregunta a Adán qué sucede con él, por qué no responde, y este le dice: «Oí tu voz en el huerto, y tuve miedo, porque estaba desnudo; y me escondí».

Fuimos creados para vivir en fe, en libertad de espíritu. En lugar de eso somos presa de los temores más diversos y estos nos conducen a tomar decisiones equivocadas, que nos pasan la cuenta durante años.

En la historia de Abraham el temor a caer en la miseria lo empujó a mentirle al faraón, envilecer a su esposa, a la que convenció de decir que era su hermana, porque sintió miedo de que lo mataran para quitársela. A causa de esa mentira ella fue llevada al palacio, y eso atrajo el mal sobre el faraón. Finalmente, Abraham y Sara son expulsados de Egipto. La Biblia lo dice en términos muy amables, pero eso fue lo que pasó, los hicieron marcharse con todos sus bienes. Y de aquella visita a Egipto que hicieron por temor al hambre, Abraham y su esposa se trajeron a Agar, la madre de Ismael. También nació Ismael a causa del temor de Sara de no poder tener sus propios hijos; el temor de Abraham de no dejar descendencia. Y este hijo de Abraham y la esclava es el padre de pueblos que han vivido por siglos en guerra contra Israel. ¿Se da cuenta de cómo una decisión que se toma bajo la presión del temor puede tener consecuencias incalculables?

Hagamos recuento de algunas lecciones que nos da la Biblia acerca de este asunto:

1 | Todo lo que usted decide basado en el temor termina mal

La mentira de Abraham fue descubierta, él quedó en vergüenza, tuvieron que salir de Egipto en medio de un escándalo, como podemos imaginar, porque a causa de aquella falsedad Sara había sido llevada al palacio del faraón siendo la esposa de Abraham. Los echaron de allí como a gente indeseable. Esa mentira, al principio, pareció dar buenos frutos porque el faraón, prendado de la que creía su hermana, le hizo regalos a Abraham: ganados, siervos y camellos. Eso nos recuerda que la abundancia de bienes materiales no es sinónimo de una buena relación con Dios. En ese caso Abraham se había apartado por completo de la voluntad de Dios, había dejado de confiar en Él para confiar en un ser mortal, el soberano de Egipto. Por más que tuviera oro y plata a manos llenas, no estaba actuando en rectitud, como Dios quería de él; ese Dios que el día que le cambió su nombre por Abraham -padre de multitudes-. le dijo: «*Camina delante de mí, y sé perfecto*». **(Génesis 17:1)**. Lo que Abraham ganó en Egipto fue una fuente de sufrimiento, no solo para él sino para su pueblo. Lo que usted decide basado en el temor, terminará haciéndole daño a largo plazo.

2 | Todo lo que usted teme eventualmente sucederá

Abraham sintió miedo de que los egipcios se enamoraran de su esposa, y que por causa de ella le dieran muerte. ¿Cuál fue su temor? Que quisieran fijarse en Sara, y eso fue, precisamente, lo que ocurrió, porque los príncipes de Egipto le hablaron al faraón de la belleza de esa mujer; y él se la llevó al palacio, lo cual trajo deshonra a un matrimonio que tenía un pacto con Dios. El temor es una fuerza malvada, por medio de la cual somos arrastrados a hacer cosas que luego lamentamos. Cuando usted se deja controlar por el miedo, da ocasión para que aquello que usted teme venga sobre su vida. Un ejemplo lo tenemos en Job, de quien la Biblia dice que era el más rico de los orientales de su tiempo, con una gran hacienda, una familia numerosa y alegre, amigo de hacer banquetes; además, era hombre recto, temeroso de Dios y apartado del mal; que oraba todo el tiempo por sus hijos **(capítulo 1).** En medio de tantas bendiciones sobrevino la tragedia: sus criados fueron atacados y asesinados; robaron sus ganados; sus ovejas murieron quemadas por un rayo junto con los pastores; sus hijos fueron víctimas de un tornado; y para colmo de males, Job enfermó y su cuerpo se llenó de llagas. Cuando lo visitan sus amigos y Job se queja de todas sus desgracias, dice unas palabras muy reveladoras: *«Porque el temor que me espantaba me ha venido, y me ha acontecido lo que yo temía».* **(Job 3:25)**. Al parecer, cuando fue próspero y estuvo rodeado de su familia, ese hombre no disfrutó sus bendiciones, porque vivía con miedo de perderlo todo; presentía el peligro, anticipaba la desgracia. El temor no solo nos roba la paz, sino que, además, atrae aquello de lo que queremos huir.

3 | Cada vez que actúa en temor usted abre una puerta al enemigo

El temor es lo opuesto a la fe. La fe es un don del Espíritu Santo, el temor es un regalo del diablo. Toda persona que vive en temor está sitiada, cercada, asediada por pensamientos inmundos que le quitan la dicha. En el libro de Jueces **(capítulo 14)** se narra lo ocurrido con el primer matrimonio que tuvo Sansón, cuando se enamoró de una mujer filistea. Sansón hizo un banquete de siete días, al cual invitó a 30 jóvenes que pertenecían a la nación de su novia; en medio de la fiesta les propuso un juego, una adivinanza: si lograban responder antes de que acabara el banquete, él les regalaría dos trajes finos a cada uno; si no lo conseguían, cada uno de ellos tendría que regalarle dos vestidos lujosos a Sansón. Lea la historia completa, es muy aleccionadora. Resulta que esos hombres amenazaron a la joven esposa, le dijeron que si no conseguía que Sansón le revelara la respuesta, la quemarían a ella y a toda la familia de su padre. La filistea lloró, presionó y mortificó a Sansón hasta conseguir que le revelara el enigma, y logró así que aquellos hombres ganaran la apuesta. ¿Pero qué sucedió después? Sansón mató a otros 30 habitantes del lugar para quitarles las ropas, para entregarlas a los amigos de la novia; se regresó a la casa de sus padres, y abandonó a la joven. Hacía solo unas horas era una mujer feliz, celebrando su boda, pero las amenazas crearon en ella un estado de sitio, tomaron posesión de su mente, de sus pensamientos; y la llevaron a engañar a su esposo. El resultado fue de humillación, violencia y dolor. La reacción ante las palabras es clave en esa historia: la joven decidió creer al espíritu de temor que la asediaba, y traicionar al hombre de Dios. La única esperanza que ella tenía de no morir y preservar la casa de su padre era Sansón, él tenía fuerza suficiente para defenderlos a ella y a toda su familia. Pero es, precisamente, a él a quien traiciona; una mala decisión provocada por el temor. La mujer solo estaba tratando de mantenerse con vida y de salvar a los suyos. Sin embargo, en vez de traicionar a un hombre ungido por Dios, debió acercarse más a él, confiar en él, pues de ese hombre vendría su salvación.

Cada vez que usted siente miedo de consagrarse, de servirle a Dios, de ofrendar, de casarse, de pretender un aumento, de pedir un trabajo, de iniciar una empresa, de estudiar...

Cada vez que los temores atacan para impedirle el logro de sus metas, usted tiene que acercarse más a Dios, confiar en Él y caminar hacia adelante, pues de ese Dios vendrá la salvación. Y acercarnos a Dios es acercarnos a su Palabra, conocerla y creerla. ¡La Palabra de Dios es un antídoto contra el miedo!

Es viva y eficaz, es un arma, una espada de dos filos **(Hebreos 4:12)**, nos da valor, afirma nuestros pasos. **(Salmo 119:133)**; escudo y defensa es su verdad. **(Salmo 91)**. Pero si usted le da la espalda a la palabra, y se deja ministrar por el temor, tarde o temprano la desdicha llamará a su puerta.

Las personas y los pueblos suelen caer en las trampas del miedo, es un mal que se contagia; una sociedad entera puede ser arrastrada al abismo mediante la manipulación que se vale del terror, la inseguridad y la desconfianza. El profeta Jeremías, cuando era inminente la invasión de Jerusalén, dijo en nombre de Dios: «*He aquí yo traigo el mal sobre este pueblo, el fruto de sus pensamientos. Porque no atendieron a mis palabras; y en cuanto a mi ley, la han desechado*». **(Jeremías 6:10)**. ¿Qué nos enseña su proclama?

 El mal que cayó sobre Israel fue fruto de sus pensamientos: fueron las ideas, opiniones y temores, que abrigaron en su mente, los que los llevaron a ser presa del enemigo.

 El temor nació por no atender la palabra de Dios. En cambio, prestaron oído a las voces que los alentaban al mal: lo que usted escucha influye en sus pensamientos, y sus pensamientos determinan su destino.

Al apartarse de la Escritura labraron un camino de muerte: en el mismo capítulo 6, Jeremías expone los reclamos de Dios a su pueblo: se avergonzaron de la Palabra de Jehová, desde el más pequeño hasta el más grande se llenaron de avaricia, y desde el profeta hasta el sacerdote se volvieron mentirosos.

¡Bienaventurado el pueblo cuyo Dios es Jehová! (Salmo 144:15). Conocer y seguir el consejo de su Palabra nos hace libres del miedo y nos lleva a la victoria en todas nuestras batallas.

26
AMAR LA BENDICIÓN

«Amó la maldición, y esta le sobrevino; y no quiso la bendición, y ella se alejó de él».
(Salmos 109:17).

El **salmo 109** es una de esas canciones inmortales, que nunca pierden vigencia. Fue escrita hace más de 2500 años por el rey David, es una súplica a Dios por justicia. Habla de alguien cuya maldad le acarreó toda clase de desgracias. ¿Por qué dice que amó la maldición? David cuenta que esa persona:

 Le devolvió mal por bien.

 Estaba lleno de engaño y de palabras de odio.

 Lo calumnió sin causa.

Tales acciones, sin duda, nos deparan maldición. En el verso 16 añade:

«Por cuanto no se acordó de hacer misericordia, y persiguió al hombre afligido y menesteroso, al quebrantado de corazón, para darle muerte».

La maldición y la bendición no están predeterminadas por condiciones geográficas o culturales, ni por la familia de origen, o la extracción social. Puede haber en nuestro pasado eventos capaces de atraer maldición sobre nuestro presente, pero creemos que Jesús rompe esa herencia y nos regala una vida nueva. Son nuestras actitudes y nuestros hechos los que nos llevan en dirección de las bendiciones o de la maldición. Las palabras del salmo no dicen que la maldición amó a ese hombre y lo abrazó, ni que la bendición lo menospreció sin motivo: fue él quien buscó a la una y apartó a la otra. Así sucede con nosotros: somos responsables del entorno que creamos. La maldición no tiene nada que ver con lo mágico, lo místico; no es un conjuro o un *«mal de ojo»* el que trae la desgracia a nuestra vida. La maldición tiene que ver con las decisiones que tomamos. ¿Quién amará la maldición?

AMAR LA MALDICIÓN ES PERPETUAR LAS MALAS ACTITUDES

Cuando una y otra vez caemos en el mismo juego de autodestrucción, cuando boicoteamos todas las oportunidades, atraemos la maldición. Como aquel que apenas le llega el salario se va de fiesta, y lo gasta todo en borracheras, su realidad no cambiará en tanto siga repitiendo ese patrón de comportamiento. O la persona a quien le ofrecen un buen trabajo, y llega tarde el primer día; se enferma la primera semana, o se molesta con el jefe ante la mínima llamada de atención. El problema del ser humano es que puede llegar a amar la depresión, el pecado, la pereza o cualquiera que sea su vicio favorito. Una persona puede acostumbrarse a la grosería con la que siempre la han tratado, o a la violencia con la que siempre ha tratado a los demás. Se apega a sus ataduras. Se queja y sabe que necesita cambiar, pero no hace nada para sacar esas cosas de su mundo. A veces apenas es cuestión de alejarse de una persona, o de apartarse de aquello que le daña para cortar el mal. Si usted quiere resultados diferentes no haga lo mismo que hizo hasta hoy: esa frase de Albert Einstein se ha vuelto viral, todo el mundo la repite y la comparte, pero ¿estamos practicando lo que ella enseña? Si quiere alejar la maldición haga cambios positivos, camine hacia la bendición.

AMAR LA MALDICIÓN ES NEGARSE A CRECER

Vivir tristes, amargados, enojados con el mundo, nos impide avanzar hacia cosas nuevas. Nuestra condición espiritual se ve afectada, incluso nuestra salud. Nuestra frustración atrae la maldición, y la maldición nos amarra a las circunstancias indeseables en las que estemos inmersos; es un círculo vicioso del que solamente saldremos si nos decidimos a romperlo. Cuando crecemos en cualquier área -intelectual, social, laboral, familiar- nos ponemos en condición de que lleguen mejores cosas, unas atraen a las otras, es una cadena. En cambio, si nos estancamos en una situación traumática, cualquiera que sea, nos ponemos en condición de que nos sobrevenga más de lo mismo: pueden ser complejos, temores, prejuicios o malas relaciones. El tiempo pasa inexorablemente, quienes se esfuerzan por crecer como seres humanos verán que las cosas mejoran para ellos, que se abren puertas, mientras quienes se estancan perderán las oportunidades que pasan ante sus ojos. Jesús, en una de sus parábolas **(Mateo 25:14)**, cuenta acerca de un hombre que se fue de viaje y dio a cuidar sus bienes a sus siervos, según sus capacidades: a uno le dio cinco talentos, a otro dos y al tercero, uno.

Cuando tiempo después regresó a recoger su dinero, los dos primeros siervos habían invertido los talentos y ganado el doble de lo que les dieron. Su señor les dice: *«Sobre poco has sido fiel, sobre mucho te pondré»*. Pero el tercer siervo había escondido el talento que se le dio por temor a perderlo, o a que se lo robaran. A este le reprocha duramente su desidia, y ordena dar su parte al que multiplicó los cinco talentos. En ese momento Jesús hace una declaración que puede ser difícil de comprender: *«Porque al que tiene, le será dado, y tendrá más; y al que no tiene, aun lo que tiene le será quitado»*. **(Mateo 25:29)**. Los talentos que se nos dieron deben ser aumentados diligentemente con nuestro propio esfuerzo, si así lo hacemos nos serán añadido más talentos. Pero el que oculta sus talentos, no los hace crecer, terminará perdiendo lo poco que tiene. Para crecer debemos aprender a hablar de cosas nuevas, conocer a otra gente, visitar nuevos lugares, desafiar la inteligencia, leer libros que nunca hemos leído, rodearnos de personas que se destacan en lo que hacen... Hay quienes se enorgullecen de no haber leído más libros que los que les mandaron en el colegio, o de no haber probado nunca una comida distinta de la que consumían en su casa. No podemos pretender que vengan bendiciones abundantes, si estamos limitándonos a vivir como siempre hemos vivido; si no expandimos la mente y ponemos en acción los talentos que Dios nos dio.

AMAR LA MALDICIÓN ES RODEARME DE COSAS NEGATIVAS

Rodearme de elementos negativos es atraer la maldición, puede tratarse de gente, sustancias o malos hábitos. Hay personas que son solo *«mala vibración»*, que aplastan toda nota de alegría o entusiasmo en los demás. Hay canciones que nos dan ganas de cortarnos las venas; programas de televisión que nos intoxican; libros que nos hacen daño. Hay conversaciones que no debemos tener, ya sabemos hacia dónde conducen, lo mejor que podemos hacer es cortarlas en cuanto se inician. Cuando nos abrazamos a lo vulgar, lo falso, lo violento, o lo superficial -a cualquier cosa negativa-eso solo nos puede traer la maldición.

> *«El limpio de manos y puro de corazón; el que no ha elevado su alma a cosas vanas, ni jurado con engaño. Él recibirá bendición de Jehová, y justicia del Dios de salvación».* **(Salmo 24:4-5).**

NO SE PREOCUPEN POR NADA

«¡Regocíjense en el Señor siempre! Otra vez lo digo: ¡Regocíjense! Su amabilidad sea conocida por todos los hombres. ¡El Señor está cerca!

«Por nada estén afanosos; más bien, presenten sus peticiones delante de Dios en toda oración y ruego, con acción de gracias. Y la paz de Dios, que sobrepasa todo entendimiento, guardará sus corazones y sus pensamientos en Cristo Jesús».
(Filipenses 4: 4-7).

En este pasaje se nos da un mandato. No es un consejo para el buen vivir, no es una guía de autoayuda, es una orden. Pablo dice: «¡Regocíjense! Ustedes, que han conocido a Cristo, ¡alégrense! Ustedes, que fueron redimidos de su antigua manera de vivir, ¡no se preocupen por nada!».

LA PREOCUPACIÓN: UN EJERCICIO MENTAL INÚTIL

Uno se preocupa pensando en mil cosas, pero preocuparse no implica buscar soluciones, es, simplemente, acumular ansiedad y estrés. Los preocupados apenas aumentan el volumen de tensión, no resuelven mejor los problemas que la gente que aprende a tomarlos con calma. Por el contrario, la preocupación da alas al temor, y nos paraliza. Muchas veces dejamos que la ansiedad nos devore por algún asunto que no sabemos cómo resolver, y cuando Dios interviene y todo sale bien, nos preguntamos: ¿para qué me angustié tanto?

> *Una cosa es preocuparse, otra distinta, ocuparse. La preocupación es una actividad mental improductiva, toma posesión de sus pensamientos y les resta energía para encontrar salidas. La ocupación, en cambio, genera soluciones, es productiva y nos libera. Ocúpese en resolver sus problemas, pero no se preocupe.*

LA PREOCUPACIÓN SE GENERA EN EL TERRENO DE LO HIPOTÉTICO

Muchas veces nos preocupamos por cosas que nunca llegan, o que ya tienen una solución a la vuelta de la esquina. La preocupación es una anticipación negativa, con ella prevemos lo que podría pasar, pero no con el fin de mitigar los daños o buscar soluciones, sino más bien imaginando todo lo malo que podría llegar a suceder. Nos atormentan las probables consecuencias de un problema, sufrimos por algo que tal vez no sucederá. La ocupación, en cambio, se genera en el terreno de la acción, enfrenta las cosas como van llegando. Valora serenamente la situación y busca alternativas.

LA PREOCUPACIÓN ESTÁ MOTIVADA POR UN PENSAMIENTO PESIMISTA

Usted nunca se preocupa porque le sobró dinero y no sabe qué hacer con él; nunca se preocupa porque le hicieron un regalo, o porque le van a dar un día libre en su trabajo. La preocupación siempre se gesta en el terreno de lo negativo, produce temor y engendra tristeza. La ocupación, en cambio, genera expectativas, produce esperanza, nos lleva a construir cambios, cosas buenas.

LA GENTE QUE SE PREOCUPA

Los preocupados tienen la pésima costumbre de contarle a todo el mundo sus problemas. Viven quejándose, pero eso no ayuda. Si usted es de esos, deje de contarles sus preocupaciones a personas que no pueden hacer nada por usted; si va a contarlas que sea a alguien que puede dar un consejo acertado, o proponerle una salida.

El preocupado tiene una visión fantasiosa de la vida, se angustia; y cuando ya no puede con su carga, se engaña con soluciones mágicas, sueña con ganar la lotería. ¡Eso tampoco funciona! Sea realista, no se esconda de los problemas, hágales frente sin exagerarlos, pero sin ignorarlos.

¿Qué haremos en lugar de preocuparnos?

VAYA POR PARTES

La *«navaja de Ockham»* es un método de razonamiento, que se atribuye a Guillermo de Ockham, un fraile franciscano del siglo XIII. Según sostiene ese pensador, debemos tomar el problema como un todo y dividirlo en tantas partes como sea posible. Hágalo. Luego, comience a resolver cada fracción empezando por la más pequeña hasta llegar a la más grande. Trabaje paso a paso atendiendo un asunto a la vez. Vaya por partes: si debe mucho dinero, empiece a pagar las deudas menores, salga hoy de lo que pueda; luego, ataque lo más complicado, progresivamente. Disfrute su momento, sea paciente, trabaje por soluciones y persista. Las cosas no se van a resolver en un día solamente porque usted se angustie.

SI NO HAY SOLUCIÓN, ¿POR QUÉ SE PREOCUPA?

Recuerde siempre que hay dos tipos de problemas: los que tienen solución y los que son insolubles. Ocúpese de los que tienen solución, y haga cada día algo por resolverlos. Los que no pueden resolverse déjelos a un lado, acepte la situación y no pierda energía en ellos. Tenga presente también que no existe un final como aquel de *«vivieron felices para siempre»*. Lo que existe es la vida real, las batallas, el esfuerzo, la satisfacción de las victorias, el entusiasmo de enfrentar los retos. Sálgase del cuento de hadas que le contaron, y ocúpese lo mejor que pueda en mejorar su vida.

LLEVE SU PETICIÓN DELANTE DE DIOS

El pasaje que hemos citado nos llama a fortalecer nuestra vida de oración. En el camino recibimos golpes, sentimos frustración, dolor y cansancio. Muchos van al gimnasio, pero se esfuerzan por aprender una rutina que hará bien a su cuerpo. Aprenda usted a desarrollar la disciplina de la oración, busque la ayuda de Dios, aliméntese con su Palabra; ¡hable con Él del asunto que lo angustia! El Señor dijo que estará con nosotros siempre, en Él se encuentran todas las respuestas. Ante los grandes problemas, ponga su vida en manos de Dios y permita que Él lo perfeccione y lo guíe hasta salir a mejores pastos, como ha prometido.

REGOCÍJESE SIEMPRE

Sea cual sea la circunstancia que usted enfrenta, sea cual sea la tormenta que se ha desatado, haga recuento de sus bendiciones; no le permita a su mente que lo engañe haciéndole creer que no hay nada bueno, eso nunca es verdad. Hable a su corazón, exíjale levantarse, recuérdele todo lo que Dios ha hecho a su favor: Alma mía, ¡bendice al Señor! Piense en cosas buenas, bonitas, aun en medio de la situación que le aqueja. La recomendación que nos da el Espíritu Santo a través del apóstol Pablo es esta:

> *«Por lo demás, hermanos, todo lo que es verdadero, todo lo honesto, todo lo justo, todo lo puro, todo lo amable, todo lo que es de buen nombre; si hay virtud alguna, si algo digno de alabanza, en esto pensad».*
> **(Filipenses 4:8).**

Pues cuando más asediados estemos por pensamientos de preocupación, con mayor insistencia debemos apartarnos para seguir este consejo de la palabra.

¿CUÁL SERÁ EL FRUTO DE ESTA FORMA DE VIVIR?

La paz de Dios lo guardará, llevará calma a sus pensamientos y dominio a sus emociones. Obtendrá un sereno valor para vivir aceptando nuestras limitaciones y aplicando respuestas inteligentes a lo que puede ser cambiado, permitiendo así mismo que el gozo del Señor nos abrigue cuando vengan situaciones que no podamos cambiar.

NO ESCLAVOS, SINO HEREDEROS

«Y si ustedes son de Cristo, ciertamente linaje de Abraham son, y herederos según la promesa.
«Pero también digo: Entre tanto que el heredero es niño, en nada difiere del esclavo, aunque es señor de todo; sino que está bajo tutores y curadores hasta el tiempo señalado por el padre». *(Gálatas 3:29; 4:1-2)*.

En esta carta el apóstol Pablo hace una extraordinaria comparación entre la herencia de los creyentes y la herencia que recibe un niño. Sin importar cuánto poder económico tengan sus padres, o la persona que le haya dejado la herencia, el niño no puede disponer de los bienes por su propia voluntad; está sujeto a lo que digan sus tutores y curadores hasta adquirir la mayoría de edad. Puede tener a su nombre inmensas propiedades, puede tener millones en dinero en una cuenta bancaria, pero serán sus representantes legales los que dispongan cuánto se le permite gastar, qué va a comer, cómo se va a vestir. Mientras sea niño, el señor de todo va a tener que vivir como si no fuera dueño de nada. Dice Pablo que por medio de Jesucristo los miembros de la Iglesia hemos pasado a ser del linaje de Abraham, es decir, somos tenidos como parte de su familia y de su pueblo. Por esa razón las promesas que Dios les hizo a Abraham y su descendencia también son nuestras: Dios dijo que lo bendeciría y estaría siempre con él, que acrecentaría sus riquezas *(«Te multiplicaré en gran manera»)*, y que naciones y reyes saldrían de él. Sin embargo, nos pasa como al niño que recibe una herencia, en tanto no crezcamos no veremos el fruto de esas promesas.

ES NECESARIO CRECER PARA DISFRUTAR LA HERENCIA

Sabemos que Jesús enseñaba por medio de historias o fábulas, que conocemos como parábolas. En una de esas parábolas dijo que el Reino de los Cielos es semejante al grano de mostaza que un hombre sembró en su parcela, la cual es la más pequeña de todas las semillas; pero al crecer se convierte en un árbol frondoso, en cuyas ramas hacen nido las aves. (Mateo 13:31-32). Una pequeña semilla puede dar origen a un árbol fuerte, productivo y majestuoso. Así sucede con el pueblo de Dios. ¿Qué se necesita para alcanzar esa estatura?

Un solo grano: Dios no se asombra por las multitudes, Él espera por la semilla capaz de hacer la diferencia. Sabe que un solo grano puede contener en sí todo el poder que se necesita para hacer una revolución en la Iglesia. Usted puede ser quien marque la diferencia, usted puede traer la bendición, la provisión, el alimento para muchos. Únicamente necesita crecer.

Su condición actual no es relevante: No importa cuáles sean sus defectos; si se cree débil para enfrentar los retos, no importa la bajeza de su condición actual. El poder lo da Dios, Él no está limitado por lo que usted es hoy. Dios no está restringido por nuestros temores o carencias, al contrario, un hombre de la talla de Pablo escribió: «Por lo cual, por amor a Cristo me gozo en las debilidades, en afrentas, en necesidades, en persecuciones, en angustias; porque cuando soy débil, entonces soy fuerte». (2 Corintios 12:10). El Espíritu Santo en esa misma carta nos revela que nos basta la gracia del Señor para superarlo todo, pues su poder se perfecciona, precisamente, en nuestra debilidad. (2 Corintios 12:9).

Su condición actual no es relevante: la mayoría de las personas nunca crecen, simplemente, se hacen viejas. Hay tal cantidad de gente que se niega a madurar que, incluso, se acuñó la expresión *«el síndrome de Peter Pan»* para describir a quienes quieren ser niños por siempre. Algunos rasgos que caracterizan una personalidad inmadura son el egoísmo, la rebeldía y la dependencia. El niño es arrogante, se cree el centro del universo, es irresponsable. El niño se mueve al son de sus deseos y sus derechos. Tenemos que dejar de actuar como niños *(ellos ponen carita de lástima, o hacen berrinche para manipular y conseguir sus fines)*, si queremos construir relaciones saludables y gratificantes. Tenemos que dejar de actuar como niños *(ellos gastan todo su dinero en chucherías)* para prosperar económicamente.

Pero, ¿cómo crecemos? ¿De qué forma podemos madurar para hacernos dignos de recibir la herencia?

Comida saludable: El crecimiento solo ocurre cuando el niño recibe alimento. El apóstol Pedro nos aconseja: *«Habiendo, pues, dejado toda maldad, todo engaño, hipocresía, envidia y toda maledicencia, deseen como niños recién nacidos la leche de la palabra no adulterada para que por ella crezcan para salvación»*. **(1 Pedro 2:1-2)**. La Palabra de Dios nos alimenta, fortalece nuestro espíritu, infunde sabiduría; nos capacita para recibir más y mejores bendiciones.

Ejercicio: Los niños necesitan desarrollar los miembros del cuerpo, ensanchar sus pulmones y adquirir experiencias al aire libre. El ejercicio es disciplina para el cuerpo, luego necesitamos disciplinar también el alma y el espíritu; para lograrlo es necesaria la oración; debemos ejercitarnos también identificando qué cosas nos convienen, y buscarlas. Se espera que un niño comience recibiendo leche, en la medida en que crece, le enseñamos a comer otros alimentos hasta que llega el momento en que es capaz de decidir y buscar por sí mismo lo que le hace bien. El Espíritu Santo nos llama la atención sobre el infantilismo espiritual:

> «Debiendo ser ya maestros por el tiempo transcurrido, de nuevo tienen necesidad de que alguien los instruya desde los primeros rudimentos de las palabras de Dios. Han llegado a tener necesidad de leche, y no de alimento sólido. Pues todo el que se alimenta de leche no es capaz de entender la palabra de la justicia, porque aún es niño. Pero el alimento sólido es para los maduros; para los que, por la práctica, tienen los sentidos entrenados para discernir entre el bien y el mal». **(Hebreos 5:12-14).**

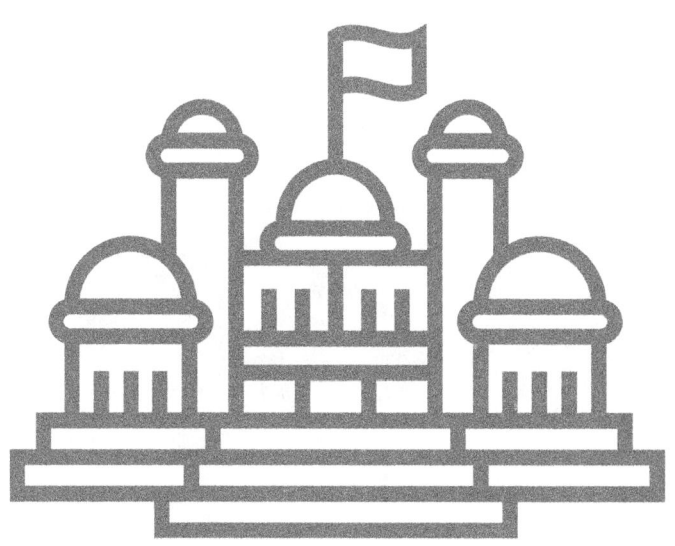

Obediencia: Jesús, siendo niño, se mantenía sujeto a sus padres **(Lucas 2:51)**; siendo adulto se congregaba en la sinagoga en obediencia a la ley de su pueblo, y fue obediente al Padre al aceptar la cruz. Los niños se rebelan contra sus padres, los adolescentes se rebelan contra toda figura de autoridad. Las personas maduras, en cambio, son capaces de respetar a quienes ocupan una mayor jerarquía, y saben ser humildes, sin que por eso sientan que están perdiendo su valor o dignidad.

Comunión con el Padre:

Es Dios quien da el crecimiento, es en íntima relación con Él como alcanzamos la plena madurez espiritual. Dependiendo por completo de Dios, nos volvemos independientes frente al mundo, capaces de dirigir nuestro destino, confiadamente, guiados por su Palabra.

Es, entonces, cuando podemos ser niños de nuevo, no para exigir caprichos o rehuir responsabilidades, sino para hablarle desde el corazón con entera libertad, con gratitud; y para decirle, como Jesús: ¡Abba, Padre!

PENSAMIENTOS DE LIBERTAD

«Pues aunque andamos en la carne, no militamos según la carne; porque las armas de nuestra milicia no son carnales, sino poderosas en Dios para la destrucción de fortalezas, derribando argumentos y toda altivez que se levanta contra el conocimiento de Dios, y llevando cautivo todo pensamiento a la obediencia a Cristo».
(2 Corintios 10:3-5).

La Biblia dice que como es el pensamiento de un hombre, así es él: aunque hable palabras amables o aparente buenos sentimientos, si en su corazón hay malas intenciones así es esa persona **(Proverbios 23:6-7)**. Somos como son nuestros pensamientos, y nuestros pensamientos definen todo lo que hacemos. Una persona puede vivir bajo la esclavitud de pensamientos fatalistas, de odio o de temor; puede hundirse en la depresión cercada por pensamientos de tristeza. O puede sacudirse de su cerebro esa clase de programación, airear su mente y dar cabida a pensamientos buenos y alentadores. Analicemos cómo los pensamientos pueden cambiar el rumbo de una vida.

LA CONDICIÓN ACTUAL

Vamos a retomar el ejemplo de aquella mujer provocadora de milagros, que tenía doce años de estar enferma, y que, en medio de la multitud, se atrevió a acercarse a Jesús, y tocó el borde de su manto. ¿Por qué lo hizo? Dicen los Evangelios: «...porque decía dentro de sí: si tocare solamente su manto, seré salva. Pero Jesús, volviéndose y mirándola, dijo: ten ánimo, hija; tu fe te ha salvado. Y fue salva desde aquella hora». (Mateo 9: 21-22). La condición de esa mujer sabemos que era de enfermedad, pobreza y desánimo. Sabemos que había gastado todo su dinero en consultas con médicos. Si la vida de las mujeres en aquella época era de por sí dura, si sus necesidades y sentimientos no contaban para nada, imagine usted la de esa mujer en particular, que por sufrir de hemorragias (lo que la volvía impura a los ojos de su cultura) tenía que mantenerse al margen de toda actividad familiar y social. Soledad y dolor eran su pan de cada día. Ya había probado tantas cosas que bien pudo decir: así voy a morir, no vuelvo a intentarlo.

EL INICIO DEL CAMBIO

El cambio en las circunstancias de la mujer enferma se inició con un pensamiento: *«Decía dentro de sí»*. Ella pensó que Jesús era su salvación, que podía ser sanada, que aún había esperanza. Pensó en cómo podía ingeniárselas para llegar hasta Él en medio de la multitud; pensó que si al menos pudiera rozar sus ropas obtendría lo que necesitaba. Ese pensamiento se convirtió en determinación, y esa determinación la llevó a alcanzar lo que tanto anhelaba y más. Porque no solo fue sanada. Jesús no se limitó a decirle: tu fe te ha sanado. Le dijo que su fe la había salvado, la salvación va más allá de nuestra condición física y emocional, va más allá de lo que dura nuestra vida en la Tierra. El destino eterno de esa mujer fue transformado, y ese milagro tuvo su origen en un pensamiento que ella abrigó en el alma.

SOMOS LO QUE PENSAMOS

El pasaje de la segunda carta a los corintios con el que iniciamos esta reflexión nos recuerda que los pensamientos son *«armas»*, son parte del *«arsenal»* que usaremos en las batallas espirituales de cada día. Por eso dice que las armas de nuestra milicia no son carnales, es decir, no luchamos con las armas que utiliza el mundo, nuestra guerra es diferente. Es por medio de pensamientos de fortaleza, fe y dominio propio como podremos derribar los argumentos del enemigo, y toda soberbia que se levante contra el conocimiento de Dios. Recuerde que lo que usted piensa define sus acciones, y lo que usted piensa de sí mismo define su poder para crecer. ¡Llénese con lo que dice de usted la palabra indestructible de Dios! Somos lo que nos hemos convencido a nosotros mismos que somos: hemos escuchado tantas palabras negativas sobre nosotros en el hogar, en la escuela, en la Iglesia, en la calle, que eso ha minado nuestra capacidad para creerle a Dios. Pero usted debe tomar una decisión: ¿va a continuar saboteando a la nueva persona que Cristo ha hecho de usted, o va a creer en lo que Dios ha declarado que usted es, que usted tiene y que usted puede hacer?
En la medida en que conocemos más al Padre, nos sentimos más seguros, fuertes y capaces. Hay murallas de rebeldía, de enfermedad, de miseria, de baja autoestima, de envidia, de celos, que están en nuestra mente, las cuales necesitamos destruir.

Esas fortalezas se derriban en el nombre de Jesús, con llevar los pensamientos cautivos en obediencia a Cristo. En el **capítulo 6** de la carta a los efesios también se nos instruye acerca de la clase de lucha que enfrentamos los creyentes. Es necesario saber que en el mundo se libra una guerra, porque no puede vencer quien desconoce los planes y trampas del enemigo.

PENSAR LA PALABRA

Aconsejaba el apóstol Pablo a la Iglesia: *«Tomen el casco de la salvación y la espada del Espíritu, que es la Palabra de Dios»*. **(Efesios 6:17)**. Para fortalecernos espiritualmente necesitamos estudiar la Biblia; meditar en su mensaje; traer luz a nuestro presente por medio de sus promesas; escuchar las enseñanzas de quienes nos instruyen acerca de la sana doctrina. *«Tu palabra es lámpara a mis pies y lumbrera a mi camino»*, dice el salmista **(Salmos 119:105)**. Si estamos llenos de la Palabra de Dios ella va a acudir en nuestra ayuda cuando tengamos que tomar decisiones importantes, ella nos apartará del error y la maldad, y nos enseñará lo que es justo.

Es necesario producir pensamientos que procedan del conocimiento de Dios para alcanzar metas más altas, para ponernos en sintonía con los planes que Él tiene para nosotros. Pero en ese camino enfrentaremos resistencia, el enemigo no quiere que ese conocimiento nos alimente; para eso utiliza nuestros propios temores y nuestra mente. ¿Cómo derribaremos los argumentos del maligno? Oponiendo a ellos los pensamientos de Dios. Y Dios ha dicho a su pueblo: *«Porque yo sé los pensamientos que tengo acerca de vosotros, pensamientos de paz, y no de mal, para daros el fin que esperáis»*. **(Jeremías 29:11).**
Esa palabra le fue enviada a través del profeta al pueblo de Israel, que se encontraba cautivo en Babilonia. En ese capítulo Jeremías

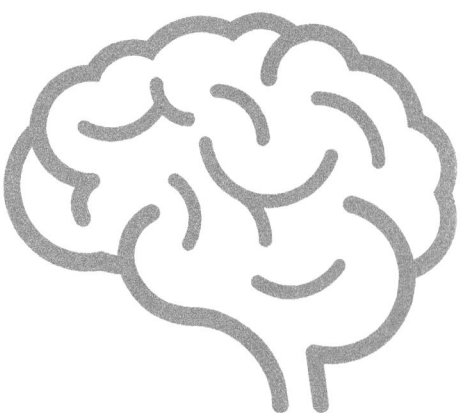

les anunciaba que 70 años después Dios los traería de regreso a su tierra, que Dios tenía propósitos de bienestar y progreso para ellos. ¿Usted cree que si Dios nos manda decir que en unas cuantas décadas vamos a ser bendecidos, lo vamos a recibir con aplausos? Nuestra idea de bendición es la misma que tenemos en la actualidad para todas las cosas: obtener lo que queremos de manera instantánea, con el menor costo posible. Pero en Dios no funciona de ese modo. Dios cumple sus promesas, Él nunca nos fallará; pero su voluntad tiene un tiempo para cumplirse, que no es el mismo que nosotros pensamos que debería ser. Porque sus pensamientos no son como los nuestros. Él está asegurándose de que cumplamos con un fin superior, más alto y más importante que nuestros deseos personales. Así, la mujer que tocó el borde del manto de Jesús nos habla a través de los siglos, un instante en su vida ha sido motivo para dar fortaleza, consuelo y esperanza a millones de personas que hemos leído el relato de ese milagro.

Usted también está cumpliendo un propósito sublime en el inmenso plan del Creador. Llénese con la Palabra de Dios, no permita que se queden a vivir en usted ideas de derrota, de odio, de violencia o de maldad. Traiga cautivos los pensamientos que le atacan, sujételos a Cristo, dígales que «no puedo», o «es demasiado para mí» son ideas desterradas de su mente.

Joel 3:10 nos da un mensaje hermoso: *«Forjad espadas de vuestros azadones, lanzas de vuestras hoces; diga el débil: fuerte soy»*. Dios nos ha revestido de poder para librar esa batalla, ese poder se manifiesta en lo que hablamos. Hable la palabra, piense la palabra, se dará cuenta de cómo esa palabra lo transforma, lo hace fuerte donde usted se sentía débil; lo hace valiente donde usted se pensaba cobarde; lo llena de alegría donde usted se creía derrotado.

30
GENERACIÓN INSATISFECHA

«Vino, pues, la palabra del Señor por medio del profeta Hageo, diciendo: '¿Acaso es tiempo de que ustedes habiten en sus casas enmaderadas mientras que esta casa está en ruinas?'. Así ha dicho Jehová de los ejércitos: 'Reflexionen acerca de sus caminos. Han sembrado mucho, pero han recogido poco; comen, pero no se sacian; beben, pero no quedan satisfechos; se visten, pero no se abrigan; y el jornalero recibe su jornal en bolsa rota'.

«Así ha dicho Jehová de los ejércitos: 'Mediten sobre sus caminos. Suban al monte, traigan madera y reedifiquen el templo. Yo tendré satisfacción en ello y seré honrado, ha dicho el Señor. Pero ustedes buscan mucho y hallan poco; y lo que llevan a casa, de un soplo yo lo hago desaparecer. ¿Por qué?, dice el Señor de los ejércitos. Porque mi casa está desierta, mientras que cada uno de ustedes se ocupa de su propia casa. Por eso, por causa de ustedes, los Cielos retuvieron la lluvia y la tierra retuvo su fruto'.

«Entonces, Hageo, mensajero de Dios, habló al pueblo con el mensaje del Señor, diciendo: 'Yo estoy con ustedes, dice el Señor'».
(Hageo 1:3-10; 13).

Vivimos en medio de una generación insatisfecha. La satisfacción es un estado de ánimo caracterizado por sentimientos de contento, confianza y seguridad. El verbo satisfacer se define como el 'acto de saciar un apetito, una pasión o un deseo'. Nuestro tiempo está marcado por la insatisfacción: nadie se siente saciado, a pesar de que la humanidad cuenta hoy con la mejor tecnología, mejor calidad de los servicios de salud, educación, comunicaciones, que nunca antes, y una mayor esperanza de vida.

EL PROBLEMA QUE NOS AQUEJA

Para satisfacer un deseo primero hay que tener el deseo. ¿Será la falta de metas y propósitos lo que determina ese estado de insatisfacción generalizada? Porque hay gente en el mundo que se conforma con vegetar día tras día. No anhela nada, no se esfuerza por nada. Sin embargo, esa no es la única razón de tanto insatisfecho que anda suelto. El ser humano tiene un problema que trasciende nuestra época, que forma parte de nuestra naturaleza caída. Proverbios 27:20 dice: *«El sepulcro y la muerte nunca se sacian, y los ojos del hombre jamás están satisfechos»*. El descontento ha tenido su lado bueno, porque las personas logran escalar mejores posiciones, tener mayor bienestar; y siempre quieren más, lo cual las mueve a seguir avanzando. Sin embargo, esa misma condición es la causa de que no tengamos paz ni contentamiento, y de que lo sacrifiquemos todo -la relación de pareja, a los hijos, la salud- para seguir atesorando bienes, o títulos, o fama, sin que eso nos proporcione felicidad. Y no estamos nunca satisfechos. La sabiduría de la Palabra también nos advierte: *«El que ama el dinero, no se saciará de dinero; y el que ama el mucho tener, no sacará fruto»*. **(Eclesiastés 5:10)**. Y agrega algo más: *«Dulce es el sueño del trabajador, haya comido mucho o haya comido poco; pero al rico no lo deja dormir la abundancia»*. **(Eclesiastés 5:12)**. De nada sirve producir y guardar mucho, si no tenemos alegría ni paz para disfrutar lo que Dios nos ha permitido alcanzar.

Hasta en la Iglesia vemos gente que no tiene ninguna satisfacción con lo que hace, el lugar donde vive ni la forma en que le sirve a Dios. No están contentos con su vida familiar, su trabajo y su situación económica. Hay amargura, desánimo, aburrimiento mortal; incluso en la casa de Dios.

¿Qué es lo que pasa? El pasaje que citamos al inicio nos ubica en un momento histórico: el pueblo de Israel después de un largo destierro en Babilonia ha regresado a la tierra de sus antepasados. Como es natural todos se ocuparon de reconstruir sus casas, trabajar sus fincas y cultivar de nuevo sus dominios. Pero hay un sentimiento de tristeza y desánimo, en lugar de la alegría que cabría esperar luego de ser liberados. Hageo le dice al pueblo de parte de Dios: mediten, ¿por qué sucede eso? El profeta les hace ver que aunque han sembrado mucho, recogen poco; tienen comida abundante, pero no se sacian; beben, pero no quedan satisfechos; tienen con qué vestirse, pero no se sienten abrigados; y el trabajador percibe como si recibiera su jornal en saco roto, porque no le queda nada de lo que le pagan. Hageo 1:6 es un cuadro de insatisfacción y de escasez que muchos hemos experimentado. Por otra parte, parece un relato sacado de la situación de la Iglesia de hoy.

LOS MOTIVOS DE LA INSATISFACCIÓN

El Señor dice unas duras palabras: lo que tanto guardan en sus casas lo disiparé de un soplo **(versículo 9)**. ¿Por qué nos cuesta tanto recordar que todas las bendiciones que hemos recibido son frágiles, y que podemos perderlas fácilmente, si no nos movemos según la voluntad de Dios?

Dios deseaba que reconstruyeran su casa, porque el templo estaba en ruinas y desierto, lo cual denota que los habitantes de Jerusalén no se estaban reuniendo a adorarlo a Él. Quería poner su gloria en medio del pueblo, y esa sigue siendo su voluntad:

- El deseo del corazón de Dios es siempre el mismo, poner su tabernáculo en medio de su gente. Dios ama a su pueblo, desea revelarse a los suyos.

- La tragedia que enfrentamos es que a pesar del deseo de Dios, el pueblo tiene otro sueño: cada uno quiere construir un lugar bonito dónde vivir, con techos artesonados y con hermosos aposentos. Nadie quiere acordarse de la necesidad del otro, o de los deseos de Dios.

- Todos quieren estar mejor, tener salud, oro y plata y recibir milagros. Todos quieren ver el crecimiento en su vida personal, pero nadie quiere cumplir el deseo del Padre; así en los tiempos de Hageo como en nuestros días.

- El Señor les reclama: *«cada uno de ustedes corre a su propia casa, mientras mi casa está desierta»*. Esa es la razón por la que, aun si ustedes logran reconstruir sus viviendas y sus vidas, no tienen alegría, no se sienten satisfechos; porque han desatendido el deseo del Padre.

LA SOLUCIÓN

La orden de Dios es muy clara: levanten mi casa y yo levantaré las de ustedes. *«Si Jehová no edificare la casa, en vano trabajan los que la edifican».* **(Salmo 127:1)**. Dejen que Jehová edifique, o si no el trabajo que hacen será en vano. Dios dijo: traigan madera, traigan los materiales para construir la casa de Dios, traigan gente para edificar la Iglesia, y Dios pondrá su voluntad en ellos. No nos hagamos sordos al llamado del Padre, Él nos envió a su Hijo para que nadie se pierda, pero ¿cómo conocerán si nadie les habla? Pregunta Pablo: *«¿Cómo invocarán a aquel en el cual no han creído? ¿Y cómo creerán en aquel de quien no han oído? ¿Y cómo oirán si no hay quién les predique?».* **(Romanos 10:14)**.

> *No hay forma de encontrar satisfacción plena ni alegría duradera, si no estamos haciendo lo que nos encomendó el Señor. Vivamos para cumplir el sueño de Dios, y Dios cumplirá su sueño. Tengamos presentes las enseñanzas de la Biblia: la falta de prosperidad está íntimamente relacionada con la falta de compromiso con la obra de Dios.*

Pero Dios siempre nos llama a arrepentirnos y a enderezar los caminos. Si usted se arrepiente hoy, hoy mismo puede iniciar un proceso de bendición y saciedad, en todas las áreas de su vida, como nunca antes lo ha visto.

31

ADORADORES

«Estando él en Betania, sentado a la mesa en casa de Simón, el leproso, vino una mujer que tenía un frasco de alabastro con perfume de nardo puro de gran precio. Y quebrando el frasco de alabastro, lo derramó sobre la cabeza de Jesús. Pero había allí algunos que se indignaron entre sí y dijeron: ¿Para qué se ha hecho este desperdicio de perfume? Porque podría haberse vendido este perfume por casi un año de salario, y haberse dado a los pobres.

«Y murmuraban contra ella, pero Jesús dijo: Déjenla. ¿Por qué la molestan? Ella ha hecho una buena obra conmigo. Porque siempre tienen a los pobres con ustedes, y cuando quieren les pueden hacer bien, pero a mí no siempre me tendrán. Ella ha hecho lo que podía, porque se ha anticipado a ungir mi cuerpo para la sepultura. De cierto les digo que dondequiera que sea predicado este Evangelio en todo el mundo, también lo que esta ha hecho será contado para memoria de ella».
(Marcos 14:3-9).

¿Recuerda la historia de la mujer samaritana? La encontramos en el **capítulo 4** del Evangelio de Juan. Jesús se había sentado junto al pozo, era casi mediodía, y estaba sediento, cuando llegó esa mujer a sacar agua. Deducimos que no era muy querida en el pueblo, porque, en lugar de ir con sus vecinas para ayudarse y conversar, ella iba sola a sacar agua a la peor hora del día, cuando había más calor, para no encontrarse con nadie. A través de su conversación con Jesús nos enteramos que cinco veces se habían divorciado de ella: cinco veces la habían repudiado, porque la ley de su época solo permitía al hombre divorciarse de la mujer. Y el sexto hombre, con el que vivía, no era su marido, lo cual nos lleva a concluir que él ni siquiera se había querido casar con ella *(ahora entendemos por qué no iba con sus vecinas al pozo)*. Era, además, samaritana. Eran tiempos en los que la gente de Samaria sufría una discriminación odiosa, al extremo de que los judíos no les dirigían la palabra. ¿Podríamos pensar en una persona más rechazada y menospreciada que esa mujer? Sin embargo, fue digna de la atención de Jesús. Él no necesitaba pasar por esa aldea para llegar a su destino, decidió cruzar por Samaria para encontrarse con ella en el pozo. Él siempre escoge el camino que le permitirá encontrarse con nosotros. Jesús está dispuesto a pasar por donde tenga que pasar para llegar a usted, para darle una nueva finalidad a su vida.

ADORACIÓN ES INTIMIDAD

En su conversación con aquella mujer, Jesús le dijo algo importante: el Padre busca adoradores que le adoren en espíritu y en verdad. **(Juan 4:23)**. Pero ¿qué significa adorar en esa forma? Jesús mismo explicó que no consistía en congregare en determinado lugar: *«Ni en este monte ni en Jerusalén adorarán al Padre»*. La adoración no está, entonces, condicionada por el sitio donde nos encontramos. Algunos piensan que adorar es danzar para el Señor, o cantar ciertas canciones que tienen un movimiento apacible. La adoración, en realidad, es una actitud de la mente, el alma y el espíritu. Si usted ha logrado vivir un momento de intimidad con el Señor sabrá de qué se trata, y haya música o no haya música, se siente el gozo de adorarlo con libertad.

¿CÓMO VIVIR EN ÍNTIMA RELACIÓN CON DIOS?

Si a usted le gusta bailar, puede alegrarse bailando; aunque no sepa quién es su pareja; puede aplaudir al son de su música predilecta y sentirse eufórico en medio de la multitud, aunque no sepa quiénes son los que aplauden con usted; puede apasionarse viendo un partido de fútbol, y abrazar a la persona que celebra el gol a su lado, aunque no sepa ni su nombre. ¡Pero un momento de intimidad es otra cosa! Y ese momento usted no lo pasa con cualquiera. Puede ser que usted esté solo con Jesús, o rodeado de un montón de gente que también tiene sed de Dios, pero ese momento de comunión con el Padre es única para usted.

La adoración a Dios es lo más importante en nuestra relación con el Padre, y es algo que nace de lo profundo del corazón. Podemos tener esa cercanía con el Señor cada vez que queramos, si solamente abrimos la puerta y le permitimos entrar; si deponemos nuestras defensas y nos mostramos ante Dios con total sinceridad.

En la Biblia encontramos la historia de otra mujer que se destaca como una adoradora apasionada. **Marcos 14:3-9** relata el episodio en que María de Betania unge a Jesús con un perfume muy costoso *(sabemos su identidad, porque lo revela el Evangelio de Juan, capítulo 12)*. Quienes estaban presentes allí murmuraban y juzgaban. Decían que ¡aquello era un desperdicio! El perfume costaba más de 300 denarios, y bien podía venderse y repartirse el dinero entre los pobres, según comentaban. Pero lo que ella hizo, como dijo el Señor, ha sido recordado en el mundo entero. Su gesto nos enseña algunas cosas con respecto a la adoración:

ELLA TIENE ALGO VALIOSO PARA JESÚS, Y LO DA SIN MEDIDA

El valor del perfume que derramó sobre Jesús equivalía al salario de un año. María toma el vaso, que también era muy fino, y lo quiebra; le está diciendo a Cristo: yo no me guardo nada para mí, ¡te lo doy todo! Lo más valioso que tengo, eso te doy. Y dice la Escritura que la casa se llenó de perfume: esa mujer dio sin recato, derramó su nardo. Esa es la clase de adoración que busca Dios, una en la cual no nos guardemos nada para nosotros. Una cuyo perfume se esparza a nuestro alrededor. La verdadera adoración cambia nuestra vida, y mueve la mano del Padre; es una adoración que quiebra el molde, que no mide las horas ni se fija en lo que va a obtener a cambio, ni en cómo está adorando el de la par. Es una adoración que da todo de sí.

ELLA SABÍA LO QUE HACÍA

La adoración apasionada es vista por algunos como un ridículo, o una locura, tal como lo pensaron quienes observaban a la mujer que derramó el perfume. **2 Tesalonicenses 3:2** dice: *«Porque no es de todos la fe»*. La gente que adora a Dios sabe lo que hace, y sabe que no todos tienen la misma actitud, pero no le importa. Sabe que otros piensan que es un desperdicio de tiempo, de ofrendas, de vida, ¡pero no le importa! No está actuando a ciegas, no es arrastrada por la manipulación, es consciente de su entrega. Puede haber cometido errores muy graves, pero eso no le roba su momento de intimidad con Dios, porque es gente decidida a entregar el corazón. Algunos no se sienten dignos de adorar a Dios, se acomplejan por sus pecados, y terminan siendo indignos de esa adoración. Quienes adoran en espíritu y en verdad no se creen más virtuosos, o más buenos que otra gente, tienen tan claro que no son dignos de la bendición que reciben, y eso los mueve a adorar con mayor gratitud, porque a quien se le perdona mucho, mucho ama. **(Lucas 7:47)**.

ELLA HIZO LO QUE PODÍA

Jesús dijo: *«¿Por qué la molestan? Esta ha hecho lo que podía»*. El adorador hace lo que puede, da todo lo que puede, lo mejor de sí. Ya sea al alabar a Dios con canciones, al orar, al ofrendar, al prestar sus manos para limpiar las sillas de la Iglesia. Los adoradores hacen tanto como pueden, pero nunca se quedan sin hacer. ¿Qué es lo que usted tiene? Ponga eso al servicio de Dios, hágalo con amor. Dios no nos pide cosas imposibles, nos pide hacer lo que podemos; y si ponemos en eso nuestro mejor empeño, estaremos adorando con todas nuestras fuerzas.

LOS ADORADORES DEJAN HUELLA

«Dondequiera que se predique este Evangelio, en todo el mundo, se contará lo que ella hizo, para memoria de ella». Cuando usted adora a Dios en espíritu y en verdad, vence las limitaciones del tiempo, trasciende y va más allá de lo que todos esperan. Usted deja algo de su espíritu en la vida de otras personas, en la historia de la Iglesia. Dios promete que se tendrá memoria de quienes así adoren. Esa mujer será recordada por una razón sencilla: porque estuvo dispuesta a adorar al Señor con lo mejor que poseía.

32
ACERCA DE LA UNCIÓN

«En cierta ocasión una mujer importante de Sunén invitó a Eliseo a comer en su casa. Y cada vez que Eliseo pasaba por allí, la mujer le insistía que se quedara a comer. A su marido le dijo: '¿Sabes de qué me he dado cuenta? ¡Pues de que este hombre que siempre pasa por nuestra casa es un santo varón de Dios! Debiéramos hacerle un pequeño aposento en la azotea, y poner allí una cama y una mesa, y una silla y un candelero, para que cuando pase por aquí pueda quedarse con nosotros'.
«Un día en que Eliseo pasó por allí, se quedó a dormir en ese aposento, pero le dijo a Guejazí, su criado: 'Llama a la sunamita'.

«Guejazí la llamó, y cuando ella se presentó ante Eliseo, este, dirigiéndose a Guejazí, dijo: 'Esta mujer ha sido muy amable con nosotros. Pregúntale qué quiere que haga yo en su favor. ¿Necesita que hable por ella al rey, o al general del ejército?'.

«Y la mujer respondió: 'En medio de mi pueblo, yo vivo como una reina'.
«Pero Eliseo insistió: 'Entonces, ¿qué podemos hacer por ella?'.

«Y Guejazí respondió: 'Su marido ya es anciano, y ella no tiene hijos todavía'.

«Eliseo le ordenó, entonces, a su criado que la llamara. Guejazí la llamó y, cuando ella se detuvo en la puerta, Eliseo le dijo: 'Dentro de un año, por estos días, tendrás un hijo en tus brazos'.

«Pero ella protestó: ¡No, mi señor, varón de Dios! ¡No te burles de esta sierva tuya!'.
«Sin embargo, la mujer concibió, y un año después, por el tiempo que Eliseo le había dicho, dio a luz un hijo». **(2 Reyes 4:8-17)**.

Unción es una palabra que usamos mucho los cristianos evangélicos, pero en otros medios no es un vocablo de uso cotidiano. El hecho de que sea una palabra tan repetida entre nosotros, no quiere decir que tenga un sentido claro. Las palabras son útiles en la medida en que representan algo para un grupo de personas que tienen en común ciertos códigos para comunicarse. Pero cuando decimos **unción** ¿hay un significado compartido por toda la Iglesia de Cristo? ¿Qué entendemos por unción?

Cuando hablamos de **unción** no estamos pensando en personas que gritan, se revuelcan en el suelo o simulan tener convulsiones para mostrar que las ha tocado la mano de Dios. No hablamos de predicadores que vociferan desde el púlpito, zapatean y manipulan a la gente crédula. La unción no consiste en practicar danza hebrea, con vestidos de velos y ropas de otra época. En eso, que la gente interpreta como **unción**, hay modas que vienen y van; lo que hoy consideramos bueno para alabar a Dios, en otro tiempo habría escandalizado a muchos. Pero ninguna de esas cosas es **unción**.

LA UNCIÓN CAPACITA PARA BENDECIR

La unción es una capacitación dada por Dios para desarrollar una tarea específica. Es el talento que él nos transmite para realizar en un momento histórico lo que Él nos mandó a hacer. No es una virtud humana, es un poder que viene de Dios. Cuando Jesús iniciaba su predicación leyó el libro del profeta Isaías donde dice: «*El Espíritu del Señor está sobre mí. Me ha ungido Jehová para proclamar buenas noticias a los pobres...*». **(Lucas 4:18)**. La unción tiene un propósito, se nos da para hacer. Es una aptitud que recibo del Espíritu Santo para actuar a favor de otros, un poder que me permite bendecir a otra gente.

El **versículo 8** de nuestra historia habla de una mujer importante, influyente y poderosa. Ella notó que Eliseo solía pasar por allí, y hubo algo en el profeta que captó su atención. ¡Ella reconoció la unción que había en el profeta! La historia nos enseña cuatro actitudes que debemos tener ante la unción para ver resultados extraordinarios:

1 | La unción debe ser celebrada

Ese era un hombre ungido por Dios, iba a Sunén por un motivo. La mujer intuye que hay algo especial en él, puede ver más allá de su apariencia. Eso la motiva a darle un trato especial, lo que, a la larga, le deparó a la sunamita el favor sobrenatural de Dios. ¿Qué hizo ella por Eliseo? La Escritura dice que lo invitaba insistentemente a comer en su casa. Comer juntos es una forma de celebración, ella quería agasajarlo. Las personas que hacen un trabajo para Dios no son superiores a los demás, pero han sido capacitadas por Dios para prestar un servicio. Eliseo era una persona de mal carácter, vestido como un profeta, que recorría los caminos, no como un hombre de elevada condición social, como los que esa mujer solía tratar. Pero ella lo recibía en su casa. En realidad no estaba celebrando a Eliseo, sino la unción que había en Eliseo. La mayoría de los creyentes no ve cosas extraordinarias en su vida, porque no son capaces de ver nada extraordinario en la vida de los demás; no reconocen el don que otros tienen. Cuando Jesús llegó a Nazaret, donde siempre había vivido, y comenzó a enseñar en la sinagoga, la gente que lo escuchaba se admiró. Dice el Evangelio que comentaban: «*No es este el carpintero, hijo de María, hermano de Jacobo, de José, de Judas y de Simón? ¿No están también aquí con nosotros sus hermanas?»*. **(Marcos 6:3)**. ¡Ellos no podían creer que quien había sido un vecino más del pueblo tuviera tal unción! Pidamos a Dios que nos dé la cualidad de apreciar a los que él ha escogido para su servicio. Cuando alguien predica por primera vez, ¡celébrelo! Si una persona canta en la reunión, ¡celébrela! A quienes hacen la limpieza, o cuidan los bienes de la Iglesia, ¡celébrelos! Aplauda las aptitudes de cada hermano que está sirviendo a Dios, aun en las tareas más humildes.

2 | La unción debe ser reconocida

La sunamita dijo a su esposo: *«Yo entiendo que este que pasa por nuestra casa, es varón santo de Dios»*. Supo que no era un hombre común, que había algo especial en él. Necesitamos, como esa mujer, aprender a reconocer a las personas ungidas por Dios en la congregación. Esas personas son una bendición, Dios las puso allí para hacer algo a favor de su Iglesia: limpiar los baños, cortar el césped, manejar los equipos durante la celebración, o predicar. Más aún: no se limite a reconocer a quienes sirven, comprométase usted también: recoja la basura, proteja las instalaciones de la Iglesia, cuide las sillas donde se sientan los santos. Nosotros somos hombres y mujeres ordinarios en quienes habita un Dios extraordinario. Aprendamos a reconocer a quienes trabajan por el Reino de los cielos, a ser considerado con ellos y a respetar el don de Dios que en ellos se manifiesta.

3 | La unción debe ser honrada

Cuando usted es un miembro más de la Iglesia hay cosas que puede hacer, libertades que puede darse, procedimientos que quienes sirven no se pueden permitir. Usted puede quedarse en la casa un domingo, puede irse a la playa con su familia, puede retirarse del culto si algo le molesta. Hay personas que por su papel en la congregación deben sacrificar sus deseos personales: levantar el ánimo de otros, aunque se sientan mal; predicar, aunque estén cansados; saben que no pueden fallar, sobre sus hombros se sostiene la obra. Quienes entienden eso honran a aquel que tiene la unción. Honrar es enaltecer, premiar las virtudes de alguien, agasajar a una persona. Honrar es recompensar a quien merece honor, lo cual se puede hacer con una sonrisa, una palabra de aliento, una cena, un regalo, un aplauso.

4 | La unción debe ser financiada

Es importante observar la forma en que la mujer de Sunén le habló a su esposo: «Yo te ruego que hagamos un pequeño aposento, y pongamos allí cama, mesa, silla y candelero, para que cuando él venga a nosotros se quede allí». (Versículo 10). Tuvo la iniciativa, pero involucró a su esposo, lo hizo partícipe de su idea. También destaca el hecho de que no se contentó con ofrecerle una cama al profeta en algún rincón de la casa, sino que se propuso hacerle una habitación y amoblarla con todo lo necesario para que el hombre de Dios estuviese cómodo. Su gesto nos dice: si voy a hacerlo, voy a hacerlo bien. Esa mujer comprendió, sin que Eliseo se lo pidiera, que era necesario proveer para el desarrollo de su ministerio. El mismo Jesús tenía toda una organización a su alrededor, contaba con tesorero entre sus discípulos, porque el Reino de los Cielos tiene que ser sostenido. Las mujeres han recibido un don especial para intuir las necesidades de la Iglesia y poner sus recursos en acción, así lo relatan los Evangelios: «Aconteció después, que Jesús iba por todas las ciudades y aldeas, predicando y anunciando el Evangelio del Reino de Dios, y los doce con Él, y algunas mujeres que habían sido sanadas de espíritus malos y de enfermedades: María, que se llamaba Magdalena, de la que habían salido siete demonios; Juana, mujer de Chuza, intendente de Herodes; y Susana, y otras muchas que le servían con sus bienes». (Lucas 8:1-3). Jesús tenía un presupuesto, se alimentaba a quienes lo seguían, se cubrían sus gastos. La Iglesia no puede sobrevivir sin dinero, hay salarios que pagar y servicios por cubrir; con amor no se pagan las cuentas, y con alabanzas no se come. La Iglesia necesita más que un techo, necesita micrófonos, instrumentos para los músicos, pantallas, cumplir con las exigencias sanitarias de la comunidad y brindar un servicio excelente a los creyentes. Todos queremos buenas iglesias, con la mejor música, la mejor doctrina, la mejor tecnología, pero a veces olvidamos que el sostén económico nos corresponde a nosotros. La unción tiene que ser financiada. Dios previó una forma de cubrir las necesidades de su Iglesia: a través de los diezmos y las ofrendas.

Eliseo era un hombre depresivo, tendiente a la ira, se burlaba de otros profetas, así lo retrata la Biblia.

No debemos confundir a la persona con la unción que hay en ella. El ser humano está lleno de defectos, pero es la unción la que debe ser respetada, reconocida y celebrada. Lo que hacemos para honrar a quienes sirven es como si lo hiciéramos para el mismo Dios.

33
LA FELICIDAD Y LAS DECISIONES

«En Ramatayín de Sofín, de los montes de Efraín, vivía un varón llamado Elcana, hijo de Jeroán, que era descendiente en línea directa de los efrateos Eliú, Tohu y Suf. Elcana tenía dos mujeres, una de ellas se llamaba Ana, y la otra, Penina. Esta tenía hijos, pero no así Ana. Todos los años Elcana salía de su ciudad para ir a Silo a adorar allí al Señor de los ejércitos. Allí oficiaban como sacerdotes Jofní y Finés, hijos de Elí. Al llegar el día en que Elcana ofrecía sacrificio, les daba su parte a Penina, su mujer, y a todos sus hijos, pero a Ana le daba la mejor parte, porque la amaba, aunque el Señor no le había concedido tener hijos. Pero Penina la molestaba, y la hacía enojar hasta entristecerla, porque el Señor no le había concedido el tener hijos. Y cada año era lo mismo: Penina se burlaba de Ana cada vez que iban a la casa del Señor, y, por lo tanto, Ana lloraba y no comía.

«Un día, Elcana le preguntó: 'Ana, ¿por qué lloras? ¿Por qué no comes? ¿Por qué estás afligida? ¿Acaso yo no soy para ti mejor que diez hijos?'. Y Ana se levantó, después de comer y beber en Silo. El sacerdote Elí estaba sentado en una silla, junto a un pilar del templo del Señor. Entonces, ella oró, y lloró al Señor con mucha amargura, y le hizo un voto. Le dijo: 'Señor de los ejércitos, si te dignas mirar la aflicción de esta sierva tuya, y te acuerdas de mí, y me das un hijo varón, yo te lo dedicaré, Señor, para toda su vida. Yo te prometo que jamás la navaja rozará su cabeza'.

«Y mientras ella oraba largamente delante del Señor, Elí la observaba mover los labios. Es que Ana le hablaba al Señor desde lo más profundo de su ser, y sus labios se movían, pero no se oía su voz; así que Elí creyó que estaba ebria. Entonces, le dijo: '¿Hasta cuándo vas a estar ebria? Digiere ya tu vino'.

«Pero Ana le respondió: 'No, señor mío; no estoy ebria. No he bebido vino ni sidra. Lo que pasa es que estoy muy desanimada, y vine a desahogarme delante del Señor. No pienses que tu sierva es una mujer impía. Es tan grande mi congoja y mi aflicción, que hasta ahora he estado hablando'.

«Elí le respondió: 'Vete en paz, y que el Dios de Israel te conceda lo que le has pedido'.
«Y ella respondió: 'Espero que veas con buenos ojos a esta sierva tuya'.
«Ana se fue de allí, y comió, y no estuvo más triste».
(1 Samuel 1:1-18).

La mujer de esta historia es la madre del profeta Samuel. Dios respondió su clamor por medio del sacerdote Elí, y Ana no solo tuvo un hijo que dedicó a servir a Dios. La Biblia dice que después tuvo otros tres hijos y dos hijas. En el momento en que sucedió ese hecho Ana era una mujer que tenía todos los motivos del mundo para estar deprimida. Veamos cuáles eran los conflictos que la acosaban:

- Su esposo tenía otra mujer, Penina.

- Ana era estéril -y eso era visto como una señal de maldición-, mientras que la otra mujer sí tenía hijos de su marido.

- Ana era maltratada y humillada por Penina, que se burlaba de ella por ser estéril.

- Incluso cuando se presentó al templo para orar, Ana fue mal interpretada y juzgada, el sacerdote pensó que estaba ebria.

Dice la Escritura que Ana lloraba, y no comía, porque su alma estaba llena de amargura. ¿Cómo no iba a sentirse afligida con una situación personal y familiar como esa? Pero Ana es una mujer que nos inspira, porque supo tomar decisiones sabias, que le permitieron salir de la depresión:

1 | No se resignó

Ana tenía el amor de Elcana, pero ella quería un hijo. Su esposo se presenta como un hombre justo, cariñoso, que no la culpaba por ser estéril, más bien le decía: ¿No soy para ti mejor que diez hijos? Pero ella se resistió a aceptar su situación, soñaba con un hijo, y dio su batalla. Los que creen que ya lo tienen todo dejan de luchar, y al final resultan ser los más miserables de los mortales. Cuando usted desea algo mejor, no se conforme, siga creyendo, siga deseando, tenga hambre de los frutos que no ha visto aún. Jesús dijo una vez: «*Bienaventurados los que tienen hambre y sed de justicia, porque ellos serán saciados*». **(Mateo 5:6).**

2 | Llevó sus quejas al lugar correcto

Ana buscó consuelo en Dios. La Biblia dice que oró y lloró al Señor. Usted no logra nada quejándose con la gente del barrio, con los compañeros de oficina, con cada uno de sus parientes. Deje de atosigar a todos con sus tragedias, cuando usted le anda contando sus problemas a todo el mundo crea una atmósfera negativa a su alrededor. Si necesita consejo, escoja con cuidado a la persona a quien va a confiarle su situación; que sea alguien que puede orar con usted, edificarle y hablarle con franqueza. Pero, ante todo, lleve sus quejas delante de Dios, que es fiel para escuchar, ministrar paz y responder en el momento oportuno.

3 | Entró en una relación de pacto con Dios

Ana hizo una promesa a Dios, celebró un pacto que ella estaba dispuesta a cumplir. Prometió al Señor que si le daba un hijo se lo dedicaría, por eso dijo: «*No pasará navaja sobre su cabeza*». Ese era un signo de los nazareos, personas consagradas al Señor. Y siendo Samuel un niño, su madre lo entregó los sacerdotes para que sirviera en el templo. Usted puede ver a su alrededor que las personas quieren muchas cosas, pero pocas están dispuestas a entrar en un pacto con Dios, y cumplirlo. Creemos que podemos hacer promesas, y romperlas sin ninguna consecuencia. Cuando estamos aburridos, o cansados de luchar, revelamos la fragilidad de nuestros votos, en las relaciones de pareja, con los amigos, al firmar un contrato, al apuntarnos para colaborar en un proyecto de la Iglesia e incluso al comprometernos con Dios.

Por otra parte, tome en cuenta que si bien Ana acudió a Dios para desahogarse y clamar por un hijo, no se quedó esperando el milagro para empezar a ser feliz. Cuando ella volvió a su casa ahí estaba la otra mujer, y Ana no tenía nada todavía; sin embargo, la Biblia dice que se levantó, comió y dejó de estar triste en cuanto salió del templo. No dice que estaba ansiosa, temerosa de que no se cumpliera lo que le anunció el sacerdote Elí; no dice que siguió orando y llorando al llegar a su casa. ¿Cómo logró superar su estado de amargura?

OYÓ LA PALABRA DE DIOS

Como lo enseñan muchos otros pasajes de la Biblia, lo que cambia sus circunstancias es una Palabra de Dios de la cual usted se apropia. Ana no recibió un largo discurso, una consejería de muchas horas, el sacerdote solamente dijo: *«Vete en paz, y que el Dios de Israel te conceda lo que le has pedido»*. Pero ella escuchó esa palabra, que produjo una revolución en su espíritu.

Llénese con la palabra indestructible de Dios, confiese con su boca que lo que Dios le ha dicho es verdad, declare que así será hecho en su vida. ¡Tarde o temprano verá los frutos! Pero, mientras se cumple lo que usted ha confesado, aprenda a tener paz, y alégrese en el Señor.

Nuestra dicha, al fin de cuentas, no depende de que llegue aquello que pedimos, y por lo cual esperamos, sino que depende de nuestra comunión con el Padre. Así nos lo enseña este hermoso canto del **libro de Habacuc, capítulo 3:**

*«Aunque la higuera no florezca,
ni en las vides haya frutos,
aunque falte el producto del olivo,
y los labrados no den mantenimiento,
y las ovejas sean quitadas de la majada,
y no haya vacas en los corrales.
«Con todo, yo me alegraré en Jehová,
y me gozaré en el Dios de mi salvación.
«Jehová, el Señor, es mi fortaleza,
el cual hace mis pies como de ciervas,
y en mis alturas me hace andar».*

ACTUÓ SOBRE LA PALABRA

Ana salió del templo caminando sobre aquella palabra, no sobre su realidad. Tomó la decisión de no seguir deprimida en cuanto Dios le habló; no había estado con su esposo todavía, no habían procreado un hijo, en el orden natural ella seguía siendo estéril, pero en su espíritu era la mujer más *embarazada* del mundo. Si usted le ha creído a Dios, no tiene por qué seguir llorando, en amargura, en temor; así lo comprendió esa mujer, que se fue confiada a su casa, plenamente convencida de que su problema ya estaba resuelto. Para ver la gloria de Jehová hay que creer en su Palabra, y actuar en consecuencia: debo vivir de modo que lo que creí de parte de Dios me cubra, me inspire y me motive; sabiendo que lo que veo en el mundo físico es temporal, pero mi Dios y su palabra son eternos.

34

LA BONDAD DEL OLVIDO

«Y nacieron a José dos hijos antes que viniese el primer año del hambre, los cuales le dio a luz Asenat, hija de Potifera sacerdote de On.

«Y llamó José el nombre del primogénito, Manasés; porque dijo: Dios me hizo olvidar todo mi trabajo, y toda la casa de mi padre. «Y llamó el nombre del segundo, Efraín; porque dijo: Dios me hizo fructificar en la tierra de mi aflicción». **(Génesis 41:50-52)**.

Este pasaje representa un final feliz en la historia de José, que, después de haber sido vendido por sus hermanos, y haber trabajado para Potifar, y se ganó el aprecio y la confianza de su señor, fue encarcelado injustamente por una falsa acusación. Luego de pasar varios años en la cárcel, fue liberado gracias al don que Dios le había dado, pues logró descifrar los sueños que atormentaban al faraón. Entonces, José fue designado gobernador de todo Egipto, y fundó una familia en aquel país a donde había sido llevado como esclavo. Durante el tiempo de abundancia tuvo dos hijos: Manasés y Efraín.

Observe el orden en que nos presenta la Escritura el viraje en la vida de José:

- Bautizó a su primer hijo Manasés, que significa «*Dios me hizo olvidar*».

- Bautizó a su segundo hijo Efraín, que significa «*doblemente fructífero*».

Antes de que José alcanzara la madurez, antes de recibir la prosperidad y el honor que Dios tenía reservado para él, necesitaba olvidar. Y no se trata de cualquier olvido, porque su pasado estaba lleno de terribles experiencias y dolor. Hagamos un recuento de los eventos que tuvo que sacar de su memoria:

 El dolor que arrastraba desde niño, por ser huérfano de madre, con un padre anciano: Raquel, la madre de José, murió al dar a luz a su hijo menor, Benjamín. **(Génesis 35:17-18)**. José creció sin el calor de la mujer que lo había traído al mundo, y con un padre que ya había perdido su vigor, y que, más que prodigarle cuidados, necesitaba que lo cuidaran.

 El odio de sus hermanos: a pesar de que Israel amaba a José, porque lo había tenido en su vejez, él creció rodeado de hermanos mayores, que no eran hijos de su madre; lo trataban mal, con altanería: «*Al ver sus hermanos que su padre lo amaba más que a todos ellos, lo aborrecían y no podían hablarle pacíficamente*». **(Génesis 37:4)**.

Un mal oficio: la Biblia dice que José apacentaba ovejas con sus hermanos. **(Génesis 37:2)**. Estamos hablando de un hijo de la promesa, que, sin embargo, vivía rodeado por la arena del desierto, y que ya en su niñez y juventud realizaba duros trabajos.

 El ultraje que sufrió a manos de sus hermanos: ellos, cegados por el odio y los celos, planearon su muerte. Cuando Rubén intercedió por él, lo lanzaron a un pozo seco en el desierto; finalmente, lo vendieron como esclavo a una caravana de árabes que pasaba por allí. **(Génesis 37:18-28)**.

 El menosprecio que recibió por ser extranjero: José fue vendido como esclavo en Egipto, no solo no era un hombre libre, sino que, además, fue arrancado de su tierra y llevado lejos, donde no conocía a nadie, donde, sin duda, sufrió la soledad y la discriminación que enfrentan los inmigrantes. **(Génesis 30:1)**.

 Las calumnias de sus enemigos: cuando José se negó a traicionar a su dueño, y rechazó a la mujer de este, ella le arrebató sus ropas, lo cual lo obligó a huir desnudo. Luego, mostrando esas ropas, lo denunció diciendo que había intentado violarla. Así fue como terminó José en prisión. **(Génesis 39:14-20)**. No solamente sufrió la vergüenza de ser calumniado, de ver que ensuciaban su nombre, y que eso le iba a costar la posición que había conseguido con esfuerzo, sino que, además, fue encerrado en una cárcel, sin motivo alguno. Difícilmente existirá una injusticia mayor que quitar la libertad a una persona que no ha cometido ningún delito.

El olvido de la gente en quien tenía puesta su esperanza: mientras José estaba preso, interpretó el sueño del jefe de los coperos del rey, a quien le anunció que pronto sería liberado por el faraón, y restituido en su cargo. En ese momento José le pidió: *«Acuérdate de mí cuando recibas ese beneficio. Yo te ruego que me trates con misericordia. Haz mención de mí ante el faraón, y sácame de esta prisión. Porque a mí me secuestraron de la tierra de los hebreos, y aquí no he hecho nada para que me hayan puesto en la cárcel».* **Génesis 40:14-15**. Lamentablemente, el jefe de los coperos, cuando José quedó en libertad, se olvidó de él; y fue solo dos años después que se acordó de que José existía. **(Génesis 40:23, 41:1)**.

Después de repasar las tragedias vividas por José, queda claro que él tenía suficientes motivos para llenarse de odio y amargura por el resto de sus días. En lugar de hacerlo, se dedicó a ser un buen gobernador; se enamoró, tuvo hijos y hasta logró perdonar a sus hermanos, y mandó traer a su padre para que tuviera una vejez tranquila y próspera a su lado. Su historia nos enseña que solo hay futuro si caminamos hacia adelante; que por muchas derrotas y humillaciones que hayamos recibido ese futuro siempre puede ser bueno. Pero no existe futuro si caminamos mirando hacia atrás. Olvidar las ofensas pasadas, los maltratos, la pobreza, no es fácil, pero es un don que podemos pedir al Espíritu Santo. José lo comprendió, por eso nombró a su primer hijo *«Dios me hizo olvidar»*. Fue entonces cuando Dios lo limpió de sus antiguas penas, que pudo fructificar abundantemente, y tener paz. La que había sido la tierra de su aflicción se convirtió en la tierra de su prosperidad. La Escritura aconseja: «Ya no se acuerden de las cosas pasadas; ni hagan memoria de las cosas antiguas. Fíjense en que yo hago algo nuevo, que pronto saldrá a la luz». **(Isaías 43:18-19)**. Quienes creemos en Jesucristo hemos recibido espíritu de poder: **2 Timoteo 1:7.** La mayoría tiene un concepto equivocado de lo que significa tener poder, entiende por tal las manifestaciones exuberantes, las cosas grandiosas. Pero a todos se nos ha concedido el poder de Dios para salir adelante, para crecer. Ese don lo podemos usar todos los días:

Poder para decir no al pecado:
Pecar es una decisión, no existe un impulso irresistible que nos arrastre al mal. Es más fácil decir: «El diablo me engañó», pero tal cosa no existe; si así fuera ninguno de nosotros sería responsable por sus actos.

Hay momentos en los que la tentación es fuerte, sentimos que nos doblega, pero recuerde que usted ha recibido espíritu de poder. La historia de José, cuando le dijo no a la mujer de Potifar, es un ejemplo vivo de lo que hablamos. En la historia de Caín y Abel encontramos algo que dice Dios sobre el pecado: «Entonces, el Señor le dijo a Caín: '¿Por qué estás enojado? ¿Por qué ha decaído tu semblante? Si haces lo bueno, ¿acaso no serás enaltecido? Pero, si no lo haces, el pecado está listo para dominarte». (Génesis 4:6-7). Para que el pecado nos pueda seducir y vencer, tenemos que darle permiso de tomar el control; es decir, cederle el dominio que Dios nos ha dado sobre nuestras vidas.

Poder para soñar:
Con los ojos de la carne podríamos decir que José nació predestinado a lo peor: a trabajar en los oficios más duros y mal pagados, a ser odiado, a terminarf en un calabozo. Su vida estuvo en peligro, primero, a manos de su propia sangre; luego, en las prisiones del faraón. La única cosa que tenía para salir adelante eran sus sueños. Y comenzó a soñar siendo muy joven, a los 17 años les dijo a sus hermanos: «Oíd ahora este sueño que he tenido: atábamos manojos en medio del campo, y mi manojo se levantaba y estaba derecho, y los manojos de ustedes estaban alrededor y se inclinaban al mío. Le respondieron sus hermanos: ¿Reinarás tú sobre nosotros, o señorearás sobre nosotros? Y le aborrecieron aún más a causa de sus sueños y sus palabras». (Génesis 37:6-8). Todos los soñadores son probados, y sus sueños también, porque solo se cumplen aquellos sueños que ponemos delante de Dios, por los cuales luchamos con ardor. José pasó de ser el hijo amado de su padre a ser esclavo, de ser esclavo a prisionero. El arma que le permitió salir del foso eran los sueños. Toda persona que se aferra a sus sueños encontrará la oportunidad para hacerlos realidad. Los problemas, la pobreza, la soledad y el desamor, nunca tienen la última palabra. La última palabra la tienen los sueños que Dios ha puesto en usted.

Poder para olvidar:
Usted no puede avanzar hacia una vida de bendición mientras esté esclavizado por el pasado. El Espíritu Santo nos capacita para aprender cosas nuevas, para ser diferentes y desechar excusas como: *«Así me enseñaron»*; *«Es culpa de quienes me hicieron esto»*; *«Soy así porque mi madre me traumatizó»*. Si hay una persona que tenía derecho a escudarse detrás de toda clase de argumentos era José. Sin embargo, él nunca desistió de creer en sus sueños. En el Señor somos capaces de olvidar hasta las heridas más profundas, Él sana la mente y el alma, nos viste con un manto de gozo. En usted está la decisión de usar ese poder o no. Pablo nos da el ejemplo para seguir: *«Hermanos, yo mismo no pretendo haberlo ya alcanzado; pero una cosa hago: olvidando, ciertamente, lo que queda atrás, y extendiéndome a lo que está delante, prosigo a la meta, al premio del supremo llamamiento de Dios en Cristo Jesús»*. **(Filipenses 3:13-14)**. Fuimos hechos a imagen de Dios, hemos recibido poder para ser llamados sus hijos. **(Juan 1:12)**. Y como hijos, herederos de todos sus bienes. Pero antes de entrar a disfrutarlos tenemos que cortar con el pasado, dejar de rumiar las penas del ayer y celebrar la bondad del olvido.

TIRANDO LO QUE HACE DAÑO

«Así ha dicho Jehová: Por tres pecados de Edom, y por el cuarto, no revocaré su castigo; porque persiguió a espada a su hermano, y violó todo afecto natural; y en su furor le ha robado siempre, y perpetuamente ha guardado el rencor».
(Amós 1:11).

Cuando hemos sufrido una ofensa grave, lo normal es sentir antipatía y enojo contra quien nos ha agraviado. Las personas que han sido víctimas de abusos, pero que, sin embargo, no se alejan del ofensor, sino que lo perdonan una y otra vez, nos causan asombro; nos damos a la censura de tal actitud porque -decimos- no se aprecian a sí mismas; reaccionamos con críticas a veces implacables ante su incapacidad de rechazar a quienes les hacen daño. Porque la respuesta natural del ser humano es apartarse y repudiar al maltratador. Sin embargo, la palabra de Dios, una y otra vez, nos llama a perdonar, incluso a orar por quienes nos ofenden. ¿Cómo podemos entender que Jesús nos pida algo que violenta de modo tan profundo nuestros instintos más básicos?

EL RENCOR ES MALA HIERBA

Guardar rencor es pecado: el profeta Amós lo pone en el mismo nivel que otras faltas que parecen mucho más reprochables, como perseguir con un machete al hermano, o robar. Tal vez usted nunca haya robado ni haya matado a nadie, pero ¿quién no ha sentido rencor ante un golpe o una humillación? Como es algo que sucede en nuestro interior podemos practicar ese pecado en secreto, y guardar rencor en silencio. Podemos pensar que, al fin de cuentas, con eso no perjudicamos a nadie. Guardar es depositar, es preservar. Se guarda lo que se estima, lo que no se quiere perder. El rencor guardado es un sentimiento tenaz, que se conserva mucho después de pasada la ofensa. Todos hacemos daño muchas veces a la gente que amamos; cuanto más cerca de nosotros está un ser humano, más probable es que podamos lastimarlo, porque es con las personas de nuestra confianza con las que sacamos todos nuestros complejos, nuestros miedos, nuestras heridas, nuestra verdadera naturaleza. Es ante nuestra pareja, los hijos, la madre y los compañeros de trabajo, que presentamos, abiertamente, la peor versión de nosotros mismos, la más auténtica versión interior. Y ellos también se revelan ante nuestros ojos tales cuales son, ante ellos bajo nuestras defensas; y por eso recibimos los golpes más dolorosos. Porque así como todos herimos, todos hemos sido heridos. Entonces, vienen los resentimientos. Pero eso no es malo, esa es la respuesta que cabe esperar. Lo malo es atesorarlos, alimentarlos, mantenerlos con vida y preservarlos del olvido. Lo malo es convencernos íntimamente de que no podemos perdonar, de que no podemos olvidar lo que nos hicieron. Porque el resentimiento que perdura impide la sanidad. Es característico en las relaciones de pareja que a pesar del paso de los años sigamos recordando alguna falta; que saquemos a relucir, cada vez que podemos, nuestros viejos reclamos. Con esa actitud no podemos sanar ni dejamos que la relación sane. El rencor es como la mala hierba: si usted le da espacio, ella se extenderá en todas las direcciones y ahogará las buenas semillas. Tome en cuenta que no hay nada más alejado de la naturaleza de Dios que guardar rencor. Dios es misericordioso. Dice la Biblia que Él sepulta en lo profundo del mar nuestros pecados, y se olvida de nuestras rebeliones. **(Miqueas 7:19; Isaías 43:25)**. Si fuimos hechos a imagen y semejanza de Dios, entonces hay en nosotros una capacidad de olvidar las ofensas que tenemos que aprender a practicar.

¿CÓMO SE CURA UNA HERIDA?

El rencor que sentimos es señal de que existe una herida que no ha sanado, y el primer paso para sanar es aceptar que la herida está abierta, que necesita ser limpiada y suturada. El resentimiento guardado infecta el corazón, destruye la ternura. Aun cuando no se vea ni se diga, contamina la atmósfera que respiramos, y va matando la alegría. Cuando está a punto de ocurrir una ruptura en un matrimonio, si usted les pide a los cónyuges que cuenten cuál fue el origen del conflicto, por lo general no saben explicarlo, o se trata de una nimiedad. Pero al callar y guardar aquel disgusto lo hicieron crecer, y lo juntaron con otra pequeña ofensa, y luego con otra más hasta que aquella colección de agravios devoró la relación. Por eso es importante examinar cuándo empezó el dolor, qué fue lo que nos hizo sentir tan mal. Muchas veces esa reflexión nos permitirá darnos cuenta que la ofensa no era tan importante. Otras veces podremos reconocer que había razón para sentirnos tan afectado; quizás fue una grave injusticia, pero no nos mató, y podemos seguir adelante. Identifique usted el motivo de su resentimiento, y pregúntese si merece la atención que le ha dado, tanto como para permitir que destruya su proyecto de vida, sus sueños y sus afectos. Una vez que usted sepa dónde está la raíz, perdone. Solo así tendrá paz, solo así sus oraciones a Dios podrán fluir sin estorbo. Lea con atención lo que dijo Jesús:

> *«Y cuando se pongan de pie para orar, si tienen algo contra alguien, perdónenlo para que su Padre que está en los Cielos también les perdone a ustedes sus ofensas». **(Marcos 11:25-26)**.*

Deje ir la rabia y el dolor, que no le ayudarán a alcanzar sus metas. Muchas veces venimos arrastrando resentimiento contra personas que nos lastimaron muchos años atrás, personas que han continuado sus vidas, normalmente, porque nuestra ira no les hace ningún daño. Es a nosotros mismos a quienes intoxica, es nuestro corazón el que sufre por la falta de perdón. Aun si la ofensa es tan grave que la única alternativa es distanciarse de quien la profirió, aléjese, vaya en paz, pero no atesore rencor para que pueda tener un corazón limpio, preparado para una nueva siembra que traiga abundantes frutos.

PERDÓNANOS COMO NOSOTROS PERDONAMOS

Jesús, cuando nos enseña cómo orar al Padre, dice: *«Perdónanos nuestras deudas, como también nosotros perdonamos a nuestros deudores»*. **(Mateo 6:12)**. El Dios Todopoderoso nos cubrió con su gracia. Nosotros ¿quiénes somos para pretender que no perdonaremos? Esa actitud es soberbia: creernos mejores que los demás y más justos que los demás, al punto de sentir que merecemos el perdón de Dios, pero que nuestros semejantes no merecen el nuestro. Cuando tenemos dificultades para perdonar una ofensa, nos hace bien recordar quiénes somos, de dónde venimos y de dónde nos sacó Dios. Recordar que tenemos una naturaleza pecadora –como la de cualquier otro ser–, examinarnos y mirar hacia nuestro interior. Si cada día tenemos presente nuestra pobre condición, seremos más humildes, y esa humildad nos ayudará a perdonar a otros. Que no nos pase como a aquel fariseo del Evangelio: una persona recta, decente, que ayunaba, oraba y pagaba sus diezmos, pero en sus oraciones siempre comenzaba dando gracias a Dios por no ser «como aquellos pecadores». En cambio el hombre que estaba a su lado, en el templo, decía: «Dios, sé propicio a mí, que soy pecador». (Lucas 18:9-14). Preguntó Jesús al contar esa historia: ¿cuál de ellos se fue justificado para su casa? ¿A cuál escuchó el Padre? Quien reconoció sus faltas, ese recibió el perdón.

Desechar la soberbia es indispensable para perdonar a quienes nos han ofendido. Recordar que nosotros también hemos ofendido a otras personas, y que con ello le hemos fallado a Dios. Pero Él nos redimió por medio de Jesucristo, y no nos ha pedido nada a cambio, tan solo un corazón arrepentido.

Tal vez usted dirá que hay maldades tan grandes que no merecen perdón. En realidad ninguna de nuestras faltas merece el perdón de un Dios Santo y Sublime como el que tenemos por Padre; es la sangre de Cristo, no nuestra virtud o la supuesta insignificancia de nuestros errores, lo que nos salva. Deje que Dios pese la ofensa, y le haga justicia; pero usted perdone. Libérese de esa colección de agravios que le están oprimiendo y le impiden tener completa salud espiritual. Concédase el derecho al olvido, y mire hacia adelante, porque Dios tiene en el futuro bendiciones incontables para los que lo siguen.

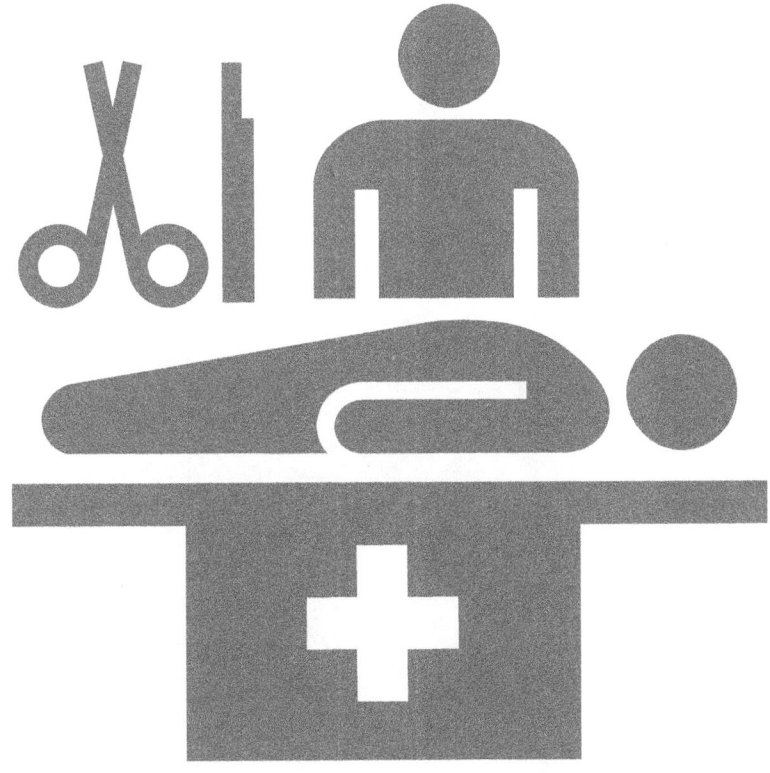

LO QUE DEBO RECORDAR

«En el año tercero de Ciro, rey de Persia, fue revelada palabra a Daniel, llamado Beltsasar; y la palabra era verdadera, y el conflicto grande; pero él comprendió la palabra, y tuvo inteligencia en la visión».
(Daniel 10:1).

Este capítulo de la Escritura cuenta que Daniel estuvo afligido y ayunando durante tres semanas, antes de que un enviado de Dios le hablara. Muchas veces hay una inquietud, o una intranquilidad en el espíritu; y necesitamos prepararnos para recibir revelación de Dios. Hemos hablado antes acerca de la importancia de olvidar, de dejar atrás las experiencias traumáticas para rehacer nuestra vida. El mismo Daniel es un ejemplo de eso: fue uno de los deportados de Jerusalén a Babilonia, en tiempos de Nabucodonosor, que escogió entre los príncipes de Israel a muchos jóvenes talentosos para llevarlos a servir en su palacio como eunucos. Significa que Daniel era un muchacho de la realeza, saludable y con un futuro brillante, que se truncó cuando un rey extranjero lo sacó de su tierra y lo convirtió en esclavo, físicamente mutilado, castrado. Pero Daniel nunca se entregó al fracaso, nunca olvidó la palabra de Dios en la cual había sido instruido. La Biblia también enseña que algunas cosas no debemos olvidarlas. Cuando Moisés estaba cerca de su final enseñó al pueblo este canto:

> «Acuérdate de los días antiguos; considera los años de muchas generaciones. Pregunta a tu padre, y él te declarará; a tus ancianos, y ellos te dirán».

Las bondades de Dios no debemos olvidarlas: la forma en que Él nos ha sacado de los momentos difíciles y lo que ha hecho a nuestro favor. La palabra revelada que recibimos de Él, la que nos habla al corazón, la que es para nosotros, también necesitamos recordarla.

Aun si pasan los años sin que hayamos visto su cumplimiento, debemos continuar aferrados a ella, porque tarde o temprano se realizará. La figura de Daniel nos habla sobre esos asuntos, y que es necesario tener siempre presentes:

1 | La fecha en que la palabra me es revelada es importante

Ese recuerdo nos sostendrá cuando lleguen los días de aflicción; nos mantendrá andando cuando otros se cansen. Cuando vienen tormentas podremos rememorar que vivimos días aún más tormentosos, y esa palabra nos sacó adelante. Daniel nunca olvidó que Dios se reveló a él en el tercer año del reinado de Ciro de Persia, después de tres semanas de ayuno, «...*en el día 24 del mes primero*». **(Daniel 10:4)**. La visión recibida lo fortaleció y dirigió sus pasos. Cuando reciba un rhema de Dios anote la fecha, subraye los versículos en su Biblia, medite en ellos, imprima el pasaje, llévelos consigo y ore sobre esa palabra. Recordar lo que Dios nos ha prometido nos puede salvar en los momentos de crisis, nos lleva de vuelta a casa, nos mantiene humildes, nos ayuda a sujetarnos a Dios, nos hace ser fieles y agradecidos.

2 | Ninguna palabra es verdadera a menos que me sea revelada

Mi mayor necesidad es que la palabra deje de ser mero conocimiento **(logos)**, y pase a ser revelación en el espíritu **(rhema)** para caminar sobre ella con la plena convicción de que se cumplirá. Si la palabra no es rhema se queda en tinta y papel, y la letra sin revelación estará muerta. Pablo dice que Dios: «...*nos hizo ministros competentes de un nuevo pacto, no de la letra, sino del espíritu; porque la letra mata, mas el espíritu vivifica*». **(2 Corintios 3:6)**. Podemos encontrar en la Escritura un grupo de excelentes enseñanzas morales, o una lista de mandamientos de gran valor para la vida en sociedad, sin que nadie pueda cumplirlos a cabalidad ni a nadie puedan dar vida por sí mismos. Podemos tener mil versículos sobre la prosperidad y ser un miserable, pero si uno de esos versículos nos es revelado íntimamente, entonces está vivo dentro de nosotros. Existen cientos de personas involucradas en ministerios que no tienen un rhema de Dios sobre lo que hacen, están ahí porque saben cantar, o porque tienen una buena oratoria, o una habilidad humana para administrar bienes o para llevar las cuentas, pero vistos a nivel integral son un fracaso; los ministerios que tienen nunca desarrollan todo su potencial, porque no hay una palabra revelada por Dios que los guíe en sus esfuerzos.

3 | Toda palabra revelada viene acompañada de un gran conflicto

El nivel de nuestros conflictos **(y su naturaleza)** nos habla del nivel de nuestra revelación. Toda palabra revelada será probada, porque es muy valiosa; y el enemigo intentará hacerlo dudar de ella. En el pasaje citado se nos dice que la palabra era verdadera y el conflicto grande. Y en **Daniel 10:12-13** el enviado de Dios le dice que sus palabras habían sido escuchadas desde el primer día, pero se tardó en llegar porque el príncipe del Reino de Persia se le opuso durante 21 días: hay una guerra espiritual que nunca cesa, y fuerzas de las tinieblas que no quieren que usted abrace un rhema de Dios. Todo conflicto, toda situación de crisis, está diseñada para abortar el cumplimiento de nuestros sueños, de la visión que hemos recibido a través de la palabra, de las promesas que Dios puso en nuestro corazón. Por eso necesitamos prepararnos **(Daniel oró y ayunó)** para resistir los ataques y defender nuestra porción.

4 | Pero todo reside en comprender la palabra

Había conflicto, es cierto, pero Daniel comprendió la palabra. O sea, a pesar de la crisis, sin importar el tamaño del conflicto, más allá de los problemas que lo acosaban, él comprendió la revelación de Dios. La vida de éxito en el Reino de los Cielos es regida desde el rhema, sustentada por la visión, los sueños, la palabra viva que hemos hecho habitar en nosotros. Nunca desde los problemas. Hay quien se santifica solamente cuando tiene problemas, por lo tanto, siempre los tendrá. Hay quien se santifica porque tiene un sueño, y vencerá los conflictos mientras cumple su sueño, librará la batalla y saldrá victorioso porque su sueño lo alienta hasta el final.

5 | Tener inteligencia en la visión

La palabra dice que Daniel tuvo inteligencia en la visión. Sea usted sabio, no mate sus sueños. La inteligencia no sirve solo para acumular conocimiento, para memorizar cosas: sea creativo, piense en cómo planea cumplir sus sueños, cómo rebasar sus metas, cómo alcanzar la visión. Si lo que tiene de Dios es una palabra para la familia, prepárese en ese campo: lea, ore, escuche la instrucción sobre ese tema, estudie los versículos que hablan de lo suyo, ayune, métase con Dios y su palabra para ser inteligente en esa materia. Lo mismo si es un ministerio, una pasión por la música, una profesión, prosperidad financiera... ¡Cualquier área en la que usted haya recibido un rhema de Dios! Investigue los principios que necesita poner en práctica para ver el cumplimiento de esa palabra, capacítese en el terreno de que se trate, escudriñe las Escrituras **(Juan 5:39)**. Porque ellas nos enseñan de todas las cosas y nos permiten alcanzar sabiduría.

37
INTELIGENCIA ESPIRITUAL

«Por lo cual también nosotros, desde el día que lo oímos, no cesamos de orar por vosotros, y de pedir que seáis llenos del conocimiento de su voluntad en toda sabiduría e inteligencia espiritual, para que andéis como es digno del Señor, agradándole en todo, llevando fruto en toda buena obra y creciendo en el conocimiento de Dios». **(Colosenses 1:9-10)**.

Estos versículos forman parte de la carta de Pablo a los cristianos de la ciudad de Colosas, que se encontraba situada en lo que hoy es territorio de Turquía. Pablo les dice que él y sus discípulos no cesan de orar por ellos, para que reciban el conocimiento de la voluntad de Dios. ¿Cómo se logra ese conocimiento? ¿Cómo podemos conocer la voluntad del Padre? Es imposible abarcar la infinita sabiduría y el plan eterno de un Dios perfecto, pero necesitamos conocer su voluntad para nuestra vida, para nuestra ciudad, para nuestra congregación, de modo que podamos caminar por la senda que Él nos señala. La Biblia dice que hay multitud de pueblos en el valle de la decisión **(Joel 3:14)**, gente que no sabe hacia dónde va, que será sobrepasada por las circunstancias. Necesitamos tomar decisiones a tiempo, que traigan solución para los problemas; que nos produzcan paz y crecimiento. Para eso es preciso conocer si nos estamos moviendo en la buena voluntad de Dios.

Los cristianos oramos por dinero, por una salida para nuestros conflictos familiares y por buena salud. Oramos por nuestros hijos, por el trabajo y para que Dios nos arregle varios aspectos de la vida. Pero preste atención a lo que dice Pablo qué cosas pedía él para la Iglesia, **porque estamos urgidos de recibir los dones por lo que oraba Pablo:**

- **Sabiduría:** El conocimiento de la Palabra de Dios, que a su vez produce en nosotros la capacidad de aplicar la razón, la prudencia, el sentido común, el talento que Dios nos ha dado para una vida abundante.

- **Inteligencia espiritual:** La capacidad de comprender en lo más profundo esa palabra *(esto queda en lo interno, en la mente y el espíritu)*, pero también la habilidad para resolver los problemas *(la forma en que aplicamos el discernimiento en la vida diaria)*.

Estos versículos forman parte de la carta de Pablo a los cristianos de la ciudad de Colosas, que se encontraba situada en lo que hoy es territorio de Turquía. Pablo les dice que él y sus discípulos no cesan de orar por ellos, para que reciban el conocimiento de la voluntad de Dios. ¿Cómo se logra ese conocimiento? ¿Cómo podemos conocer la voluntad del Padre? Es imposible La Escritura nos dice que, si actuamos con sabiduría e inteligencia espiritual, podremos andar como es digno de un hijo de Dios, podremos conocer su voluntad para nosotros. Para llevar fruto y crecer en nuestra relación con Dios no basta congregarnos, o practicar los ritos de una religión. Debemos actuar conforme a lo que a Él le agrada. Ahora, si Dios quiere que hagamos su voluntad debería ser sencillo conocerla. Pablo nos da algunas señales para saber si estamos caminando en la voluntad del Padre. Necesitamos saber si estamos yendo en la dirección correcta; si tenemos que dejar ese ministerio que nunca prosperó e iniciar uno nuevo; si debemos persistir en aquello por lo que estaos orando... En fin, para tomar cada decisión importante debemos aprender a discernir sobre cuál es la perfecta voluntad de Dios. Hay tres formas en que la inteligencia espiritual se activa, tres claves para saber si estoy actuando conforme a sus propósitos:

1 | **Agradándole en todo:** Dios está en todas partes. Para agradarlo no tenemos que ir a un lugar específico, ni tenemos que quedarnos haciendo una labor específica. Partiendo del hecho cierto de que Dios es omnipresente, debemos vivir para agradarlo, vayamos a donde vayamos. Jesús pasó más tiempo en las calles, mezclado con las multitudes, que en la sinagoga; Jesús no está solamente en un templo, a Dios tenemos que honrarlo en todos los espacios posibles. Y cuando estamos a punto de tomar una decisión debemos detenernos a preguntarnos si con eso lo estoy agradando. La Biblia dice: *«Bendigan y no maldigan»*. **(Romanos 12:14)**. Que maldigamos no le agrada a Dios. Su Palabra está llena de consejos sobre lo que Él aborrece y lo que le complace. Dice, por ejemplo, que Dios se agrada en la obediencia más que en los sacrificios. **(1 Samuel 15:22)**. Que detesta los ritos y las ofrendas, mientras

su pueblo se dedica a hacer el mal. En cambio le gusta cuando sus hijos restituyen al agraviado, le hacen justicia al huérfano y amparan a la viuda. **(Isaías 1:13-17)**. Dios se goza en la alabanza de su pueblo, pero la rebeldía no le gusta; la falta de perdón no lo complace. Es vano asistir al culto para después salir a maldecir a la gente. Es vano todo rito si fuera de la Iglesia no honro a Dios con mis buenos hechos, o si le desobedezco. Cada vez que usted quiera saber si lo que hace **(o piensa hacer)** es la voluntad de Dios, pregúntese: ¿esto le agradará a Dios? Su corazón le dará la respuesta, su Palabra se lo confirmará. La gracia de ser cristiano no consiste en preguntar qué piensa Dios de mí cuando voy al culto, sino qué piensa Dios de mí cuando salgo de allá.

2 | **Dando fruto en toda buena obra:** Las buenas obras son una marca de la gente que ha sido redimida por la sangre de Cristo. Esta sentencia es clara: se da fruto con las buenas obras, no hay que ser teólogo para entender lo que es eso, todos lo sabemos. Pero a los evangélicos no nos gusta que nos lo mencionen, nos parece que es teología católica, tenemos mil excusas y explicaciones para no practicar las buenas obras. Porque en realidad no queremos hacer la voluntad de Dios, sino la nuestra; porque es más fácil acudir al culto y pensar que con eso le agradamos a Dios, en lugar de tener que esforzarnos consolando a otros, sirviendo al prójimo, sacrificando el tiempo y los recursos.

Hay muchas buenas obras por hacer en las que Dios nos quiere ver involucrados, hay muchas áreas donde se puede ayudar; aun en las tareas más humildes estaremos dando fruto para el Señor. Haciendo lo que es correcto, haciendo lo que es bueno, tendiendo la mano a quien lo necesita, se puede estar seguro de hacer la voluntad de Dios.

3 | **Creciendo en el conocimiento de Dios:** Usted necesita saber más de Dios, necesita preguntarse si hoy conoce mejor a Dios que hace un año, que hace dos años, que hace diez años... Necesita crecer continuamente. Si se ha estancado, esa es una señal de que no está actuando en la voluntad de Dios. No se trata solamente de escuchar la predicación de la Palabra, sino de crecer en la Palabra; volvernos hacedores de la Palabra **(Santiago 1:22)**. Para crecer en la relación con Dios, necesitamos recibir más revelación a través de la Escritura; pero no basta con eso: tenemos que ponerla por obra, tenemos que hacer lo que ella enseña. No consiste en quién tiene más información, quién sabe más acerca de la Biblia, sino en quién se esfuerza por vivir conforme a su Palabra. En la medida en que conocemos más a Jesús, seremos más como Él. Para saber si estamos en la voluntad de Dios, tenemos que valorar si lo que hacemos está mejorando, o si está debilitando nuestra relación con Él, el aprendizaje de Él, nuestra imitación de Cristo. Aplique este cuestionamiento a todos sus actos: ¿De qué manera esto me hace avanzar en mi conocimiento de Dios? ¿De qué manera crece en mí Jesús con esta decisión?

38
GENTE EXITOSA

«Jesús entró en Jericó, y comenzó a cruzar la ciudad. Mientras caminaba, un hombre rico llamado Zaqueo, que era jefe de los cobradores de impuestos, trataba de ver quién era Jesús, pero por causa de la multitud no podía hacerlo, pues era de baja estatura. Pero rápidamente se adelantó y, para verlo, se trepó a un árbol, pues Jesús iba a pasar por allí. Cuando Jesús llegó a ese lugar, levantó la vista y le dijo: "Zaqueo, apúrate y baja de allí, porque hoy tengo que pasar la noche en tu casa". Zaqueo bajó de prisa, y con mucho gusto recibió a Jesús. Todos, al ver esto, murmuraban, pues decían que Jesús había entrado en la casa de un pecador. Entonces, Zaqueo se puso de pie, y le dijo al Señor: 'Señor, voy a dar ahora mismo la mitad de mis bienes a los pobres. Y si en algo he defraudado a alguien, le devolveré cuatro veces más lo defraudado'. Jesús le dijo: 'Hoy ha llegado la salvación a esta casa, pues este hombre también es hijo de Abrahán. Porque el Hijo del Hombre vino a buscar y a salvar lo que se había perdido'».
(Lucas 19:1-10).

El deseo de ser exitosos es uno de los impulsos más fuertes en los seres humanos. Desde que comenzamos a dar los primeros pasos en el sistema escolar, lograr el éxito en cada nuevo aprendizaje nos produce satisfacción, y nos motiva para los siguientes retos. Y cuando triunfamos durante la niñez en alguna empresa que consideramos importante, eso nos marca. A todos nos gusta ganar. Sin embargo, el éxito suele ser esquivo, difícil de alcanzar, porque nuestra idea de él es haber logrado determinadas metas a largo plazo. Si no las alcanzamos, la sociedad dice que hemos fracasado, aun cuando hayamos acumulado un montón de victorias menos ostentosas en el camino. Si usted a cierta edad no tiene casa propia y un buen vehículo, el mundo dice que no ha tenido éxito, aunque se haya esforzado para mandar a sus hijos a estudiar, y se sienta satisfecho con los resultados que logró al fundar una familia. En una relación de pareja de cinco, siete o quince años que por alguna razón se termina, esa aparente derrota es lo único que se suele recordar, aunque juntos hayan tenido épocas muy buenas. En una carrera el ganador es quien llega en primer lugar; a lo sumo el segundo y el tercero alcanzan un aplauso, los demás nos parece que fracasaron, aunque hayan conseguido completar todo el recorrido. Quizás debemos revisar nuestro concepto de ser exitosos.

El éxito es, en realidad, una colección de micrologros o pequeñas victorias: no algo que vaya a suceder a 20 años de plazo, sino la satisfacción de haber alcanzado el cometido para ese día.

La historia de Zaqueo y su encuentro con Jesús nos ilustra sobre algunas marcas de la gente exitosa.

1 | Tienen un propósito

Usted puede empeñarse en alcanzar algo, y cuando lo consigue se da cuenta de que eso no lo hace feliz. Cuando lo obtiene, usted se da cuenta de que el dinero no trae la felicidad; cuando logra conquistar a esa persona que tanto anhelaba, se da cuenta de que tener la pareja por la que se desvivía no significa ser feliz; cuando por fin le dan el trabajo que anhelaba, allí tampoco está la felicidad... Cada vez que emprenda una acción, pregúntese por qué está usted haciendo eso. La felicidad tiene que ver con el propósito que nos mueve.

Zaqueo tenía un propósito ese día: conocer a Jesús. En todo lo que hacemos debe haber una finalidad que les dé sentido a nuestros esfuerzos. El fracaso en los matrimonios está determinado por la falta de propósitos, las personas unen sus vidas por comodidad, por conveniencia, para librarse del control de sus padres, porque encuentran deseable a la otra persona y los atrae. Confundimos el propósito con la satisfacción de una necesidad momentánea. También vale preguntarse para qué nos levantamos cada día. Para ir a trabajar, podríamos responder; pero ¡ese no es un propósito!, ni una razón por la cual existir. El trabajo es apenas un medio para alcanzar algunos fines. Confundimos propósito con obligación. *¿Cuál es el propósito de nuestras conversaciones? Decimos muchas palabras que no deberíamos decir, porque hablamos sin propósito, ni siquiera nos detenemos a examinar por qué nos involucramos en determinados diálogos.* Tal vez este examen nos lleve a concluir que hemos ido a trabajar un día y otro día sin propósito; nos hemos involucrado en relaciones que no tenían ningún propósito. ¿De qué nos sirve darnos cuenta de eso? No para deprimirnos, sino porque no alcanzaremos el éxito si no descubrimos la razón por la cual estamos aquí.

> *¿Está usted cumpliendo el propósito por el cual se unió a esa otra persona? ¿Está cumpliendo el propósito por el que Dios le dio esos hijos? ¿Con qué propósito Dios le concedió ese trabajo por el que tanto oró? En la medida en que cada día tenga propósito, ese será un día exitoso.*

2 | Se vencen a sí mismas

Zaqueo quería ver a Jesús, pero estaba limitado por su propia condición: era bajito de estatura; en medio de la multitud eso se convertía en un obstáculo. Lo que cambia nuestro día y lo pone en dirección al éxito es la lucha que libraos para vencer nuestras propias limitaciones. No depende de lo que otros nos hagan, no depende de las circunstancias externas, sino de lo que hacemos para vencernos a nosotros mismos, para sobreponernos a la situación actual. Es a nuestras circunstancias personales, a nuestro dolor físico, a nuestras heridas, a nuestras limitaciones internas, a las que debemos vencer. Cada día es nuestro, no nos limitaremos. Porque siempre será cada cual quien ponga las excusas: el problema que tienes no es el licor, no es la comida, no son las deudas ni las tentaciones, ¡el problema eres tú! Las limitaciones que no logramos vencer, nos llenan de frustración; nos empujan a hacer cosas que no queremos hacer, o nos impiden hacer las que sí deseo, nos esclavizan. ¿Cómo llegamos allí? Haciendo cosas equivocadas para llenar el vacío, la insatisfacción que llevamos dentro, en lugar de vencer nuestra pequeñez para conquistar lo que anhelamos. Nos resulta más fácil engañarnos. Corremos a las redes sociales buscando que alguien -que no conocemos- escriba un *«me gusta»* para sentirnos aprobados. El éxito pasa por mirar cara a cara nuestras debilidades, y buscar cómo vencerlas; buscar el árbol al que podamos subirnos para ver al Maestro, sin fabricar más excusas para quedarnos postrados en la infelicidad.

La Escritura nos revela que la vida de Zaqueo fue transformada desde su encuentro con Jesús. Todos tenemos limitaciones que nos impiden llegar a Jesús, para Zaqueo era su estatura; para otros es la familia, el pecado, la religión, los negocios. Todos tenemos algún pretexto para abandonar la lucha por ver a Jesús actuando en nuestra vida. No permitamos que eso prevalezca por encima de nuestra sed espiritual, que solo Él puede saciar.

3 | Aprovechan sus oportunidades

Este será un día exitoso si soy capaz de tomar al vuelo la oportunidad que pasa. Cada día está lleno de ocasiones que podemos aprovechar, pero a veces ni siquiera las percibimos. Zaqueo había conseguido lo que quería: ver a Jesús. Pudo quedarse cómodo donde estaba, conformarse con eso, pero Jesús le dijo: «Necesito que me des posada», y él recibió con alegría la oportunidad de esa visita. Esa decisión fue determinante para el futuro eterno de Zaqueo, ese fue el día en que llegó la salvación a su casa. Jesús no hace diferencias, no excluye a nadie; a todas las personas nos da la oportunidad de ser visitadas y transformadas. Ante su presencia nadie puede quedar impávido, Él siempre representa un punto de inflexión en la vida de quien lo recibe. La otra lección que nos deja esta historia es que en el camino hacia una meta lejana están los tesoros que, realmente, nos enriquecen; los tesoros que vamos disfrutando en el camino, cada pequeña oportunidad de ser mejores. Cuando usted cree que el éxito es algo que alcanzará al final de su vida, le puede suceder como al mendigo del cuento: soñó que en una ciudad distante había un gran tesoro esperándolo, y emprendió el camino hacia allá. En cada pueblo por donde pasaba le ofrecían monedas y las rechazaba diciendo: «No necesito eso, yo tengo un gran tesoro esperándome». Cuando por fin llegó al lugar de su sueño, había un cofre con este mensaje: «¡Estúpido! Si hubieras aceptado todos los regalos que te di en el camino, ahora tendrías suficiente para llenar este cofre».

¡No deje pasar el regalo del presente! El éxito no está al final del viaje, sino más bien en la forma en que enfrente sus batallas de cada día. La victoria no es una medalla que dan al llegar a la meta, la victoria consiste en saber disfrutar cada una de las experiencias que salen a su encuentro, mientras cumple el propósito de Dios.

39
EL RESPETO POR LA AUTORIDAD

«Aquí está la lanza de Su Majestad. Que venga a recogerla alguno de sus sirvientes, y que el Señor recompense a cada uno de nosotros según su justicia y lealtad. Hoy el Señor puso tu vida en mis manos, pero yo no quise atentar contra el ungido de Jehová. Que así como tu vida ha sido muy valiosa para mí, también la mía lo sea para el Señor, y que Él me libre de todas mis aflicciones».
(1 Samuel 26: 22-24).

Estas palabras las dirige David al rey Saúl después de que lo sorprendió dormido en el campamento donde pasaba la noche con sus soldados. Pudiendo acabar con su vida, David decide no hacerle daño. Tome en cuenta que Saúl había salido a perseguir a David con tres mil de sus mejores hombres, pues le avisaron que este se encontraba en el desierto de Zif; y Saúl quería matarlo. David lo sabía, sin embargo, cuando tuvo la oportunidad de destruirlo renunció a esa posibilidad; se llevó, únicamente, la vasija de agua y la lanza de Saúl para demostrarle que había llegado hasta el lugar donde dormía. Y esa no fue la primera vez que David le perdonó la vida a Saúl. En el capítulo 24 de este primer libro de Samuel se relata que durante otra de las campañas militares que lanzó en contra de David, Saúl lo siguió con su ejército hasta una región llamada Engadí. David y sus hombres se encontraban escondidos en una cueva, y Saúl, sin saberlo, entró a la cueva para hacer una necesidad. También allí pudo David acabar con su perseguidor, sin embargo, se limitó a cortar un trozo del manto del rey para demostrarle que lo había tenido a su merced, pero le había respetado la vida.

Esos hechos ocurrieron cuando David ya había sido ungido por el profeta Samuel como rey de Israel. Él sabía que Dios lo había escogido para reinar. Habría podido apresurar las cosas matando a Saúl para tomar el trono. David, además, no había realizado ninguna acción injusta para ganarse el odio del rey, ¡no había hecho nada malo! Sin embargo, con su conducta nos da una gran lección: no es necesario que usted recurra a la violencia, al engaño o al irrespeto por la persona que está en autoridad para alcanzar sus metas. Lo que Dios ha dispuesto darle usted lo recibirá en el momento justo; cuando Dios ha decretado que va a honrarlo, nadie puede quitarle esa honra; pero usted no debe tomar la justicia por su propia mano. Tal vez tendrá que esperar, esforzarse, luchar y pasar por momentos amargos, como le ocurrió a David; pero, finalmente, llegará a su nuevo destino.

Los **capítulos 24 y 26 de libro I de Samuel** nos ayudan también a analizar cómo se puede tener una relación sana con la autoridad que Dios ha puesto sobre nuestra vida. Esa autoridad puede residir en la persona para la cual se trabaja; en los jefes o supervisores; podrían ser los profesores o los maestros de nuestros hijos.

Autoridad tienen las personas que gobiernan la ciudad, los funcionarios de Policía, los directores de las instituciones estatales, etcétera. En la Iglesia es el pastor, pero también quienes cuidan las instalaciones; quien dirige la oración; la persona que está a cargo del ministerio en el que estamos colaborando. Toda persona que ejerce una facultad o poder, en razón del cargo que se le ha conferido, es una autoridad a la cual se debe respetar. La Biblia dice que David era un hombre conforme al corazón de Dios. **(1 Samuel 13:14)**. Era un joven que pasó de pastorear las ovejas de su padre a ser ungido y a ocupar el trono; por eso, sin duda, tiene algo qué enseñarnos acerca de las actitudes que agradan a Dios en nuestra relación con el resto del mundo.

Una visión humana de la autoridad

Cuando vieron que Saúl estaba durmiendo, al igual que todos sus hombres, uno de los soldados que acompañaban a David le pidió que le permitiera matarlo. Le dijo: *«Hoy ha entregado Dios a tu enemigo en tu mano; ahora, pues, déjame que le hiera con la lanza»*. **(1 Samuel 26:8)**. Aunque Saúl era el rey, estaba actuando fuera de la voluntad de Dios, sentía unos celos malignos en contra de David, y lo persiguió sin motivo alguno. La idea que tuvo Abisai, el compañero de David, era por completo lógica de acuerdo con una visión humana de la autoridad: si el ungido del Señor se desvió del camino correcto, si se equivocó respecto a lo que convenía a su pueblo, no tenía por qué ser respetado. Había perdido la legitimidad para gobernar, incluso era digno de muerte.

Así pensamos muchas veces cuando estamos en desacuerdo con las decisiones de las autoridades. Si vemos la ocasión de hacerlas caer, podremos interpretar que aquello es obra de Dios, que nos está facilitando las cosas. Ese es, sin embargo, el punto de vista de nuestro ser natural, pero no lo que el Espíritu Santo nos guía a hacer.

Una visión espiritual de la autoridad

David sabía que Saúl era un estorbo en su camino al palacio, sin embargo, le respondió a su compañero Abisai: «*No lo mates; porque, ¿quién extenderá su mano contra el ungido de Jehová, y será inocente?*». **(Verso 9)**. Nadie sale ileso después de tocar al ungido de Dios, a la persona en quien Dios ha depositado autoridad. Esa es la primera causa de maldición para muchos cristianos, porque tenemos la costumbre del irrespeto, la rebeldía y el escarnio contra toda autoridad. No se trata de dar una adhesión ciega a los líderes, porque la Biblia nos llama también a apartarnos del mal. Lo que se honra y se respeta en un hombre o una mujer de Dios es la unción, el cargo que por gracia han recibido. Quienes ignoran eso usan cualquier error de esa persona para murmurar, atizar malos pensamientos o emprender divisiones bajo la excusa de que el líder se ha equivocado.

Pero no se puede abrir la boca para murmurar contra la autoridad a sus espaldas, y quedar impune, pues en última instancia no se murmura contra los hombres, sino contra el Dios que les dio el cargo que ocupan.

David sabía reconocer y honrar la autoridad delegada por Dios. Aunque él, mejor que nadie, entendía que Saúl estaba fuera de sí, que había perdido la dirección divina y que lo perseguía injustamente, lo siguió respetando como líder de la nación.

Deje que Dios trate con la autoridad

No le *«ayude»* a Dios, menos por la espalda. Prestemos atención a las palabras de David: *«Vive Jehová, que si Jehová no lo hiriere, o su día llegue para que muera, o descendiendo en batalla perezca, guárdeme Jehová de extender mi mano contra el ungido de Jehová»*. **(Versos 10-11)**. Usted puede estar consciente de que la persona que ejerce un cargo está equivocada, puede confrontar a esa persona con su error, de hecho David lo hizo después de tomar la lanza de Saúl, cuando le dijo: *«¿Por qué persigue así mi señor a su siervo? ¿Qué he hecho? ¿Qué mal hay en mi mano?»*. **(Verso 18)**. Usted podría recurrir a mecanismos legítimos para cuestionar un acto injusto del ejercicio de la autoridad. El mismo Jesús recriminó cara a cara a los fariseos, que eran el poder religioso de su tiempo. Lo que no puede faltar es el respeto a quien ejerce el cargo, ya sea que hablemos de una autoridad civil o de la Iglesia. Ore por las autoridades de la ciudad y de la congregación. No se trata de estar ciego a los errores, pero no trate de «hacerle» el trabajo a Dios. Pida a Dios que le haga justicia, si lo están atacando sin causa; Él sabrá librarlo, y hará todas las cosas para que sus propósitos se cumplan a su debido tiempo.

Respeto y honra

«Y conociendo Saúl la voz de David, dijo: ¿No es esta tu voz, hijo mío, David? Y David respondió: 'Mi voz es, rey señor mío'. Y dijo: ¿Por qué persigue así mi señor a su siervo? ¿Qué he hecho? ¿Qué mal hay en mi mano? Ruego, pues, que el rey, mi señor, oiga ahora las palabras de su siervo.» **(Versos 17-19)**. Observe la forma de David dirigirse a Saúl, incluso se inclinó ante el rey, le hizo una reverencia, se mantuvo respetuoso y humilde frente al hombre que quería matarlo.

Las personas ven truncado el camino hacia mejores lugares a causa de sus palabras llenas de rebeldía contra quienes gobiernan la Iglesia, llenas de juicios. Tarde o temprano caen debido a la forma en que reaccionan ante los errores de quienes están investidos de autoridad. Olvidan que no hay nadie que sea lo suficientemente digno para servir a Dios, todos los que trabajan por amor a Cristo lo hacen a pesar de su incapacidad, a pesar de sus pecados y su debilidad. Recibieron esa encomienda por gracia, no porque sean perfectos. Por algo dice la Escritura: *«Pero tenemos este tesoro en vasos de barro, para que la excelencia del poder sea de Dios, y no de nosotros»*. **(2 Corintios 4:7)**.

La vida del ungido de Jehová es preciosa

David no se conformó con soportar a Saúl, con tolerarlo. David lo amaba. *«Como tu vida ha sido estimada preciosa hoy a mis ojos, así sea mi vida a los ojos de Jehová, y me libre de toda aflicción»*, le dijo. **(Verso 24)**. La actitud de David es extraordinaria, se niega a hacerle daño al hombre que lo persigue, porque sabe que fue ungido por Dios para ser rey, y que Dios debe ser quien determine el final del conflicto. Lo trata con bondad, le habla con aprecio, esa conducta es digna de imitar. La murmuración y el irrespeto hacia quienes dirigen al pueblo de Dios producen un enorme daño; no solo lastiman al que es víctima de los ataques, sino que minan la unidad de la Iglesia. Quien desee alcanzar la bendición debe aprender a no dejar que en su presencia se hablen majaderías, ni que se comenten errores a espaldas de los aludidos.

Como David impidió que sus hombres mataran a Saúl, quienes desean llegar a un lugar de honra deben cuidar la imagen pública de sus líderes, deben protegerlos. Quien ama, defiende; no se suma a los lobos que persiguen al pueblo de Dios.

40
NI UN DÍA MÁS DE MALDICIÓN

«Entonces el Señor dijo a Moisés:
«- Ve al faraón, y dile que el Señor ha dicho así: 'Deja ir a mi pueblo para que me sirva. Y si rehúsas dejarlo ir, he aquí yo castigaré todo tu territorio con una plaga de ranas. El Nilo se llenará de ranas, las cuales subirán y entrarán en tu casa y en tu dormitorio, y sobre tu cama. Entrarán en las casas de tus servidores y de tu pueblo. Entrarán en tus hornos y en tus artesas de amasar. Las ranas subirán sobre ti, sobre tu pueblo y sobre todos tus servidores'.
El Señor dijo también a Moisés:

«- Di a Aarón: 'Extiende tu mano con tu vara sobre los ríos, sobre los canales y sobre los estanques; y haz subir ranas sobre la tierra de Egipto'.

> «Entonces, Aarón extendió su mano sobre las aguas de Egipto, y subieron ranas que cubrieron la tierra de Egipto. Pero los magos hicieron lo mismo con sus encantamientos, e hicieron subir ranas sobre la tierra de Egipto. Entonces, el faraón llamó a Moisés y a Aarón, y les dijo:
>
> «- Rueguen al Señor para que quite las ranas de mí y de mi pueblo, y dejaré ir al pueblo para que ofrezca sacrificios al Señor.
> « Y Moisés dijo al faraón:
>
> «- Dígnate indicarme cuándo he de rogar por ti, por tus servidores y por tu pueblo, para que las ranas sean quitadas de ti y de tus casas, y solamente queden en el Nilo.
> «Y él dijo:
> «- Mañana».
> **(Éxodo 8:1-10).**

Al llegar los españoles al territorio de México se encontraron con un imperio enorme y próspero, que había alcanzado un desarrollo cultural impresionante. Tenochtitlán era una ciudad con acueductos, calles embaldosadas y sistemas de recolección de aguas negras, con los cuales los españoles ni siquiera habían soñado. Tenía una población más numerosa que la de Madrid (España). Cuando se piensa en eso uno se pregunta cómo es posible que un grupo de aventureros mal alimentados, muchos de ellos analfabetos, algunos recién salidos de las cárceles, lograra dominar a un imperio tan poderoso. Más todavía: uno se pregunta qué tenía -o qué no tenía- ese pueblo, que, habiendo sido una nación de guerreros, se dejó sojuzgar tan fácilmente. Dice la historia que Moctezuma, quien gobernaba el Imperio, a la llegada de los españoles, con presentes y honores quiso impedir que se acercaran a Tenochtitlán. Pero cuando, finalmente, llegaron, los alojó en uno de sus palacios. Hubo una revuelta del pueblo contra los extranjeros, por lo que el emperador se acercó a un balcón para dirigirse a sus súbditos y pedirles que tuvieran calma, que debían esperar. En ese momento una piedra lo alcanzó, y Moctezuma cayó herido de muerte. Tal vez su actitud explica de algún modo por qué fueron vencidos: los aztecas se quedaron esperando a ver qué pasaba; esperando para tomar una decisión; esperando para saber si los intrusos eran o no enviados de los dioses; esperando para comprobar si eran amigos o enemigos... La espera fue su derrota.

La plaga como un símbolo del mal

En el pasaje del Éxodo citado al inicio Dios le dice a Moisés que advierta al faraón que, si no dejar ir a los israelitas, llenará todo Egipto de ranas. Las ranas y los sapos en la Biblia simbolizan lo que es sucio, lo que es impuro, lo que está mal en el mundo y en los deseos del ser humano. Dios anuncia que si le impiden partir a su pueblo se van a desatar sobre el Imperio egipcio fuerzas espirituales de destrucción y muerte. La realidad física en la que vivimos, la realidad visible, está rodeada por manifestaciones de un reino invisible, pero no menos real: el mundo espiritual. El hecho de que no pueda verlas no implica que esas fuerzas no existan, ni que no puedan afectarnos. Dios dijo que habría ranas en los ríos: los ríos son representación de pueblos, de gentes. Dios dijo que habría ranas en el palacio: manifestaciones demoníacas en la clase gobernante, entre los consejeros del rey. Dios también dijo que habría ranas en los dormitorios, que se subirían en las camas e invadirían la mesa donde se amasaba el pan: se refiere al ataque de poderes malignos en la familia, la maldad contaminaría hasta el lugar más íntimo, el hogar.

 ## Egipto produce ranas

Tenemos que aceptar que, como los egipcios, estamos llenos de ranas. Fuerzas destructivas gobiernan el mundo que habitamos. Cada día se escuchan noticias sobre actos de tremenda crueldad, crímenes en contra de nuestras mujeres y nuestros niños. La casa donde viven se ha vuelto el lugar más peligroso para muchas personas. Hay tortura en contra de animales, niños que son vendidos y trabajan como esclavos; migrantes que huyen de la guerra, pero terminan ahogados en un océano. Todos esos hechos son consecuencias del pecado y de los poderes espirituales malignos a los que hemos abierto la puerta; fuerzas de muerte y violencia que se han entronizado en nuestra sociedad. En la historia bíblica Moisés advierte al faraón que su Imperio se llenará de ranas, que nadie se va a escapar. El faraón no quiso escuchar, y se desató la peste sobre Egipto; las ranas llenaron todo el país, tal como estaba anunciado. Porque las ranas pueden invadir todo cuanto existe: nuestra casa, nuestras finanzas, nuestras relaciones familiares y nuestro corazón. Cuando el faraón se dio cuenta de que todos sus años de preparación para gobernar no habían servido de nada, que su soberbia solo atrajo el mal sobre su pueblo, se reunió con sus consejeros para buscar una salida y poner fin a la plaga. Pero, ¿qué fue lo que hicieron? Lo dice el **versículo 7**: producir más ranas. Porque cuanto más trata el ser humano de acabar con el problema con sus propias fuerzas, cuantos mayores intentos hace por salir del conflicto recurriendo a sus ideas, a su astucia, a soluciones sin Dios, más evidente se hace que todo lo que consigue es multiplicar las ranas.

 Dios siempre nos da una oportunidad

Fue tal el azote que, finalmente, el faraón llamó a Moisés para que le pidiera a su Dios que cesara la plaga de ranas, a cambio de lo cual dejaría ir a los israelitas. Siempre hay un momento en nuestra vida en que decidimos que ya no queremos vivir rodeados de ranas, es decir, de maldición. Tiene que llegar el día en que nos rebelemos contra los poderes perversos que han controlado nuestra economía, nuestros Gobiernos y nuestra familia. Cada uno de nosotros está llamado a hacer un alto en mi camino para cambiar lo que haya que cambiar, y ser libre de las ranas.

Sé de un hombre que llevaba vida de millonario, y cuando llegó la crisis se negó a renunciar al lujo y las comodidades; no soportó que los demás supieran que sus riquezas habían menguado, y comenzó a gastar sus cupos en las tarjetas de crédito, seis meses vivió de prestado para guardar las apariencias, hasta que llegó el momento en que sus deudas lo alcanzaron, y se vio con el agua al cuello, sin salida. Eso es producir más ranas. Hay quien está enfrentando problemas con su pareja, y tiene la *«genial ocurrencia»* de contarle al vecino, a un amigo, o de buscar desahogo en el hombro de otra persona; cuando se da cuenta lo han invadido las ranas, el conflicto se ha vuelto mayor, hay un triángulo amoroso y todos lo sufren. Miles de latinoamericanos empobrecidos se van a trabajar a Estados Unidos, pero como no tienen visa buscan un traficante de personas, hipotecan su casa para pagarle; el *«coyote»* **(como los llaman)** los deja tirados en la frontera; cuando no mueren en el desierto, los agarran y los meten en la cárcel en un país extraño; finalmente, los deportan: a su regreso cargan con una deuda mayor de la que los motivó a marcharse, y están a punto de perder la casa donde viven sus hijos. *«Soluciones»* que no son soluciones, son ranas que se van apoderando de todo lo que amamos.

Dios siempre nos da una oportunidad para alejar la maldición de nuestras vidas. También se la dio al faraón, una oportunidad de oro: le preguntó cuándo quería que se fueran las ranas. El problema es que las ranas se vuelven deleitosas, nos *«encariñamos»* con ellas. Hay pecados que se nos antojan divertidísimos, hay situaciones con las que nos engañamos pensando que pronto pasarán, pero se entronizan en nuestra alma. Cuando usted comienza a cargar sus ranas llega el momento en que no soporta más. Si es honesto consigo mismo, tiene que reconocer que ya no puede gobernar su vida, que no resiste el caos. Y como faraón, le suplica a Dios que quite la plaga, que limpie los escombros que dejó el pecado. ¡Y Dios lo puede hacer! Pero cuidado, cuando usted decide que no quiere más de lo mismo tiene que tomar la decisión con firmeza; es hoy, ¡es ahora! No haga como el faraón, que cuando le preguntaron cuándo quiere librarse de las ranas responde: mañana.

Mientras se diga hoy

Si yo le digo que Dios está interesado en cambiar la situación de su familia; que Dios es suficiente para reparar la intimidad dañada de su alma y hacerlo libre; que Dios es grande y puede sanear sus finanzas; que Dios es poderoso para tocar su cuerpo y darle salud, etcétera; si usted sabe que todo eso es verdad, y yo le pregunto: ¿cuándo quiere que le pida a Dios por usted? ¿Cuándo quiere que oremos por esa situación? Usted, ¿qué respondería? Si yo le digo que Dios tiene el poder para que usted pueda vencer en todas sus batallas, ¿para cuándo querría usted el milagro? Moisés le pregunta al faraón cuándo quiere que clame a Dios para que se lleve las ranas, y el faraón contesta: *«Mañana»*. Está desesperado, las ranas agobian a su gente, pero responde: *«Mañana»*. ¡Es asombroso!

Lo más asombroso es que nosotros seguimos siendo como el faraón. Una persona pide consejería, porque su vida está hecha pedazos; su familia está en crisis, y uno le dice: Jesucristo tiene poder para cambiar eso. ¿Quiere entregarse a Él? Pero responde: mañana.

Hay gente en la Iglesia que sufre tragedias a causa de su desobediencia, pero si usted les dice: lo que ustedes necesitan es humillarse ante la poderosa mano de Dios, poner su vida en orden, dejar de hacer lo que saben que deben dejar de hacer y seguir el camino correcto, ¿sabe qué le responden? «Deme un chance, pastor; ahorita me arreglo, solo necesito tiempo».

Usted le habla de Cristo a alguien que está atravesando una fuerte depresión, que se siente harto de la vida, pero cuando le muestra a Jesucristo, la única salida, no se sorprenda si responde: *«Otro día voy a la Iglesia, más adelante, yo tengo mi religión»*.

Lo más triste de esta historia no es que el faraón ignorara el poder de Dios para limpiar su tierra, lo más triste es que, sabiéndolo, había llegado a amar tanto sus ranas, que despreció la ayuda de Dios. La pregunta que hizo Moisés también es para nosotros: esa pregunta no es cuánto más puede usted aguantar la situación que está viviendo, sino cuándo quiere que Dios intervenga. ¿Cuándo desea ser sanado? ¿Cuándo desea ser restaurado? La respuesta es: ¡ahora mismo! No quiero ni un día más de maldición. El Espíritu Santo nos dice: «*Si oyereis hoy su voz, no endurezcáis vuestro corazón*». **(Hebreos 3:15)**. El tiempo oportuno es hoy, la decisión de buscar a Dios es hoy. Jesús está llamando a la puerta para anunciarle, como a Zaqueo: «*Hoy ha venido la salvación a esta casa*». ¿Qué le va a responder? Porque únicamente la sangre de Jesús tiene poder para limpiar nuestra vida, para sanar nuestra Tierra y apartar de nosotros el pecado y la muerte.

DIOS SOBRE EL CAOS

«En el principio creó Dios los Cielos y la Tierra. Y la Tierra estaba desordenada y vacía, y las tinieblas estaban sobre la faz del abismo, y el Espíritu de Dios se movía sobre la faz de las aguas.

« Y dijo Dios: Sea la luz; y fue la luz.
« Y vio Dios que la luz era buena; y separó Dios la luz de las tinieblas».
(Génesis 1:1-4).

La revelación de Dios sobre sí mismo y su plan para el ser humano se inicia con estos versos. Nos dicen que esta es una creación que tiene un Dueño, tiene un Señor. No es producto del azar. Sea cual sea el mecanismo que usó para que surgiera, el cosmos es un proyecto de Dios, tiene un diseño. En el libro de Génesis Dios no argumenta para demostrar su existencia, Él se afirma a sí mismo como Creador. No explica cuándo pasó, cómo ocurrjó ni dónde estaba Él antes de eso. Sea que usted lo crea o no, Él, simplemente, nos revela que es el autor de la Creación. La vida está llena de situaciones que no podemos comprender, y lo que nos hace sobreponernos no es una explicación lógica de las causas y efectos, sino la fe, la convicción de que Dios está al control de todo. Porque sabemos que el Creador no abandona la obra de sus manos. **(Salmos 138).**

¿Qué cosas nos descubre este pasaje del Génesis?

1 | El desorden

Dios creó la Tierra como un lugar hermoso para ser habitado, pero de pronto la encontramos sin orden ni propósito. Si Dios es un Dios de orden, ¿cómo surgió el caos? La interpretación bíblica señala que pasaron miles de años entre el **versículo 1 y el 2**, un salto en el tiempo. Partiendo de lo que enseña **Ezequiel 28:12-18**, sabemos que ocurre la caída del ángel protector, aquel que era llamado *«el sello de la perfección»*, que fue arrojado a la Tierra. *«¡Cómo caíste del Cielo, oh Lucero, hijo de la mañana!»*, dice el profeta **Isaías (14:12)**. Se levanta la figura de Satanás, a quien le fue dado este planeta. Todo lo que Dios hace es bueno y perfecto; todo lo que Satanás toca termina desordenado y vacío. Piense en las relaciones amorosas. ¡Es lindo estar enamorado! Cuánta ilusión se siente, nos llenamos de endorfinas, y nos sentimos capaces de conquistar continentes. Pero si el diablo toma control de esa relación, al final solo deja rencor, amargura y caos. Piense en la prosperidad financiera. Cuánta satisfacción nos da hacer un buen negocio, conseguir un aumento, obtener ganancias; pero deje que Satanás meta la mano, y lo que era emocionante y gratificante se torna sucio y ocasiona dolor. Todo lo que es motivo de alegría y de honra se vuelve oscuridad y despropósito cuando le permitimos al enemigo tomar el control. Podemos preguntar: ¿dónde está Dios cuando esas cosas pasan? En el mismo lugar donde estaba antes; lo que usted está viendo no es la obra de Dios, sino de Satanás.

Lo primero que destruye la vida de la gente es la falta de orden: emocional, económico, intelectual y sentimental. Cuando estamos al borde del abismo decimos: *«No sé qué me pasó»*; *«No sé en qué momento caí en esta deuda»*. El desorden financiero nos lleva a gastar más de lo que ganamos, la mala administración de nuestro dinero es, a su vez, reflejo de un desorden emocional que nos hace sentir insatisfechos con lo que tenemos, queremos aparentar, o acallar nuestra angustia consumiendo más; es un círculo infernal. También somos desordenados con lo que comemos, con nuestros planes de estudio, con nuestro trabajo y con los proyectos familiares. Para darle sentido a nuestra vida debemos empezar por traer orden: una vez que nos organizamos nos damos cuenta de qué cosas están fuera de lugar, fuera de esa línea que trazamos para llegar a la meta. Esas son las cosas que no vienen de Dios, las que hay que desechar para caminar en su perfecta voluntad.

2 | El vacío

La expresión *«La Tierra estaba vacía»* no implica falta de cosas, sino falta de propósitos. Lo que nos hace felices no es la cantidad de bienes que tenemos, sino que esos bienes cumplan un fin conforme a lo que es justo. Cada vez que se le presenta una oportunidad, cada vez que tiene que tomar una decisión, la pregunta es: ¿se cumple el plan de Dios? No se pregunte si quiere o no quiere aquello, porque usted va a querer multitud de cosas que no le van a aprovechar para nada. Pasamos todo el tiempo haciendo, planeando, emprendiendo proyectos sin ningún sentido, sin dirección, solo al impulso de deseos pasajeros. Pregúntese: ¿y esto para qué? ¿De qué modo me acerca a la estatura de Cristo? Cuando se actúa sin propósito pasamos años pagando las consecuencias de lo que hicimos, sin saber por qué.

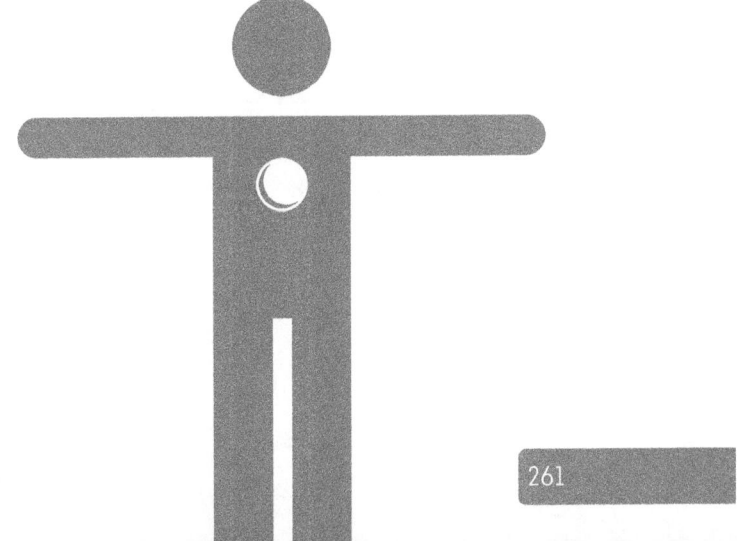

3 | La oscuridad

Las tinieblas son terribles para el ser humano, despiertan nuestros temores más atávicos. Cuando usted entra a oscuras en una habitación, aunque la conozca bien, comienza a caminar con torpeza, se desorienta. La condición más triste en que usted puede encontrarse es cuando hay oscuridad, esto es en la ignorancia. En lo oscuro se gestan cosas contra las cuales es imposible estar prevenido, situaciones que pueden dañarnos, sin siquiera darnos cuenta. No es casual que se conozca con el nombre de *«oscurantismo»* una etapa tan terrible en la historia humana, cuando se perseguía el conocimiento y se le ocultaba la verdad al pueblo -por eso mismo se prohibía la lectura de la Biblia, y se decían los sermones en latín-. La Escritura dice: *«Mi pueblo fue destruido porque le faltó conocimiento»*. **(Oseas 4:6)**. Y dice más: *«Mi pueblo fue llevado cautivo, porque no tuvo conocimiento»*. **(Isaías 5:13)**. No conocer es vivir en esclavitud, equivale a perecer. Todas las áreas donde usted desconoce la verdad son áreas donde está propenso a caer, donde corre peligro de muerte; por eso la Iglesia necesita armarse con la verdad en todos los ámbitos de su quehacer. A pesar de que estamos en la era de la información, las multitudes no piensan, se conforman con lo que les venden por verdadero. No podemos hacer una sencilla operación matemática sin calculadora, y el Facebook es una vitrina donde se muestra la ignorancia de la gente. ¡Pero lo más doloroso es ver a la Iglesia de Cristo sumida en la oscuridad! Hay líderes religiosos haciendo cosas absurdas: un pastor que lanza agua sobre sus fieles con una manguera para que reciban la *«unción»*, y miles haciendo fila para ser mojados. Otro hace convulsionar a su gente para mostrar el poder de Dios. Son solo ejemplos. Las cosas más disparatadas encuentran adeptos en nuestros días. Cuando usted no conoce la voluntad de Dios, cualquier manipulador lo arrastra, como decían los abuelos *«el que no conoce altar delante de cualquier fogón se persigna»*.

> *La Iglesia se desgasta discutiendo si las tradiciones culturales de un pueblo son pecado; si tomar una copa de vino es pecado; si celebrar la Navidad me convierte en un perdido; mientras el mundo perece por la necesidad de conocer el Evangelio. La oscuridad produce postración, falta de movimiento, temor a dar el paso. Una Iglesia que no se moviliza para cumplir su misión en el mundo es una iglesia que está en tinieblas.*

4 | El Espíritu de Dios se mueve

La buena noticia es que no importa cuán desordenada esté su vida, cuántas tinieblas haya a su alrededor, el Espíritu de Dios está moviéndose sobre el caos para guardar la obra del Creador. Todos hemos actuado mal, todos pecamos, pero en Cristo no debemos sentirnos más que nadie ni menos que nadie, su misericordia nos alcanza a todos. Dios siempre ha estado allí para ayudarnos, para consolarnos y para sacarnos del abismo. La Biblia narra la historia de hombres y mujeres que le han fallado a Dios, a su familia, a la humanidad, pero que son hijos de un Dios infalible que hace su voluntad aun a través de seres imperfectos como nosotros. Satanás no ha desaparecido desde los tiempos en que fue lanzado a la Tierra, aún es portador de destrucción, confusión y desorden. Pero el Espíritu Santo le dará a usted la dirección que necesita, porque no se ha apartado de la creación de Dios. No importa cuánto daño le haya hecho a usted el enemigo, Dios puede levantarlo y traer orden a su vida.

5 | Dijo Dios: sea la luz

No hay circunstancia tan terrible y tenebrosa que Dios no pueda transformar por medio de su palabra, que trae luz en medio de la oscuridad. Así lo dijo el apóstol Pedro: «Tenemos también la palabra profética más segura, a la cual hacéis bien en estar atentos como a una antorcha que alumbra en lugar oscuro, hasta que el día esclarezca y el lucero de la mañana salga en vuestros corazones». (2 Pedro 1:19). Es esa luz la que transforma el caos en orden. Fíjese en la forma en que está escrito el Génesis: «Dijo Dios». ¡Es su dicho el que cambia el mundo! En el capítulo 6 del Evangelio de Juan se relata que después de una de sus enseñanzas más difíciles, no solo las multitudes a las que había alimentado se alejaron, sino que, incluso, muchos discípulos de Jesús se volvieron atrás y lo abandonaron. Entonces, Él les preguntó a los doce: «¿Ustedes también quieren irse?». Ese episodio nos recuerda que a la gente no le gusta que la corrijan, le gusta que le digan que todo va a estar bien, que no tendrán que pagar un precio por seguir a Cristo; y hasta ciertos sermones no son hoy del agrado de las multitudes. Jesús no se preocupa si todos se van, él siempre nos dirá la verdad, por muy dura que sea; la solución no es irse, sino decirle, como hizo Pedro: *«Señor, ¿a quién iremos? Solo tú tienes palabras de vida eterna».* **(Juan 6:68)**. Su palabra ilumina el entendimiento: lo que la gente necesita no es el horóscopo, no es sabiduría oriental, no es el mensaje sentimental y meloso que se pone de moda en las redes sociales. Lo que la gente necesita es la Palabra viva de Dios. Lo que Dios dice que sea hecho será hecho, Jehová cumplirá su propósito en mí **(Salmo 138:8)**. No mí propósito, sino el de él. Cuando Dios me dice: "no vaya por ahí, es por este otro camino" y me empeño en seguir mi rumbo las cosas no salen bien. Por eso es necesario caminar en su luz.

6 | Dios separa

El nuestro es un Dios que separa las tinieblas de la luz, porque busca santidad. Este vocablo no alude a perfección, sino a separación. Dios dice que el pecador que usted tiene a su lado es un santo, ha sido apartado para Él. La pecadora que levanta las manos en la congregación no es una hipócrita, Dios dice que ella es santa, pues ha sido separada para adorarle a Él. Hay evangélicos que en su afán por ser santos se distancian del resto de la sociedad, creen que santificarse es asumir ciertas posturas, o alguna apariencia. Al final no resultan diferentes del resto de los mortales, sino más bien raros: se visten raro, hablan raro y se vuelven incomprensibles para sus semejantes. Confunden el ser conservadores de su pensamiento y de sus hábitos con la santidad. Pero Dios dice que todos los que han sido cubiertos con la sangre de Cristo son santos, separados fueron para Él. ¡Usted es santo! Dios nos escogió desde antes de la fundación del mundo para ser santos por medio de Cristo (Efesios1:4). En el caos que era nuestra vida nos escogió para darle a él honor y gloria, nos escogió porque quiso, porque le agradó. No porque usted sea más justo que quien escribe, no porque usted sea más bueno que quien predica, ni más decente que los que están afuera, sino «según el puro afecto de su voluntad». (Efesios 1:5). Es Dios quien nos trajo a la Iglesia, gracias a Jesucristo tenemos perdón de pecados, no porque ya no pequemos nunca más, sino porque Él nos lavó y nos santificó por puro afecto.

Dios siempre actúa con una finalidad, y sus obras tienen sentido. Cuando vemos el caos a nuestro alrededor nos preguntamos: ¿por qué existe tanto despropósito? Tanta vida destruida, tanta sinrazón... La única forma de no engrosar esa estadística, para lograr que nuestro paso por la Tierra tenga significado, es conocer y realizar el plan de Dios para nosotros y para su Iglesia. Pero no saber lo que uno tiene es exactamente igual a no tenerlo.

No conocer el propósito de nuestra vida equivale a que esta no tenga fin alguno, ¡es igual que malgastarla! Vivir en la ignorancia lo limita a usted, y le impide realizar el propósito del Padre.

Pero Él nos ha dado una forma de conocer sus planes y su voluntad: ¡lea la Biblia! En la medida en que usted adquiera conocimiento en su Palabra y se empeñe en poner orden en su camino, alcanzará la plenitud y el significado total de su existencia.

EL PRINCIPIO DE LAS COSAS

«Entonces, dijo Dios: 'Hagamos al hombre a nuestra imagen, conforme a nuestra semejanza, y tenga dominio sobre los peces del mar, las aves del Cielo, el ganado, y en toda la Tierra, y sobre todo animal que se desplaza sobre la Tierra'. Creó, pues, Dios al hombre a su imagen; a imagen de Dios lo creó; hombre y mujer los creó. Dios los bendijo y les dijo: 'Sean fecundos y multiplíquense. Llenen la Tierra; sojúzguenla y tengan dominio sobre los peces del mar, las aves del Cielo y todos los animales que se desplazan sobre la Tierra'. Dios dijo, además: 'He aquí que les he dado toda planta que da semilla que está sobre la superficie de toda la Tierra, y todo árbol cuyo fruto lleva semilla; ellos les servirán de alimento. Y a todo animal de la Tierra, a toda ave del Cielo, y a todo animal que se desplaza sobre la Tierra, en que hay vida, toda planta les servirá de alimento'. Y fue así. Dios vio todo lo que había hecho, y he aquí que era muy bueno. Y fue la tarde y fue la mañana del sexto día».
(Génesis 1: 26-31).

La naturaleza nos enseña que todo se desarrolla a través de ciclos, se perfecciona y crece. En ese proceso de la vida la Biblia da importancia al principio de las cosas. Para comprender cualquier hecho, el final del camino es importante, pero igualmente la forma -exitosa o no- en que terminan los ciclos, las relaciones, las empresas, tiene mucho que ver con la forma en que empezaron. Como dice la sabiduría popular: «*Lo que mal comienza, mal termina*». Por eso el principio de las cosas es esencial para que ellas progresen. Cada vez que la Biblia habla por primera vez de un asunto hay que ponerle atención.

Siempre que nos involucramos en un proyecto lo hacemos con la esperanza de que nos vaya bien con él. ¿Cómo hacer para que nuestros comienzos sean buenos? ¿Cómo comenzar de forma positiva para llevar a buen puerto lo que emprendemos? Sobre los comienzos podemos aprender a través de dos personajes bíblicos que representan el principio de la humanidad, antes de que se dañara por el pecado. Veamos algunos principios que nos muestra la historia de Adán y Eva.

1 | Una vida de libertad

La cualidad de ser naturales, espontáneos y auténticos, es algo que vamos perdiendo al crecer. Los niños no tienen consciencia de lo que es la desnudez, de que hay ciertos hábitos que no se deben practicar en público, de lo que significa guardar las apariencias. Ellos actúan con naturalidad hasta que comenzamos a decirles: «*No haga eso*»; «*No toque esto*»; «*¡Qué van a pensar de usted si lo ven*». Les enseñamos que es importante lo que otros piensen, y así van perdiendo el don de ser espontáneos. Adán y Eva andaban desnudos, no había malicia en ellos, vivían en completa libertad. Fue después de pecar que ambos se dieron cuenta de que estaban desnudos. Entonces, apareció la vergüenza, se escondieron de Dios. Cuando el Padre le pregunta a Adán por lo que ha hecho, él le responde: «*Oí tu voz en el huerto, y tuve miedo, porque estaba desnudo; y me escondí*». **(Génesis 3:10)**. En nuestras relaciones cotidianas no somos quienes realmente somos, usamos máscaras según la ocasión. Por ejemplo: cuando somos novios no nos comportamos como lo hacemos cuando ya hay confianza, cuando vivimos juntos, que es el momento en que dejamos salir a esa persona que nuestra pareja nunca conoció. En nuestra vida social nos peinamos, nos maquillamos, nos perfumamos para los demás. No estoy sugiriendo que no haya que arreglarse, hablo de la falta de honestidad con las otras personas, de cómo actuamos para dar una apariencia de algo que en verdad no somos. Proyectar una imagen falsa de nosotros no nos ayuda a llevar las cosas por buen camino. Dios quiere que seamos auténticos en la forma de orar, de expresar las emociones, de comunicarnos. Que seamos libres, no que vivamos copiando lo que hacen otros, o comprando lo que otros tienen solo por aparentar. Ser como niños tiene que ver con esa virtud de la naturalidad.

2| Una vida con propósito

La Biblia dice que Dios puso a Adán y Eva en el huerto para que lo labraran y cuidaran, para ejercer juntos un gobierno sobre la Tierra: tenían un motivo para estar allí, una tarea que cumplir, un proyecto social que los unía. La mayoría de la gente hace las cosas sin saber por qué y sin interesarse en cómo sus actos afectan al resto de la humanidad. Antes de iniciar cualquier empresa necesitamos tener claro el para qué, encontrar un propósito para comenzar la marcha. Si vamos a contraer matrimonio, la primera pregunta que debemos hacernos es: ¿para qué nos casamos? Si vamos a estudiar una carrera, si vamos a concursar por un empleo, o si haremos una inversión, preguntémonos por qué queremos hacerlo. ¿Para qué lo hacemos?

Si usted se hace esas preguntas, pero no sabe responderse, es porque está actuando sin ningún propósito. Es necesario hacerse esa pregunta tanto respecto a los asuntos grandes como respecto a los pequeños. ¿Para qué va a ir a ese lugar? ¿Para qué va a decir esas palabras? ¿Para qué quiere ahorrar ese dinero? Innumerables veces nos decimos -cuando ya es demasiado tarde-: *«¡No debí hacerlo!»*. *«¿Por qué hablé de ese modo?»*. A causa de no habernos preguntado antes qué es lo que nos anima, o qué queremos lograr, incurrimos en ese yerro. Cualquier cosa que hagamos, debe ir acompañada de un propósito. Si se pregunta *«para qué lo voy a hacer»*, y no tiene una buena respuesta, mejor no lo haga, espere la dirección de Dios.

3 | Una vida de libertad

La Biblia cuenta que Jehová bajaba al huerto a visitar al hombre y la mujer, conversaba con ellos, era su amigo. Antes de su caída, Adán y Eva vivían en constante cercanía con Dios. Usted y yo tenemos la misma posibilidad que tuvieron ellos de sentir cerca al Padre, de caminar con Él. A veces nos parece que Dios está demasiado lejos. Ese mismo sentimiento lo tuvo Jesús en la cruz cuando clamó: «Padre, ¿por qué me has abandonado?». Todos hemos experimentado alguna vez esa soledad, pero Dios siempre está dispuesto a acercarse a nosotros. De igual manera usted siempre podrá tener una relación de mayor cercanía con sus seres queridos: con su pareja, con sus hijos, con sus padres y con sus amistades. ¿Qué se lo impide? Examine aquellas cosas que le roban el tiempo que podría dedicar a las personas que ama, revise cómo puede cambiar la situación, cómo puede acercarse más a ellas. Examine también qué cosas puede quitar de su vida, que le impiden estar más tiempo con Dios cada día.

Aunque muchos no lo entiendan, lo que más estorba para nuestra cercanía con el Padre es la religiosidad. Por una parte, las ideas religiosas nos han hecho creer que si no somos perfectos no podemos acercarnos a Dios, por eso le gente dice: «Cuando deje de tomar licor, voy a ir a la Iglesia»; «Voy a ponerme seria con Dios cuando yo deje esta relación». Entienda que estar listos, salir de todos nuestros errores, es algo que no pasará nunca; siempre habrá algo por arreglar, algo por cambiar. ¡Acérquese a Dios mientras pueda! La Biblia dice: «Buscad a Jehová mientras puede ser hallado, llamadle en tanto que está cercano». (Isaías 55: 6). Él lo recibirá tal cual usted es. Por otra parte, la religiosidad nos hace creer que repitiendo ciertas fórmulas o rezos estaremos cerca de Dios. Entonces, no le hablamos como a un Padre, como a un amigo, sino como a un ser distante y solemne con quien no puedo tener un trato cara a cara. Pero Jesús vino a la Tierra para restablecer nuestra comunión con el Padre, esa comunicación que perdieron Adán y Eva en el huerto; y para mostrarnos que Él es, ante todo, un Padre. Otro de los obstáculos que nos impiden acercarnos a Dios es la soberbia, creer que estamos bien, y que no necesitamos de un ser superior. La soberbia no solamente nos separa de Dios, sino también de nuestros semejantes, inclusive de nuestros seres queridos.

> *Deshágase de sus pretextos, y acérquese a Jesús, Él es quien abrió el camino hacia el Padre amoroso que usted tiene. Para que el principio de cada proyecto y cada nuevo ciclo en su vida sean exitosos, acérquese a Dios, ponga todo en sus manos. Déjese conducir por su Palabra, y le irá bien.*

UNCIÓN PROFÉTICA

«La mano de Jehová vino sobre mí, y me llevó en el Espíritu de Jehová, y me puso en medio de un valle que estaba lleno de huesos. Y me hizo pasar cerca de ellos por todo en derredor; y he aquí que eran muchísimos sobre la faz del campo, y por cierto secos en gran manera.

«Y me dijo: 'Hijo de hombre, ¿vivirán estos huesos?'. Y dije: 'Señor Jehová, Tú lo sabes'.

«Me dijo, entonces: 'Profetiza sobre estos huesos, y diles: huesos secos, oíd palabra de Jehová'.

«Así ha dicho Jehová, el Señor, a estos huesos: 'He aquí, yo hago entrar espíritu en vosotros, y viviréis. Y pondré tendones sobre vosotros, y haré subir sobre vosotros carne, y os cubriré de piel, y pondré en vosotros espíritu, y viviréis; y sabréis que yo soy Jehová'.

«Profeticé, pues, como me fue mandado; y hubo un ruido mientras yo profetizaba, y he aquí un temblor; y los huesos se juntaron cada hueso con su hueso. Y miré, y he aquí *tendones sobre ellos, y la carne subió, y la piel cubrió por encima de ellos; pero no había en ellos espíritu'.*

«Y me dijo: 'Profetiza al espíritu, profetiza, hijo de hombre, y di al espíritu: Así ha dicho Jehová, el Señor: Espíritu, ven de los cuatro vientos, y sopla sobre estos muertos, y vivirán'.

«Y profeticé como me había mandado, y entró espíritu en ellos, y vivieron, y estuvieron sobre sus pies; un ejército grande en extremo'.

«Me dijo luego: 'Hijo de hombre, todos estos huesos son la casa de Israel. He aquí, ellos dicen: Nuestros huesos se secaron, y pereció nuestra esperanza, y somos del todo destruidos. Por tanto, profetiza, y diles: Así ha dicho Jehová, el Señor: He aquí yo abro vuestros sepulcros, pueblo mío, y os haré subir de vuestras sepulturas, y os traeré a la tierra de Israel».
(Ezequiel 37: 1-12).

El valle de los huesos secos, amontonados sobre el campo, sin orden ni concierto, es el cuadro de la vida sin Dios: el caos, la muerte, la ausencia de esperanza. Nos recuerda la tierra desordenada y vacía de Génesis 1:2. Este es uno de los pasajes más extraños de la Biblia, pero, como todo lo que hace Dios, tiene un propósito que nos sigue hablando a través de los siglos. Cuando Dios le dio esa visión al profeta, quería mostrarle que donde hay muerte Él siempre puede traer vida nueva; Él puede hacer que reverdezca lo que está seco. Incluso lo que tiene años de estar desecho escuchará la voz de Dios y cobrará vida. Jesús dijo: «De cierto, de cierto, les digo: la hora viene, y ya llegó, cuando los muertos oirán la voz del Hijo de Dios; y los que la oigan vivirán». (Juan 5:25). Si quienes forman parte del polvo de la tierra se van a levantar cuando Cristo los llame, ¿no puede Él ordenarle a cualquier situación en su vida que esté como los huesos secos, que se levante y reverdezca? Analicemos el mensaje de Ezequiel. ¿Cómo actúa a través de nosotros el poder de Dios para traer vida a donde hay desolación?

ME LLEVÓ EN EL ESPÍRITU

El profeta logra discernir que esa es una visión espiritual. Dios lo llevó en Espíritu a vivir una experiencia, a tener una visión a través de la cual quiso revelarle algo importante. Pero no únicamente en el Espíritu nos lleva Dios al valle de los huesos, muchas veces estamos en lugares y situaciones devastadoras, donde parece que no hay esperanza, solo desaliento. Y Dios nos pone allí para hablar su Palabra, para profetizar vida de Dios sobre lo que está muerto. Porque todos tenemos que cumplir una tarea. Dios le preguntó a Ezequiel: ¿vivirán estos huesos? Le estaba dando la llave, la respuesta la tenía el profeta. De esa manera Dios involucra a Ezequiel en la solución, es Él quien decide.

Todos los días usted es quien decide si la voluntad de Dios será cumplida. Usted es un colaborador de Dios, Él nos ha dado herramientas en su Palabra para transformar la realidad. Nosotros decidimos si queremos ser parte de la solución, o del problema.

Dios nos pregunta hoy: ¿vivirá mi Iglesia? ¿Se levantará de la inmovilidad y la aridez para dar fruto?

OÍD PALABRA DE JEHOVÁ

Dios le ordenó a Ezequiel que le hablara a los huesos, y les dijera: «Oíd Palabra de Jehová». La Palabra de Dios pone orden en el caos, pero para eso tiene que ser hablada. El caos tiene que oír la Palabra de Dios, y usted es la persona que puede declarar esa palabra sobre todo lugar y tiempo donde haya desorden. Ningún problema ha dejado de existir por estar hablando de Él, por estar recordándoselo a Dios. Nunca ore sus problemas, ore e invoque las soluciones, ese es un principio fundamental para quienes desean ver la gloria de Dios manifestándose. Háblele a sus problemas sobre lo que Dios va a hacer, dé orden a lo que está muerto, en el nombre de Jesús, para que viva: su relación de pareja, su vida familiar, la marcha de su empresa, su ministerio en la Iglesia. Hábleles a sus huesos secos, háblele a la crisis en su matrimonio, háblele a la rebeldía de sus hijos, háblele a la escasez financiera, háblele a su enfermedad, dígales a sus problemas: ¡oigan Palabra de Jehová!

DE DIOS VIENE LA UNCIÓN

Nadie llegará lejos sin la unción del Espíritu Santo. Es la llave de toda victoria, el camino para salir de la nada y llegar a lugares de honra, como nos enseña la historia del rey David, que fue ungido por el profeta Samuel cuando aún era un sencillo pastor de ovejas. Al principio nada sucedió, David siguió pastoreando ovejas; después fue músico, soldado, ladrón y fugitivo. Transcurrieron muchos años antes de llegar al trono. Pero desde aquel día en que fue ungido estaba escrito que reinaría sobre el pueblo de Israel, y ese decreto de Dios se cumplió. Cuando el Espíritu nos manda a hablar su Palabra eso es unción profética: hablar con autoridad de Dios, hablar la realidad de Dios sobre toda mentira. Hábleles a sus circunstancias lo que dice la Palabra, usted ha sido ungido con el Espíritu Santo para declarar la verdad de Dios sobre toda situación.

Es claro que con solo pronunciar una palabra las cosas no van a arreglarse mágicamente, usted enfrentará días difíciles, persecuciones y aflicción; tendrá que trabajar fuerte, perseverar en sus sueños; pero, si usted se mantiene firme, la Palabra de Dios se cumplirá, sin duda.

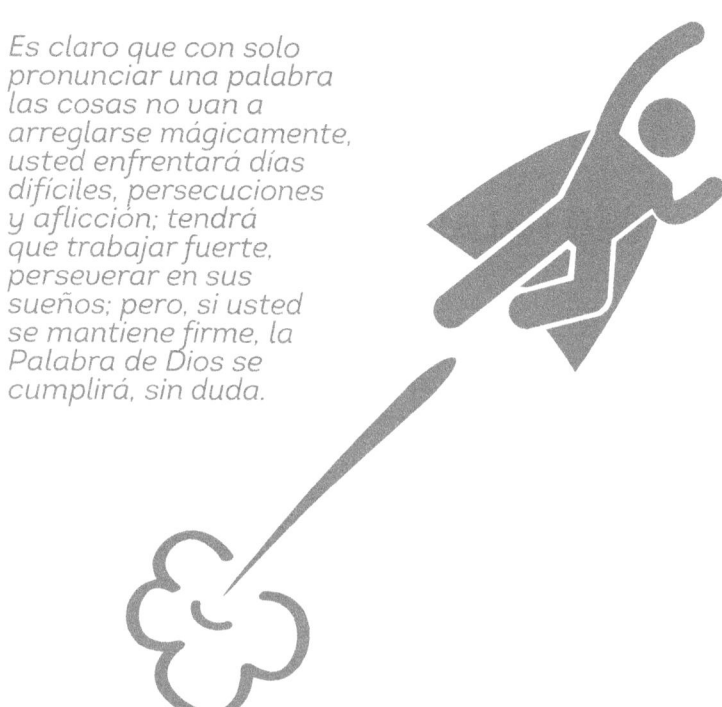

AGITE LAS AGUAS DEL ESPÍRITU

Génesis 1:1-2 nos enseña que, en medio del caos y la oscuridad, el Espíritu de Dios se está moviendo, así sucede en todas las situaciones de nuestra vida. Dios le ordenó a Ezequiel que dijera estas palabras: «Así ha dicho Jehová, el Señor: Espíritu, ven de los cuatro vientos, y sopla sobre estos muertos, y vivirán». Al hablar la palabra de Dios los huesos secos se organizaron, se cubrieron de tejidos, se convirtieron en cuerpos vivos, pero aún faltaba algo. Fue la presencia y el poder del Espíritu Santo los que levantaron esos cuerpos como un ejército; los hizo vivir. Igual que cuando el ser humano fue formado del barro de la tierra, Dios tuvo que soplar su Espíritu en nosotros. Busque la presencia, compañía y consejo del Espíritu Santo, siempre. Agite las aguas: levante oración, ayuno, vigilias, madrugue para adorar a Dios, lea la Biblia, abra un grupo de estudio y oración y realice un culto con su familia. Pídale al Espíritu de Dios que sople sobre todo aquello que necesita un toque divino, y lo que esté muerto vivirá.

ESPERE QUE COSAS SUCEDA

Cuando usted hable en el Espíritu de Dios, espere que cosas grandes sucedan. Habrá estruendo, temblores y sacudidas. No importa cuánto ruido escuche, siga adelante; cuando las cosas se acomodan, suenan. Espere resistencia, rugidos, enojo; esas son buenas señales de que algo grande viene.

> *Muchas personas comienzan a buscar a Dios, pero en cuanto el enemigo levanta la menor oposición, desisten; se enfrían, se preguntan por qué les pasa eso cuando están poniendo en orden su vida. ¡Pues eso es, precisamente, lo que ocurrirá al principio!*

Jesús dijo que el Reino de los Cielos sufre violencia, y los violentos lo arrebatan. **(Mateo 11:12)**. Póngase violento contra el adversario, revístase con la armadura de Dios y salga a la batalla, a tomar lo que es suyo. Espere truenos si quiere que venga la lluvia, la abundancia; el enemigo siempre hará bulla, tratará de asustar y de impedir que el propósito de Dios se cumpla. No se deje vencer por el temor, cuanto más ruido se produzca, más grande será el milagro que está a las puertas. ¡Siga adelante, porque un Dios poderoso es el que marcha delante de usted!

44

CELÉBRESE A SÍ MISMO

«También José introdujo a Jacob, su padre, y lo presentó delante del faraón; y Jacob bendijo al faraón. Y dijo el faraón a Jacob: '¿Cuántos son los días de los años de tu vida?'. Y Jacob respondió al faraón: 'Los días de los años de mi peregrinación son ciento treinta; pocos y malos han sido los días de los años de mi vida, y no han llegado a los días de los años de la vida de mis padres en los días de su peregrinación'. «Y Jacob bendijo al faraón, y salió de la presencia del faraón».
(Génesis 47: 7-10).

Cuando Jacob es presentado al faraón le dice que pocos y malos han sido los años de su vida. ¿Pensaría usted que 130 años es poco tiempo? Jacob habla desde su amargura, porque su historia ha estado llena de tragedias, temores y traición. Desde los tiempos en que engañó a su padre para arrebatarle la bendición, cuando tuvo que huir de su hermano dejando atrás a sus padres; los largos y duros años que trabajó para su suegro, a fin de que se le permitiera desposar a la mujer que amaba; y después el regreso temiendo que Esaú cumpliera su promesa de matarlo. En la vejez, las rencillas entre sus hijos, la muerte de su esposa, la desaparición de su hijo José. Y por último, la ruina y el hambre que asolaron su tierra. Vivió momentos de enorme tensión y de tristeza, si lo vemos así, son demasiados años. Y todo eso sucedió a pesar de que Jacob era un hijo del pueblo de Dios, un hombre que nació cubierto por el pacto de Dios con Abraham y su descendencia.

La vida de Jacob es semejante a la de miles de personas alrededor del mundo. Aun los cristianos, a pesar de las promesas de la Biblia para los que han creído, cargan con una historia de amargura, y se hacen viejos sin que lleguen a conocer la dicha, sin tener una vida satisfactoria. Lo paradójico de eso es que Jesús dijo que su venida a este planeta estaba profundamente relacionada con la felicidad de la gente. Desde que tomó el rollo del libro de Isaías para leer el pasaje donde está escrito que el Espíritu de Dios lo ungió para venir *«...a consolar a todos los que están tristes; a alegrar a los afligidos de Sión; a ponerles una diadema en lugar de ceniza, óleo de gozo en lugar de tristeza, un manto de alegría en lugar de un espíritu angustiado»* **(Isaías 61:2-3)**, Él se hizo a sí mismo portador de buenas nuevas, de noticias alegres. Y en Juan 10:10, al contar sus parábolas, anunció Jesús: «Yo he venido para que tengan vida, y para que la tengan en abundancia». En la Escritura, una y otra vez, se describe al Espíritu Santo como portador de gozo, paz y contentamiento. ¿Qué sucede entonces?

> *La religión pone el énfasis en casi todas las cosas que se consideran necesarias para ser un buen cristiano, o que son señales de que se es cristiano: las marcas externas, el cumplimiento de algunos ritos y el alejarse de dañinos hábitos. Pero ignoran una de las más importantes: el gozo del Señor.*

La capacidad de ser felices, sonreír y deleitarse en la vida, que debería ser el signo distintivo de todo creyente. En lugar de ello, los cristianos viven años como los de Jacob, pocos y malos, trabajados y en tragedias. ¿Cómo se vive una vida de abundancia? ¿Cómo se pasa de una existencia sufrida a una de alegría?

1 | Ámese

Todos somos críticos de nosotros mismos, en demasía; aunque ante los demás no lo digamos, en nuestro corazón nos juzgamos duramente. Jesús nos enseñó que después del primer y más grande mandamiento -amar a Dios-, el segundo consiste en amar al prójimo como a uno mismo. **(Marcos 12: 31)**. Es imposible amar a otros sin amarnos antes nosotros, por eso hay tanta violencia e insatisfacción en el mundo; la gente no está contenta consigo misma, más bien se odia a sí misma. Es necesario superar ese estado de cosas, comenzando hoy, por cada uno; recordando que es uno de los mayores mandamientos, y que no hay otros por encima de ellos. Mírese al espejo, sin crítica, alabe las cosas buenas que Dios ha hecho en usted, admírese y bendígase. Comience a practicar el amor por usted mismo, ese amor fluirá hacia los demás y traerá alegría, porque el dar amor siempre nos llena de gozo.

2 | Olvide el pasado

Ya hemos citado antes un pasaje del Nuevo Testamento en el que el Espíritu Santo nos da una clave fundamental para vivir una vida de victoria, cumpliendo el propósito para el cual Dios nos llamó. En la carta a los Filipenses Pablo nos muestra cómo, a pesar de haber sido perseguidor de cristianos en el pasado, y de haber, luego, enfrentado persecuciones y cárcel por amor a Cristo, se siente satisfecho y en paz: «*...olvidando, ciertamente, lo que queda atrás, y extendiéndome a lo que está delante, prosigo a la meta, al premio del supremo llamamiento de Dios en Cristo Jesús*». **(Filipenses 3: 13-14)**.

> *Deje atrás lo que pertenece al pasado, no se revuelque en sus antiguos dolores, en sus derrotas, en las emociones que experimentó cuando le sucedieron cosas tristes. Extiéndase hacia el mañana que desea y no se vuelva hacia el ayer que aborrece.*

3 | ¡Celébrese!

La mayoría de nosotros no sabemos más que aceptar los errores, los regaños y el juicio. Vemos las celebraciones de los demás, pero no sabemos celebrarnos. Nos vestimos «lindo» para las fiestas de los demás, pero nunca lo hacemos para nosotros mismos; les compramos regalos a quienes cumplen años, pero nunca nos regalamos a nosotros mismos. No nos sacamos a pasear, o a comer, nos cuesta mucho hacer algo solo para complacernos, nos sentimos culpables si nos dedicamos tiempo y dinero. Aprenda a celebrarse, escoja lo que le gusta y disfrútelo, agasájese a sí mismo. El libro de Deuteronomio nos habla de las fiestas que el pueblo judío dedicaba a Dios, banquetes que duraban varios días. «Siete días celebrarás fiesta solemne a Jehová, tu Dios, en el lugar que Jehová escogiere; porque te habrá bendecido Jehová, tu Dios, en todos tus frutos, y en toda la obra de tus manos, y estarás verdaderamente alegre». (Deuteronomio 16: 15). Dios quiere que seamos capaces de celebrar sus regalos, sus dones, que nos alegremos con la gente que amamos, que saquemos un tiempo importante solo para divertirnos y agradecer sus bendiciones.

4 | Aléjese de cuanto le trae amargura

No culpe a todos por todo lo malo que le ha pasado, deje de buscar a quien hacer responsable de sus penas, al fin y al cabo todos las hemos tenido. Perdone a quien le hizo daño, pero perdonar no es quedarse donde lo lastiman. Aprenda a poner distancia entre usted y las personas o los eventos que lo han herido, aléjese de los resentidos, huya de quienes son portadores eternamente de pleitos y discordia. Usted tiene derecho a decir no, tiene derecho a apartarse de los conflictos y a disfrutar la paz que Dios le ha prometido. Proverbios 13:20 dice: «El que anda con los sabios se hará sabio, pero el que se junta con los necios sufrirá daño». Cuando usted se rodea de gente violenta, su violencia termina golpeándolo. Cuando usted se rodea de gente amargada, su amargura termina asfixiándolo. Para vivir en plenitud de gozo, busque a la gente que es amiga de las cosas amables y las sonrisas.

45
TRES ENEMIGOS DEL REINO

«En aquellos días apareció Juan, el Bautista, predicando en el desierto de Judea, y diciendo: '¡Arrepiéntanse, porque el Reino de los Cielos se ha acercado!'».
(Mateo 3: 1-2)*.*

Juan, el Bautista, comenzó a predicar anunciando la llegada del Mesías, llamando a la gente a arrepentirse. El arrepentimiento entendido como la capacidad de reconocer nuestros pecados, y de recibir el perdón de Dios, es necesario para entender el regalo de la gracia. No podemos valorar lo que hizo Jesús por nosotros a menos que seamos capaces de mirar hacia adentro, para reconocer nuestros defectos y faltas. Por eso Juan, que fue enviado a preparar el camino de Jesús, comienza por llamar a todos al arrepentimiento. Jesús vino a plantar en cada uno de nosotros una semilla del Reino, pero es necesario comprender que hay una gran diferencia entre ser gente de Iglesia y ser gente del Reino. La gente de Iglesia es la que se congrega los domingos, tiene una Biblia, canta en el culto, incluso trae sus diezmos y sus ofrendas. Pero el Reino de Dios es otra cosa: no consiste en lo que hacemos en el culto, sino más bien en lo que hacemos fuera. Es una forma de vida, es un deseo sincero de ser como Jesús.

> *El Reino de Dios está dentro de cada uno, e impacta todas las acciones: el caminar, la visión de la sociedad, la manera de entender al Padre y comunicarnos con Él. El Reino es lo que recibimos de Dios para llevar al mundo, lo que salimos a plantar, y no puede ser plantada sino aquella semilla que llevamos dentro.*

El hombre y la mujer del Reino salen de su casa y se saben embajadores de Dios, por eso procuran influir para bien en todas las personas que tienen a su alrededor. Procuran dar lo mejor de ellos. Hay quienes tienen muchos años de asistir a la Iglesia, pero aún no logran ser gente del Reino, no logran adquirir la ciudadanía del Reino. ¿Por qué sucede eso? Hay tres enemigos del Reino que pueden destruir la semilla que ha sido plantada en usted. Vamos a hablar de ellos.

1 | La independencia

Jesús, en la última enseñanza que dio a sus discípulos, antes de ser arrestado, nos entregó el secreto para ser gente del Reino. En Juan 15:5 dijo: *«El que permanece en mí, y yo en él, ese lleva mucho fruto; porque separados de mí nada podéis hacer»*. La gente que se aferra a su propia opinión, y quiere ser soberana en sus decisiones, no consigue dar fruto en el Reino. Necesitamos volvernos profundamente dependientes de Dios, entender que sin Jesús nada podemos alcanzar, que en Él caminamos, en Él nos movemos. **(Hechos 17:28)**. Aprender a consultar con Él todas nuestras decisiones, pidiendo a Dios con humildad: *«Señor, enséñame el camino»*. Jesús fue a la cruz para restaurar nuestra relación con el Padre, pero también para restaurar nuestra relación con nuestros semejantes. La independencia anula la obra de la cruz, nos impide estar unidos al Padre y nos separa del prójimo. Porque Jesús quiere que seamos dependientes unos de otros en amor, como miembros de un mismo cuerpo. Cuando oró al Padre por sus discípulos, Jesús pidió: *«...estos están en el mundo, y yo voy a Ti. Padre santo, a los que me has dado, guárdalos en tu nombre para que sean uno, así como nosotros»*. **(Juan 17: 11)**. Jesús fue a la cruz para sanar la relación de cada uno con el resto de la gente que le rodea, no para depender de una forma equivocada, sino de una manera sana. Porque hay personas que para todo dependen de otras: de la opinión de su mamá, de lo que digan sus amigas, del permiso de su novia o del esposo. No se trata de eso. En el Reino entendemos que somos uno en Cristo, que podemos **(y debemos)** orar a solas, buscar a Dios a solas, pero necesitamos la comunión con los hermanos, orar juntos, congregarnos y ayudarnos unos a otros. La gente del Reino sabe que Iglesia no es un edificio, Iglesia es la asamblea de los santos, lo que hacemos juntos; y entiende que no hay unción si no estamos en relación con el cuerpo, apegados; es la comunidad de los creyentes, porque es allí donde desciende la unción del Espíritu, desde la cabeza a los pies. La gente del Reino busca constantemente la cercanía de los hermanos, procura estar unida al cuerpo de Cristo y no se conforma con una reunión o un culto cada semana.

2 | El resentimiento

En Mateo 26: 47-50 encontramos el relato del momento en que Jesús es aprehendido:

«Mientras todavía hablaba, vino Judas, uno de los doce, y con Él mucha gente con espadas y palos, de parte de los principales sacerdotes y de los ancianos del pueblo. Y el que lo entregaba les había dado señal, diciendo: 'Al que yo besare, ese es; prendedle'.

«Y en seguida se acercó a Jesús, y dijo: '¡Salve, Maestro!' Y lo besó.

«Y Jesús le dijo: 'Amigo, ¿a qué vienes?'».

Esa es una pregunta terrible. Jesús sabía cuál era la obra de Judas, sabía de su traición. Sin embargo, lo interroga: *«¿A qué vienes, amigo?»*. Si Judas, en ese momento, se hubiese arrepentido de su pecado, habría recibido el perdón, como fue perdonado Pedro, que negó al Señor tres veces, y lo maldijo; como fueron perdonados todos sus amigos que lo abandonaron en la prueba final. Vemos aquí a un Jesús que, horas antes de la cruz, no tiene sombra de amargura en su corazón, no hay rencor en Él.

Es que el Reino de Dios no puede crecer sino en un corazón perdonador, esa es la lección que recibimos de nuestro Señor. Mientras vivimos cargados de rencores y resentimiento el Reino de Dios no puede crecer en nosotros.

Jesús fue capaz de decir una palabra dulce, la más dulce: *«amigo»*, en su momento de mayor aflicción. Dejó pasar el agravio y tuvo amor aun para quien le había traicionado, por eso Él es la más pura expresión de la clase de gente que edifica el Reino de los Cielos. Jesús es el Reino. El profeta Zacarías tuvo una visión profética en la que vio aparecer a un varón -que no es otro sino Jesucristo-, y dice que los moradores de Jerusalén mirarán a aquel a quien traspasaron y llorarán: *«Y le preguntarán: ¿Qué heridas son estas en tus manos? Y él responderá: con ellas fui herido en casa de mis amigos»*. **(Zacarías 13: 6)**.

Resentimiento es amargura, enojo, pero también significa debilidad, es un sentimiento que destruye. Jesús no cargó consigo ni un gramo de amargura, pidió perdón, inclusive por los que lo llevaron a la cruz. Y quienes anhelamos ser gente del Reino tenemos que entender que el resentimiento por las cosas pasadas, el rencor contra quienes nos han herido, es un veneno que mata la simiente del Reino.

3 | La rebeldía

Este es el otro asesino de toda semilla del Reino que haya sido plantada en usted. De nuevo, al describir las últimas horas de Jesús, Lucas relata que Él fue al monte de Los Olivos, seguido por sus discípulos: «...*y puesto de rodillas oró, diciendo: Padre, si quieres, pasa de mí esta copa; pero no se haga mi voluntad, sino la tuya*». **(Lucas 22: 41-42)**.

Esta oración es desgarradora, porque es la única oración hecha por Jesús que no tuvo respuesta del Padre. El Padre guardó silencio cuando Jesús expresó su deseo de no ir a la cruz: estaba en la flor de la vida, no quería morir. Y cuando le dice al Padre: «*Si quieres, pasa de mí esta copa*» lo más importante, lo que determinó nuestra salvación es que también le dijo: «*Pero no se haga mi voluntad, sino la tuya*». El tercer enemigo silencioso del Reino es, precisamente, la afirmación de la voluntad. La rebeldía es la reivindicación de las propias ideas por encima de quien tiene autoridad sobre la vida, es oponer la voluntad personal a la de Dios. Lo que es enemigo del Reino, lo que mata la semilla de Dios, no es que tengamos sentimientos e ideas propias, sino que queremos que prevalezca nuestro parecer a toda costa. Cuando somos gobernados por nuestras opiniones, y hacemos nuestra propia voluntad, aunque no sea lo correcto, estamos cayendo en rebeldía. Quien no quiere ser rebelde se sujeta a la autoridad, aunque no esté de acuerdo con algunas decisiones; aunque piense que le gustaría tomar

otro rumbo. Puede expresar sus puntos de vista, pero espera el tiempo oportuno, es obediente. La persona rebelde es manipuladora, porque trata de controlar a los demás para imponer su propia voluntad, eso es lo único que la satisface. Y cuando anteponemos nuestra voluntad a la de Dios, estamos impidiendo que su Reino crezca en nosotros.

Jesús vino a establecer el Reino de Dios en nuestra vida, pero hay tres adversarios que nos impiden crecer en ese Reino. Escudríñese cada uno, y reconozca si les ha abierto lugar en su corazón a esos enemigos. Libérese del resentimiento, renuncie a ser rebelde y aprenda a depender de Dios en todo. Dios quiere que estemos sujetos a Él, agarrados de Él en todo lo que hacemos, y Él se encargará de hacer que prospere la semilla del Reino que habita en usted.

46
HUBO EN ELLOS OTRO ESPÍRITU

«Después de explorar la tierra, volvieron al cabo de cuarenta días. Al volver a Cades, en el desierto de Parán, se presentaron ante Moisés y Aarón y toda la congregación de los hijos de Israel, y les dieron la información y les mostraron los frutos de la tierra. También les dijeron:

'Nosotros llegamos a la tierra a la cual nos enviaste. Esta, ciertamente, fluye leche y miel, y aquí tienes sus frutos. Pero la gente que habita esa tierra es fuerte, y las ciudades son muy grandes y fortificadas; además, allí vimos a los hijos de Anac. Los amalecitas habitan en el Négueu, los hititas, jebuseos y amorreos habitan en el monte, y los cananeos habitan junto al mar y en la ribera del Jordán'.

«Caleb pidió al pueblo que se callara delante de Moisés, y dijo: 'Subamos, pues, y tomemos posesión de esa tierra, porque nosotros podremos más que ellos'.

> «Pero los que habían ido con él dijeron: 'No podemos atacar a ese pueblo, porque ellos son más fuertes que nosotros'.
>
> «Además, entre los hijos de Israel hablaron mal de la tierra que habían explorado, y hasta dijeron: 'La tierra que recorrimos para explorarla se traga a sus habitantes. Toda la gente que allí vimos son hombres de gran estatura. Allí vimos también gigantes. Son los hijos de Anac, esa raza de gigantes. Ante ellos, a nosotros nos parecía que éramos como langostas; y a ellos también así les parecíamos'.
> **(Números 13: 25-33)**.

Cuando el pueblo de Israel estaba por entrar en la tierra de la promesa, Moisés envió emisarios a explorar aquellos dominios que Dios les entregaba. Siguiendo sus instrucciones se escogió a un representante de cada tribu, y los doce marcharon para ver cómo era aquella tierra y la gente que la habitaba. Ese pasaje nos cuenta lo ocurrido cuando los doce espías regresaron. Según nos enteramos en el capítulo siguiente, de toda la nación apenas dos personas calificaban para entrar en la buena tierra: mientras el pueblo lloraba y gritaba en contra de Moisés y Aarón, los líderes que Dios les había dado, y preguntaban por qué no los dejaron morir en Egipto, solamente Josué y Caleb dieron un informe alentador: aquella era una tierra buena y rica, y debían entrar a poseerla. Por eso dijo Dios en aquel día:

> «Pero tan cierto como que yo vivo, y que mi gloria llena toda la Tierra, ninguno de los que vieron mi gloria y las señales que hice en Egipto y en el desierto, los cuales ya me han puesto a prueba diez veces, y no han querido obedecerme, llegará a ver la tierra que les prometí a sus padres. ¡Ninguno de los que me han rechazado la verá! Solo a mi siervo Caleb lo llevaré a la tierra donde él entró. A él y a su descendencia les daré posesión de la tierra, porque en él hay otro espíritu, y porque ha decidido seguirme». **(Números 14: 21-14)**.

Efectivamente, de aquella generación solamente Josué y Caleb conquistaron la tierra prometida. Recibieron la bendición que Dios tenía dispuesta para muchos más, porque hubo en ellos otro espíritu. Su historia nos enseña que hay dos tipos de espíritu: el que tienen quienes entran en la tierra, y el que tienen quienes perecen en el desierto. Ninguno de nosotros quiere ser de los que mueren en el intento. ¿Cómo llenarnos del espíritu correcto? ¿Cómo son quienes no llegan jamás al destino prometido? Veamos qué actitudes tenían ellos, para evitar a toda costa caer en sus errores.

 Gente que ignora la bendición y se enfoca en los problemas

Los espías trajeron noticias de que esa tierra manaba leche y miel, y recogieron frutos para mostrar que era fértil y producía abundantes cosechas. Sin embargo, pusieron el énfasis en las dificultades que tendrían: el pueblo que habita esa tierra es fuerte, las ciudades fortificadas, allí viven los hijos de Anac, que son de enorme estatura. Todo aquello en lo que nos enfocamos crece y se agiganta. En lugar de confiar en la promesa de Dios y disponerse a tomar las bendiciones, diez de los doce espías anunciaron que sería imposible lograr la conquista, porque solo tuvieron ojos para los problemas.

 Gente que desarrolla un sentimiento de impotencia

Los seres humanos fuimos creados para poder y poseer. Mire a los niños: ellos creen que pueden lograr todas las cosas, sueñan en grande. ¿Cómo es que al crecer nos conformamos con tan poco? En el camino aprendemos a decir: no puedo. Los espías pesimistas dijeron: *«No podemos subir contra ese pueblo, porque es más fuerte que nosotros».* **(Verso 31)**. Si usted quiere llegar a la tierra prometida tiene que despojarse de ese espíritu de impotencia. Ser hijo de Dios significa ser parte de una estirpe sin límites, que está persuadida de que en Cristo todo le es posible.

Eran murmuradores e inventores de males y plagas
«Esa tierra se traga a sus moradores», dijeron los espías. **(Verso 32)**. Somos muy dados a la exageración cuando enfrentamos situaciones difíciles; es, además, una forma de manipular a otros, de alcanzar la compasión y comprensión de los demás ante nuestros fracasos. Los comentarios pesimistas y los inventarios de males deben ser controlados, debo aprender a no involucrarme en la murmuración que corre anunciando derrotas y sembrando el temor. Mi boca debe ser una fuente de bendición, ánimo y aliento, no de maldición.

 Tenían baja autoestima
«Esa tierra se traga a sus moradores», dijeron los espías. **(Verso 32)**. Somos muy dados a la exageración cuando enfrentamos situaciones difíciles; es, además, una forma de manipular a otros, de alcanzar la compasión y comprensión de los demás ante nuestros fracasos. Los comentarios pesimistas y los inventarios de males deben ser controlados, debo aprender a no involucrarme en la murmuración que corre anunciando derrotas y sembrando el temor. Mi boca debe ser una fuente de bendición, ánimo y aliento, no de maldición.

 ¿Cuál es el espíritu que sí conquista la Tierra?
«...mientras Josué, hijo de Nun; y Caleb, hijo de Yefune, que eran dos de los que habían ido a explorar la tierra, se rasgaban las vestiduras y hablaban con toda la congregación de los hijos de Israel, diciendo: 'La tierra que recorrimos para explorarla es sumamente buena. Si el Señor se agrada de nosotros, Él mismo nos introducirá a esa tierra y nos la entregará; ¡es una tierra que mana leche y miel! Así que no se rebelen contra el Señor, ni tengan miedo de la gente de esa tierra. ¡Nosotros nos los comeremos como si fueran pan! No les tengan miedo, que el dios que los protege se ha apartado de ellos, y con nosotros está el Señor'». **(Números 14: 6-9)**.

La cualidad más importante que podemos notar en los enviados que dieron una información alentadora es que pusieron su confianza en Dios: si Él nos trajo hasta aquí, si Él se agrada de nosotros, Él mismo nos entregará esta tierra. La segunda cualidad es que confiaron en su capacidad para vencer a quienes se les opusieran:

es la actitud que dice ¡sí podemos! ¡Sí podemos! ¡Sí podemos! El espíritu que conquista la buena tierra es el que recibe la victoria como un don de Dios, con gratitud. Cuando el Señor le dijo a Moisés que mandara una avanzada a aquel territorio declaró: «... *para que exploren la tierra de Canaán, la cual voy a dar a los hijos de Israel»*. **(Números 13:2)**.

> *Cuando Dios dice que va a entregarnos la victoria debemos desechar el temor, y caminar con coraje, sin desistir, sin hacer caso de las voces que nos llaman a rendirnos, que siempre son mayoría.*

El pueblo de Israel estaba en Cades a la espera de la información que iban a traer los exploradores; diez de ellos los llamaron a rendirse, dos de ellos los llamaron a luchar y tomar lo que Dios les entregaba. Por escuchar a los diez agentes del temor pasaron otros treinta años dando vueltas en el desierto y de toda aquella generación solo Caleb y Josué recibieron su herencia en la tierra prometida. Porque hubo en ellos un espíritu de poder, el mismo que nosotros hemos recibido por medio de Jesucristo para alcanzar la victoria.

ACEPTADOS POR DIOS

«Por amor nos predestinó para que fuéramos adoptados como hijos suyos por medio de Jesucristo, según el puro afecto de su voluntad, para alabanza de la gloria de su gracia, con la cual nos hizo aceptos en el Amado».
(Efesios 1: 5-6).

Pablo habla aquí de algo que hizo Jesús a favor de nosotros: nos hizo aceptos para el Padre. Según el diccionario español, esa palabra significa 'ser agradables, bien recibidos, admitidos con gusto', como hijos, adoptados por amor.

Las religiones nos enseñan a hacer cosas para agradar a la divinidad, se nos dice que hay acciones con las que nos ganamos su favor, y otras que enojan al Ser Supremo. Pero, en un solo versículo, Pablo dice que Jesús nos hizo aceptos: aprobados, bienvenidos, incluidos en la familia. Y eso lo dice alguien como Pablo, que fue profundamente rechazado cuando se convirtió al cristianismo: por los judíos, por los fariseos, por los griegos... Inclusive gente en la cual él invirtió gran parte de su vida lo traicionó, le dio la espalda. Pablo no fue rechazado solamente de palabra, fue perseguido, apedreado y encarcelado por enseñar el Evangelio. ¡A pesar de todo, él habla de la aceptación que ha recibido! Del amor con que ha sido acogido por Dios.

LAS SECUELAS DEL RECHAZO

Observe todo lo que hacen los niños en busca de aceptación. Ese anhelo no se borra con los años, seguimos haciendo toda clase de cosas para ser aceptados. Entregamos nuestra intimidad, nuestra sexualidad, nuestro dinero y nuestro tiempo, solamente por recibir aceptación. La gente nos acepta en la medida en que digamos las cosas que quieren escuchar. Todos los demás nos acogen, si están de acuerdo con lo que hacemos. Pero, si no cumplimos con sus expectativas, seremos rechazados; y esas personas pueden ser sumamente crueles con nosotros por pensar o actuar de modo diferente. Por eso se gastan millones en campañas por la inclusión, por la aceptación de las diferencias, por el respeto a todas las personas, independientemente de su condición; porque el daño que hace el rechazo se puede convertir en un verdadero problema de salud pública. Por eso los seres humanos ocultamos lo que somos realmente, porque nos da vergüenza que no seamos aceptados.

El rechazo sufrido en la niñez y la adolescencia marca a la gente y sus relaciones, muchos de nuestros complejos tienen allí su origen y seguimos reaccionando de formas inapropiadas para ocultar nuestro temor al rechazo. Algunas consecuencias que eso trae a nuestra vida, son:

La baja autoestima:
A consecuencia de esa historia de rechazos llegamos a creer que no somos dignos de aprecio y que no valemos nada. Hay personas que van por la vida cargando una relación que detestan; un matrimonio que no sirve más que para hacerles daño; escondiendo su rostro detrás de argumentos religiosos, de prejuicios religiosos; en realidad lo único que les preocupa es qué van a decir de mí los demás. Se quedan juntos no porque tengan esperanza, sino por la desvalorización total de sí mismos; porque no creen merecer nada mejor. ¿Cómo podemos reparar una autoestima dañada? La autoestima se restaura solamente cuando entendemos que Dios nos ama y nos acepta plenamente. Cuando se nos revela la clase de Padre que es Él, que hará lo que tenga que hacer para bendecirnos. Este Dios que ha dicho a su pueblo:

«Porque yo, Jehová, Dios tuyo, el Santo de Israel, soy tu Salvador; a Egipto he dado por tu rescate, a Etiopía y a Seba por ti.

*« Porque a mis ojos fuiste de gran estima, fuiste honorable, y yo te amé; daré, pues, hombres por ti, y naciones por tu vida». **(Isaías 43: 3-4)**.*

El enojo:
Vivimos inconformes, a disgusto con todo y con todos, al borde de la ira, porque nos rechazamos a nosotros mismos, tal como otros nos rechazaron. Si no podemos aceptarnos, vivimos peleado con el mundo, buscando cualquier pretexto para estallar: fíjese en los conductores en las calles, en la gente que asiste a los estadios, en cualquier situación donde se aglomeran multitudes. Nuestra conducta es violenta, estamos llenos de enojo; y todo eso comienza con lo que sentimos por nosotros mismos. La Biblia nos enseña que es de sabios contenerse y aplacar la ira. **(Proverbios 29: 8-11)**.

La rebeldía:
Ir siempre contra corriente, enfrentados a todo, es otra respuesta al rechazo. Basta ver nuestra actitud ante las señales de tránsito, hacemos exactamente lo contrario de lo que nos indican. Esa rebeldía no nace de una postura filosófica, de una convicción, sino del enojo con la autoridad y con todo el que pretenda indicarnos lo que no podemos hacer. Porque la insatisfacción interna del ser humano lo conduce a querer hacer lo opuesto de lo que se le permite, a ir en contra de la ley; y ese mismo espíritu nos arrastra a oponernos a Dios. Pero la rebeldía contra Dios nos hace habitar en sequedales, los Cielos son como de bronce y la Tierra como de hierro, sin fruto. **(Deuteronomio 28: 23; Salmos 68: 6)**. Únicamente, cuando renunciamos a la rebeldía, y estamos dispuestos a someternos a Dios, Él puede reparar las heridas del rechazo.

La desconfianza:
La experiencia de ser despreciados provoca que no podamos creer que alguien nos ame, y que pueda sernos fiel. Nacen los celos enfermizos, nos inventamos traiciones a causa de nuestro convencimiento de ser rechazados; y muchas veces nos sobreviene el mal que tanto temíamos, porque atormentamos de tal forma a nuestra pareja con los celos, que más bien la alejamos. Pero, ¿cómo superamos esos temores? ¿Cómo se cura ese sentimiento? La salud emocional comienza cuando comprendemos que todo el mundo nos puede fallar; que en algún momento todos nos defraudarán; que únicamente Dios es fiel, y solo puedo salir adelante si me aferro a Él por completo.

EXPERIMENTADO EN RECHAZO

Es impresionante ver la cantidad de cosas desechables que el ser humano ha inventado. Vivimos en una cultura de descarte: producimos basura, no reciclamos porque nos acostumbramos al mal uso de los recursos, a lo que resulta más fácil, aunque esté dañando nuestro entorno. Somos enseñados por una sociedad de consumo a comprar lo que no necesitamos, incapaces de ahorrar porque nos movemos en un sistema de mercado que seduce a la gente para que gaste más y más. Y eso va más allá de nuestra historia personal: un municipio tarda en asfaltar una calle, después de que otra institución la rompió, porque no supieron planificar; el mismo Gobierno que invirtió dinero en la calle termina destruyéndola. Piense en la cantidad de bebidas alcohólicas que se consumen, en un solo fin de semana, en el país; es un despilfarro inmenso de riqueza, sin contar la cantidad de basura que se produce a consecuencia de las fiestas. De la misma manera que descartamos las cosas también lo hacemos con las personas. Es algo que hemos aprendido, y lo aprendimos de la manera más cruel: habiendo sido desechados nosotros mismos. El rechazo que más duele es el rechazo que usted encuentra en su casa, y ese es el que luego reproducirá para otros.

Jesús es un experto en el rechazo, el menosprecio, el quebranto. **(Isaías 53:3)**. Aún no había nacido cuando vivió por primera vez esa experiencia. Recordemos que cuando José supo que María estaba embarazada quiso repudiarla, tuvo que intervenir un ángel para que no la abandonara. Jesús sintió el rechazo, experimentó el dolor y el temor de su propia madre ante lo que se avecinaba. El rechazo alcanza a millones de seres humanos antes del nacimiento, sus madres no los esperaban, sus padres no los reconocen siquiera, los abuelos no quieren saber nada de ellos. Ya en su vida adulta

Jesús experimentó el rechazo de la gente a la que más amó, a la que sirvió. Cuando multiplicó los panes y los peces y alimentó a miles, las multitudes lo siguieron. La gente siempre nos sigue mientras les damos de comer lo que quiere, pero esa misma gente da la vuelta y se va, nos deja solos.

Cuando Jesús les predicó sobre lo que no les gustaba, muchos de sus discípulos dejaron de seguirlo, según leemos en **Juan 6: 66.** A Jesús lo rechazó su amigo Judas, a quien le tenía tal confianza que lo puso a cargo de la bolsa del dinero. Era tal el aprecio que Jesús le tenía que cuando anunció que uno de ellos lo iba a entregar los demás no pensaron que iba a ser Judas, preferían dudar de sí mismos antes que pensar mal del amigo de Jesús, por eso preguntaron: ¿seré yo? Judas metía su pan en el mismo plato en que comía Jesús, ese era el grado de cercanía que había entre ellos, pero lo traicionó. La ciudad de Jerusalén vio a Jesús sanando a ciegos, paralíticos, sordos y mudos; lo aclamó, su gente quería hacerlo rey. Pero en el momento en que Pilatos les pregunta: «¿A quién quieren que les suelte, a Jesús, o a Barrabás?, quienes lo habían aclamado no dudaron en gritar: ¡A Barrabás!». Dejaron que muriera el justo, el inocente. Varios siglos antes del nacimiento de Jesús, el profeta Isaías tuvo una visión de lo que Cristo sufriría: *«Despreciado y desechado entre los hombres, varón de dolores, experimentado en quebranto; como que escondimos de Él el rostro, fue menospreciado y no lo estimamos»*. **(Isaías 53:3)**. Escondernos es una forma de rechazo; no dar la cara, ocultarnos, eso fue lo que hizo la humanidad con Jesús.

SALUD EMOCIONAL

El rechazo produce depresión, ansiedad y baja autoestima. ¿Cómo es posible, entonces, que Jesús haya sido tenido tan grande capacidad de amar y perdonar? Él es una persona emocionalmente sana. A pesar del rechazo que experimentó, Jesús tenía una altísima autoestima, una imagen buena de sí mismo.

Cuando supo que se acercaba su hora, lavó los pies de sus discípulos, y luego les dijo: *«Ustedes me llaman Maestro y Señor, y dicen bien, porque lo soy»*. **(Mateo 13: 13)**. Él es consciente de su propia valía, Él sabe bien quién es *(por eso mismo no se sintió humillado por lavarles los pies a sus discípulos)*. Cuando Jesús se encontraba con los más pobres, con los enfermos, con las mujeres rechazadas, era amable y tierno con todos; les ayudaba y se sentaba a enseñarles. Eso no puede hacerlo quien tiene una baja autoestima, no puede mostrar tanta aceptación hacia los demás quien está, emocionalmente, dañado.

Ese rasgo en la personalidad de Jesús nos revela que, si entendemos el amor que nos tiene el Padre, ningún rechazo puede derrotarnos. Cuando Jesús fue bautizado por Juan sucedió algo extraordinario que se relata en el **Evangelio de Marcos 1: 11:** se oyó una voz del Cielo que dijo: *«Este es mi Hijo amado, en quien tengo complacencia»*. Jesús no había hecho aún ningún milagro, no había predicado ningún sermón ni sanado a nadie. El Padre se complace en Él solamente porque es su Hijo. La religión nos ha distorsionado la imagen de Dios, nos ha hecho creer que Dios solamente ama a la gente que ha hecho cosas buenas, o que va al culto o a la misa. Que ama más a la gente que está en el púlpito. Pero esas palabras del Padre nos muestran otra cosa, y esas palabras son también para nosotros. Cuando usted comprenda que es amado por el Padre, cuando logre sentir en su corazón la aceptación de Dios, lo que los demás digan le va a importar mucho menos.

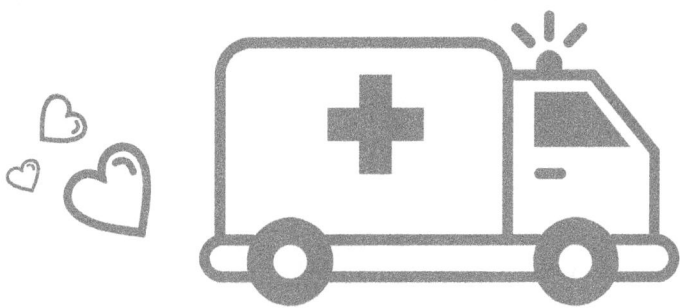

ACEPTOS EN EL AMADO

Con la edad la experiencia de no ser aceptados no desaparece, surgirán nuevos motivos para que nos repudien; la vejez está llena de experiencias de rechazo. Necesitamos comprender que la única persona que no se escandaliza por nuestros errores y debilidades, por nuestras preferencias sexuales, por nuestras ideas políticas, por nuestra condición física o nuestra procedencia; que la única persona que no se aparta a causa de nuestras caídas, se llama Jesús. Él no se siente decepcionado de nadie, nos conoce y nos recibe como somos, verdaderamente nos acepta como somos. Inclusive la gente en la que usted ha invertido más tiempo, afecto y sacrificios; gente a la que usted ama y que lo ama a usted, lo rechaza o lo rechazará. De igual manera usted ha rechazado muchas veces a quienes lo necesitaban. Si usted no logra aprender que eso es inherente a la vida, la pasará amargado, y se sentirá defraudado continuamente.

Dios nos ama de entrada, desde antes de nacer. Jesús dijo: «... *al que a mí viene, no le echo fuera*». **(Juan 6:37)**. Solamente una persona que se sabía apreciada, que conocía la plena aceptación del Padre, podía decir eso.

Jesús no rechazaba a nadie, porque sabía cuánto lo amaba el Padre; de la misma forma en que lo ama a usted, lo acepta a usted; y nunca lo echará fuera. Dios lo amará fielmente, completamente. Él está complacido con cada uno de sus hijos, y saber eso es lo que nos curará de las secuelas del rechazo para siempre.

48
¿CUÁLES SON SUS MOTIVOS?

«Cuidado con hacer sus obras de justicia solo para que la gente los vea. Si lo hacen así, su Padre que está en los Cielos no les dará ninguna recompensa.
« Cuando tú des limosna, no toques trompeta delante de ti, como hacen los hipócritas en las sinagogas y en las calles, para que la gente los alabe. De cierto les digo que con eso ya se han ganado su recompensa. Pero cuando tú des limosna, asegúrate de que tu mano izquierda no sepa lo que hace la derecha; así tu limosna será en secreto, y tu Padre que ve en lo secreto te recompensará en público».
(Mateo 6: 1-4).

Las religiones del mundo están llenas de tradiciones por medio de las cuales se cree alcanzar la pureza y la santidad. La Iglesia católica ha llegado a dar más importancia a la costumbre que a las Escrituras: si surgen contradicciones entre las prácticas establecidas por la institución y la Biblia, se impone la tradición. La Iglesia evangélica también tiene sus ritos y tradiciones, las cuales son muy cambiantes con la llegada del pentecostalismo, dado que ese es un movimiento cristiano que no tiene una jerarquía única y se apega al mover del Espíritu Santo, lo que ha provocado que muchos *«inventos»* de alguien que se cree tocado de una manera especial por Dios, se impongan como si fueran fruto del Espíritu. Surgen así corrientes que se ponen de moda: *«hablar en lenguas»* fue una novedad, se consideraba que no había unción si la gente no hablaba en forma incomprensible; eso se volvió un espectáculo sin control, y ya no era un don del Espíritu, sino una ocurrencia de quienes querían ser tenidos por santos. Vino después la *«risa santa»*, la gente se reía en los cultos porque el Espíritu *«les hacía cosquillas»*. Estuvo en boga la *«oración del martillo»*, que consistía en que quien oraba levantaba y movía el brazo derecho como poseído de un afán incontrolable por la carpintería. En la moda de caer hacia atrás, cuanta más gente cae, más ungido se cree el predicador: *«¡Qué poder de Dios!»*, exclama la gente; sin embargo, los caídos siguen viviendo en la misma miseria y pecado que antes; muchos de ellos están poseídos por un afán de exhibicionismo, y no faltan casos en que los auxiliares del predicador *«le ayudan»* a que se caigan los incautos. Y así, cada día surge un nuevo *«mover»* atizado por las emociones de la multitud. Todas esas son artes diseñadas para atraer a gente ingenua. Los verdaderos discípulos de Jesús no son seguidores de modas extrañas, lo siguen a Él, lo imitan a Él, no a los predicadores de moda.

LA RECOMPENSA DEL MUNDO

Estas tradiciones nos deben llevar a una reflexión. La Biblia enseña que no son nuestros actos los que nos hacen santo, mucho menos los espectáculos con los que queremos llamar la atención. Algunos ofrecen sacrificios, ayunos que hacen públicos, traen una generosa ofrenda y se dejan ver por los demás. Es gente que actúa para obtener algo a cambio, pero el Señor advierte que si subimos a cantar o a predicar para que nos vean y nos aplaudan, esa será toda nuestra recompensa. La gente religiosa hace las cosas para que alguien más lo sepa: la esposa, el patrón, el pastor, el amigo... En ese ser vistos por otros ya tienen su premio. Pero recuerde que los premios que da el mundo son efímeros, inclusive los artistas más famosos pueden caer, rápidamente, en el olvido. No es ese el galardón que busca el cristiano.

LA LEY DE LOS MOTIVOS PUROS

Estar metido en una iglesia no cambia a nadie, andar con la Biblia debajo del brazo, o dar públicamente una ofrenda, no cambia a nadie. No es lo que hacemos cuando somos vistos lo que determina nuestro verdadero compromiso con Dios, sino el estar en la intimidad con Él, a puerta cerrada.

Esa relación a solas con el Padre es la que produce cambios verdaderos. La Biblia dice que lo que usted siembra en lo oculto lo cosechará en público; cuando usted honra a Dios en lo secreto, Él lo honrará a usted delante de todos, así es como funciona el Reino de Dios. Y eso nos enseña humildad. Porque hacer *«cosas buenas»* para que otros nos aplaudan, para que reconozcan nuestro esfuerzo, es una tendencia totalmente humana; ¡a todos nos gusta que nos elogien! Precisamente, por eso valora tanto el Señor que seamos capaces de hacer el bien cuando nadie nos ve y nadie nos aplaude.

Las personas que hacen las cosas por amor, no para ser vistas, son las que obtienen una recompensa significativa; una recompensa que no es como la que dan los hombres, sino que viene del Padre. La diferencia está en los motivos, pregúntese: ¿por qué estoy actuando así? ¿Qué es lo que me mueve a hacer lo bueno? Hay personas que quizás son amables y simpáticas, porque necesitan algo; pero en cuanto lo obtienen se vuelven odiosas y groseras. Hay quienes aparecen transformados un día, se muestran diligentes, cariñosos, pero solo están buscando que los perdonen por algo malo que hicieron; no han experimentado un cambio auténtico, es solo conveniencia. Hay gente que se llena la boca contando: «*Pobrecitos mis vecinos, ¡les compré alimentos, y quedaron contentísimos!*». Eso es hipocresía. ¡No ponga una placa para anunciar el bien que ha hecho! Dios, que ve en lo secreto, ya lo sabe todo.

El bien que hacemos de puertas hacia adentro es el que Dios valora. A veces le rogamos a Dios que nos ganemos la lotería, porque tenemos deudas pendientes de pago. Decimos: «*Hagamos un trato, voy a apartar los diezmos y, además, una buena porción para ayudar a los pobres*». Pero no es eso lo que nos mueve, ¡lo que nos interesa es la porción que nos va a tocar a nosotros! Dios conoce las verdaderas intenciones.

Como cuando un político se viste bien para salir a la calle, lleva una corte de fotógrafos a su lado, y da ayuda a los pobres mientras las cámaras lo enfocan: lo motivó el deseo de impresionar a otros, de ser admirado, de recibir votos, no el amor por la gente. Todos actuamos algunas veces como ese político, siempre que hagamos algo que consideramos valioso, es bueno escudriñar en nuestro corazón y preguntarnos: ¿por qué lo hice? ¿Estoy buscando la recompensa de alguien, o solo actué por amor?

Es bueno preguntarnos: ¿por qué voy a la Iglesia? ¿Voy para que me vean? ¿Porque la persona que me gusta está allí? ¿Para aliviar mis culpas? ¿O voy buscando acercarme más a Dios para que me transforme, para que cambie mi alma? Cuando usted no está convencido de que necesita ser transformado, cuando no quiere dejar de hacer lo que está haciendo, ningún cambio será permanente. Como el alcohólico que le promete a su esposa que no vuelve a tomar licor, para que no lo eche de la casa; o le promete al patrón que esa será la última vez que llegó ebrio, para conservar su empleo, pero a la menor oportunidad volverá a hacerlo. ¡Prometió, mas sus motivos no eran sinceros!

DIOS SIEMPRE RECOMPENSA

Dar con sencillez, sin pregonarlo, hacer las cosas de corazón, es lo que Jesús nos enseña. Cuando los motivos son puros Dios recompensa en público. En este punto es bueno recordar que la recompensa por sí misma no es mala, a Dios le gusta premiar a quienes se esfuerzan. Jesús dijo: «*Amen a sus enemigos, hagan bien y den prestado sin esperar ningún provecho. Entonces, el galardón de ustedes será grande, y serán hijos del Altísimo*». **(Lucas 6: 35)**. Pablo animaba a la Iglesia con estas palabras: «*No saben que los que corren en el estadio, todos a la verdad corren, pero solo uno se lleva el premio? Corran de tal manera que lo obtengan*». **(1 Corintios 9: 24)**. Sin embargo, saber que Dios recompensa no nos debe llevar a hacer las cosas por el solo deseo de recibir el premio.

Jesús actuaba por amor, lo movía el amor; a eso también debemos aspirar nosotros hoy. Busquemos a Dios con sinceridad, por los motivos justos, con un corazón puro, y lo veremos hacer maravillas. ¡Y nuestra recompensa será grande!

49
BARRABÁS Y YO

«En la fiesta, el procurador acostumbraba soltar al pueblo un preso, el que quisieran. Tenían en aquel entonces un preso famoso que se llamaba Barrabás. Estando ellos reunidos, Pilato les dijo: '¿A cuál quieren que les suelte? ¿A Barrabás, o a Jesús, llamado el Cristo?'.

«Porque sabía que por envidia lo habían entregado. Mientras él estaba sentado en el tribunal, su esposa le mandó decir: 'No tengas nada que ver con ese justo, porque hoy he sufrido muchas cosas en sueños por causa de Él'.

«Entonces, los principales sacerdotes y los ancianos persuadieron a las multitudes que pidieran a Barrabás, y que dieran muerte a Jesús. Y respondiendo, el procurador les dijo: '¿A cuál de los dos quieren que les suelte?'.

«Ellos dijeron: '¡A Barrabás!'.
«Pilato les dijo: '¿Qué, pues, haré con Jesús, llamado el Cristo?'.

> «Todos dijeron: '¡Sea crucificado!'.
> «Y el procurador les dijo: 'Pues, ¿qué mal ha hecho?'.
>
> «Pero ellos gritaban aún más fuerte diciendo: '¡Sea crucificado!'.
>
> «Y cuando Pilato se dio cuenta de que no se lograba nada, sino que solo se hacía más alboroto, tomó agua y se lavó las manos delante de la multitud diciendo: ¡Yo soy inocente de la sangre de este! ¡Será asunto de ustedes!'.
> «Respondió todo el pueblo, y dijo: '¡Su sangre sea sobre nosotros y sobre nuestros hijos!'.
> «Entonces, les soltó a Barrabás, y después de haber azotado a Jesús lo entregó para que fuera crucificado».
> **(Mateo 27: 15-26)**.

La persona de Jesús siempre pone a la audiencia frente a una decisión. Jesús es alguien sobrenatural, ante Él, ante su nombre, ante su testimonio, nadie puede permanecer impasible. Todos han de decidir en una dirección u otra. Usted verá que algunos se apasionan por Jesús, se enamoran de Jesús, otros se enfurecen al escuchar su nombre, se llenan de argumentos para atacar a su Iglesia. Jesús siempre supone una decisión.

JESÚS NOS LIBRA DE LA IRA VENIDERA

Conocemos las palabras de Jesús: «*El que a mí viene no lo echo fuera*». **(Juan 6: 37)**. Él se presenta a sí mismo como el camino, la verdad y la vida, y siempre está dispuesto a recibir al que llega, sea cual sea su condición. Pero a nadie fuerza, a nadie obliga. Jesús es la persona más respetuosa que pueda existir de la libertad de cada quien. Aun así, si Dios es justo, ¿podrá quedar impune quien rechace el sacrificio de Cristo? La Biblia enseña que Él llevó nuestras enfermedades, sufrió nuestros dolores. **(Isaías 53:4)**. En la cruz, Él estuvo dispuesto a sufrir todo el mal que nos correspondía padecer a nosotros por nuestras faltas: «*Mas Él herido fue por nuestras rebeliones, molido por nuestros pecados; el castigo de nuestra paz fue sobre Él, y por su llaga fuimos nosotros curados*». **(Isaías 53: 5)**. ¡Su obra a favor nuestro es extraordinaria! Él pagó el precio para que usted tenga paz, para que usted tenga salud, para que usted viva. Eso no significa que quien rechaza a Jesús queda impune. Cuando la multitud que pedía liberar a Barrabás, gritó: «*¡Su sangre sea sobre nosotros y sobre nuestros hijos!*» estaba reconociendo el costo que tiene la decisión de menospreciar el sacrificio de Jesús. Rechazar a Jesús siempre es aceptar el juicio. Nadie que haya tenido la oportunidad de conocer a Jesús y lo rechace es inocente. Es por su sangre que recibimos perdón de los pecados, es el nombre de Jesús el que nos libra de la ira venidera. **(1 Tesalonicenses 1: 10)**.

EN LA CRUZ EL JUSTO TOMÓ EL LUGAR DEL CULPABLE

Barrabás era un homicida, estaba preso junto con una pandilla de amotinados, porque habían cometido un crimen durante una revuelta. (Marcos 15: 7). Tanto la sedición como el homicidio eran delitos penalizados con la muerte. Barrabás era culpable, y por ello estaba destinado a morir. El versículo 26 dice que Poncio Pilatos les soltó a Barrabás, tal como el pueblo lo pidió. «Les soltó a Barrabás», significa que le perdonaron la vida, lo indultaron, le dieron la libertad. Barrabás fue recibido con gritos de júbilo, fue vitoreado por la multitud, mientras que Jesús fue rechazado por la gente a la que había favorecido, fue encarcelado, sentenciado a muerte y crucificado, aunque era inocente.

Lo que ocurrió en ese momento es una figura de lo que hizo Jesús por cada uno de nosotros. Barrabás es usted, es el vecino; es cada uno de nosotros, a quien dejaron libre a pesar de ser culpable. Usted y yo también estábamos presos, también estábamos destinados a la muerte, pero salimos en libertad, porque Jesús tomó nuestro lugar. Cuando usted como Barrabás acepta el sacrificio de Jesús, es liberado de sus ataduras, lo sueltan, le abren la puerta de la cárcel. El profeta Isaías, hablando del rey de Babilonia *(que viene a ser un tipo de Satanás)*, dice que es el que hería con furor a los pueblos, los perseguía con crueldad, y quien a sus presos nunca les abrió la cárcel. **(Isaías 14:17)**. Satanás jamás libera a quienes él tiene atados; solamente la sangre de Jesús puede traernos esa libertad. Él tomó nuestro lugar en la cruz, y cuando ve que nos han soltado, a pesar de nuestra maldad, nos mira con un gesto de aprobación y de amor. Él está satisfecho con el sacrificio que hizo por mí, la Biblia dice que Él *«verá el fruto de la aflicción de su alma, y quedará satisfecho»*. **(Isaías 53: 11)**.

NO HAY CONDENACIÓN EN CRISTO

Jesús dijo que Él no había venido para abolir la ley, sino para cumplirla; Él es el cumplimiento pleno de la ley, y al morir en la cruz se dio un intercambio, simbolizado por la liberación de Barrabás y el castigo de Jesús. Ante nuestra incapacidad para cumplir la ley y agradar a Dios, ante nuestra imposibilidad de ser justos y apartarnos del pecado, Él, que era la justicia total, tomó nuestro lugar. Cuando usted y yo somos revestidos en Cristo, cubiertos por su sangre, Dios nos mira y nos declara justos y sin mancha.

> *Lamentablemente, miles de personas no han comprendido lo que Jesús hizo por ellas en la cruz; aunque lo han recibido en sus corazones, siguen viviendo llenas de temor por el castigo que pueda sobrevenirles, sin comprender que no hay condenación para quienes están en Cristo Jesús.* **(Romanos 8:1)**.

Usted no necesita hacer obras para ganar el perdón de Dios: hágalas por amor, pero si usted tiene a Cristo, el juicio no podrá alcanzarlo. No necesita hacer peregrinaciones para ser aceptado por Dios, no necesita repetir muchas veces una oración, ¡a usted ya lo soltaron! Está libre de culpa. Por eso la revelación de lo que significa haber sido liberados por toda la eternidad nos llena de gozo, nos hace adorar a Cristo con fervor, nos mueve a compartir un don tan precioso. Por eso, si usted ha comprendido lo que representa la salvación que hemos recibido por gracia, sin que se nos exija nada a cambio, solo por amor, no podrá detenerse de anunciarle esas buenas noticias a todas las personas a las que ama. ¡La salvación se comparte! El que tiene a Jesús recibió junto con el perdón la compasión por los que no lo han conocido, el deseo de que también sean liberados. Si usted estuvo encarcelado y sin ninguna esperanza, no puede permanecer impasible ante los que están cargados de cadenas.

50
BENDIGA SU CIUDAD

«Al preguntarles por los judíos que habían escapado con vida del cautiverio, y por Jerusalén, me dijeron: 'Los cautivos que quedaron con vida están muy mal y pasando por muchas vergüenzas; la muralla de Jerusalén está en ruinas, y las puertas de la ciudad fueron quemadas'.

«Cuando escuché esto, me senté a llorar, y durante varios días me puse en duelo; y ayuné y oré al Dios de los Cielos. Le dije: 'Señor, Dios de los Cielos, Tú eres fuerte, grande y temible. Cumples tu pacto, y eres misericordioso con los que te aman y guardan tus mandamientos. Yo te ruego que prestes atención a las súplicas que de día y de noche te hace este humilde siervo tuyo en favor de Israel».
(Nehemías 1: 2-10).

Después de ser llevado cautivo a Babilonia, el pueblo de Israel se dispersó por toda Mesopotamia. Muchos judíos llegaron a ocupar puestos importantes a lo largo de esas décadas en el exilio. Uno de ellos fue Nehemías, quien era copero del rey Artajerjes. Estaba en la mejor posición de todos los judíos de su época, pues el copero era la persona de más confianza para el soberano, el que velaba porque sus alimentos y sus vinos no fueran envenenados. Su trabajo le daba acceso al rey y la posibilidad de tener influencia en las más altas esferas del Imperio persa: escuchaba conversaciones privadas, sabía de los amoríos y negocios, de las preocupaciones y decisiones del gobernante, antes de que se hicieran públicas. A pesar de que no tenía, en apariencia, ningún motivo para afligirse por la tierra de sus antepasados, Nehemías aprendió de sus padres a amar la ciudad de Jerusalén. Ese sentimiento fue la raíz de una serie de acontecimientos que lo llevaron a ser nombrado gobernador de Jerusalén, donde pudo iniciar una gran obra de reconstrucción y bendecir a quienes habían permanecido allí desde la cautividad, o habían ido regresando a lo largo de los años.

UN CORAZÓN QUE AMA LA CIUDAD SERÁ BENDITO

Una primera lección que nos da el libro de Nehemías: Dios bendice a las personas cuyo corazón palpita por la gente y la ciudad donde Él habita. En la historia bíblica, las ciudades grandes, particularmente Jerusalén, después de que allí se construyó el templo, eran lugares de peregrinación. Durante las fiestas religiosas la gente iba desde todas partes a adorar el santuario, y Dios prometía cuidar de sus tierras y sus hogares mientras la familia estaba cumpliendo sus ritos, como leemos en el libro del Éxodo: *«Porque yo arrojaré de tu presencia a las naciones, y ensancharé tu territorio, y cuando subas a presentarte ante mí, el Señor tu Dios, tres veces al año, nadie codiciará tu tierra».* **(Éxodo 34:24)**. Un ejemplo de esas peregrinaciones lo tenemos en la familia de Elcana, que ofrecía sacrificios en Silo: *«Todos los años Elcana salía de su ciudad para ir a Silo, y adorar allí al Señor de los ejércitos».* **(1 Samuel 1: 3)**, durante una de esas visitas Ana oró al Señor por un hijo, y le fue concedido.

Los niños eran llevados al templo, en la ciudad, para ser presentados a Jehová, lo que revela la importancia que esas visitas tenían en la vida espiritual de las familias. Otro ejemplo de las peregrinaciones a Jerusalén lo tenemos en José, María y Jesús. Lucas enseña: *«Todos los años, los padres de Jesús iban a Jerusalén durante la fiesta de la Pascua, y siguiendo su costumbre, cuando Jesús cumplió doce años fueron a Jerusalén para la fiesta»*. **(Lucas 2: 41-42)**. Es en esa ocasión cuando sus padres pierden a Jesús, durante el camino de regreso; al devolverse a buscarlo, lo encontraron enseñando en el templo. Así, la historia bíblica nos revela que Dios es un Dios que siempre se ha interesado por la gente de las ciudades. Dios habló a Jonás, y le dijo: *«Levántate, y ve a la gran ciudad de Nínive, y proclama el mensaje que yo te daré»*. Porque tuvo compasión de los habitantes de Nínive, que se iban a perder por sus muchos pecados, mandó al profeta a predicar, y cuando este quiso huir en dirección contraria, Dios se encargó de disuadirlo y obligarlo a cumplir con lo que le había ordenado.

LLAMADOS A INTERCEDER POR LA CIUDAD

A pesar de su buena posición, de que vivía cómodo en el palacio y tenía todo lo necesario, Nehemías inició a moverse en humillación e intercesión. Durante muchos días se mantuvo en ayuno, oró por su gente cuando nadie podía verlo. No se lució, no hizo bulla, no se autoproclamó profeta de Dios, pero su amor y su oración cambiaron la historia de la gente de Jerusalén. Y este es el otro dato importante: la ciudad es su gente, son las mujeres, son los niños, son los trabajadores, las familias, en quienes Dios tiene puesta su mirada. Proverbios 11: 11 nos instruye: «Por la bendición de los rectos la ciudad será engrandecida; mas por la boca de los impíos será trastornada». Es la intercesión de los santos la que cambia la historia de los barrios, de los colegios, de los municipios; es la batalla espiritual de los justos la que puede hacer la diferencia. No

es el Gobierno ni la Alcaldía; no son los jueces ni la Policía, ¡somos los santos! Muchas veces criticamos a la Alcaldía, a los tribunales, a las instituciones públicas, por sus errores y deficiencias, pero, ¿cuántas horas de nuestro tiempo hemos dedicado a interceder por el Gobierno local? ¿Cuántas veces ayunó usted en el último año, no por una necesidad personal, sino porque estaba metido en oración por su ciudad?

EL PRÓXIMO MOVER DE DIOS ESTARÁ ORIENTADO HACIA LA GENTE DE LAS CIUDADES

Los evangélicos religiosos están muy interesados en sí mismos: en cómo pueden enriquecerse, cómo recibir sanidad, cómo conseguir que le den el púlpito. Su oración es: «Escúchame, bendíceme, prospérame». En la Iglesia su actitud es: «Yo opino, yo no estoy de acuerdo, no me gusta, no está bien, mírenme, óiganme». Cuando hay visitas todos quieren lucirse, tomar tribuna, pero no se esfuerzan por ser ellos quienes llevan visitas para que la palabra de salvación alcance a más y más gente. La vida de Jesús es un testimonio claro de la importancia que Él dio a las ciudades en su ministerio, enseñó y bendijo a sus habitantes:

> «Recorría Jesús todas las ciudades y aldeas, enseñando en las sinagogas de ellos, y predicando el Evangelio del Reino, y sanando toda enfermedad y toda dolencia en el pueblo.
>
> «Y al ver las multitudes, tuvo compasión de ellas; porque estaban desamparadas y dispersas como ovejas que no tienen pastor». **(Mateo 9: 35-36)**.

Es en este mismo pasaje donde Jesús les dice a sus discípulos: «La mies es mucha y pocos los obreros». Nosotros, los creyentes, somos los obreros de la mies, los llamados a ir a las multitudes que tienen hambre espiritual para bendecirlas. Todos los recursos de Dios están a disposición de las personas que tienen un corazón para la gente de su ciudad, Él proveerá para que su palabra se extienda; Él prosperará a quienes estén dispuestos a poner sus riquezas al servicio del Reino de los Cielos. ¿No lo cree? ¿Le parece que es un discurso de manipulación? Pues el Señor mismo lo dijo:

> «Pedro comenzó, entonces, a decirle: 'Como sabes, nosotros lo hemos dejado todo, y te hemos seguido'. Jesús respondió: 'De cierto les digo: no hay nadie que haya dejado casa, hermanos, madre, padre, hijos o tierras por mi causa y del Evangelio que ahora, en este tiempo, no reciba, aunque con persecuciones, cien veces más casas, hermanos, madres, hijos y tierras, y en el tiempo venidero la vida eterna». **(Marcos 10: 28-30)**.

Lo que sucede con los cristianos es que hemos creído que Jesús nos dio una nueva vida, hemos creído que Él nos amó, hemos creído que resucitó, hemos creído verdaderamente en Él y hemos conocido la alegría de la salvación, pero otras partes de sus enseñanzas no logramos creerlas. Sin embargo, Él fue claro: si le servimos con lo mejor que tenemos, si lo damos todo por él, recibiremos multiplicado lo que hayamos dejado atrás para seguirlo. La prosperidad de Dios es verdadera, pero está destinada a quienes logren recibir la revelación de esa palabra. Y el poder de este mensaje se manifiesta, particularmente, en las ciudades, donde se necesitan más obreros, más recursos, más trabajo para alcanzar a millares de millares. Y los que estén dispuestos a hacer esa tarea serán bendecidos de una forma extraordinaria, según lo prometió nuestro Señor.

> *Nunca maldiga su ciudad ni jamás maldiga a su gente. Levántese de madrugada, y ore por quienes la habitan, desde los más humildes hasta los que están en cargos de mayor autoridad. Ruegue a Dios para que sus santos sean llevados a puestos desde donde puedan hacer justicia y llevar paz al pueblo.*

Pida por la tranquilidad de sus moradores. Bendiga su barrio con la certeza de que será enaltecido, de que será más limpio, más sano, más digno, a causa de sus oraciones. ¡Recuerde que la oración del justo es poderosa!

Agradecimientos

A mi mentor en temas de marca personal, emprendimiento y mi amigo Kike Ramírez.

A mi productora Auditiva Estudio y todo su equipo creativo.

A mi familia que vive con el hombre y no con el predicador.

www.ingramcontent.com/pod-product-compliance
Lightning Source LLC
Chambersburg PA
CBHW070137100426
42743CB00013B/2731